手紙・はがきの書き方がすべて載ってる大事典

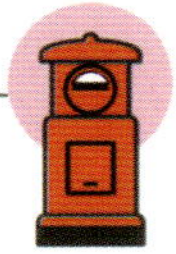

季節別書き出し&結びの文例集
手紙の目的別実例集

中川 越〈監修〉

永岡書店

手紙・はがきの書き方がすべて載ってる大事典

目次

第一章　手紙・はがきの書き方の基本……7
さあ、手紙を書きましょう　手紙を書く時の心がまえ……8
手紙文の基本構成　丁寧な手紙……12
親しい人への手紙……14
横書きにする時の書き方……16
一筆箋の書き方……17
いろいろなあらたまった挨拶の基本構成……18
封筒の書き方……22
和封筒の書き方……22
洋封筒の書き方……24
はがきの書き方……26
レターグッズいろいろ……30
こんな手紙を送ってみよう……32

□イタリア模様のレターセット 1,600円★

第二章「いかがお過ごしですか」季節の手紙と四季折々の書き出しと結びの文例集……33
季節の挨拶文の基本……34
年賀状……36
寒中見舞い……40
暑中見舞い・残暑見舞い……43
クリスマスカード……45
十二か月の書き出しと結びの文例……46
一月……46
二月……50
三月……54
四月……58
五月……62
六月……66
七月……70
八月……74
九月……78
十月……82
十一月……86
十二月……90

第三章　いろいろな手紙、状況別文例集……95

「祝う」お祝いの手紙……96
出産祝い……97
入園、入学、卒業、合格、就職祝い……100
結婚祝い……104
長寿の祝い……109
昇進、栄転祝い……110
新築、引っ越し祝い……112
叙勲、受賞、受章、当選祝い……114
開業、開店祝い……115
退院、快気祝い……116
「お礼を述べる」お礼の手紙……118
お祝いへのお礼……119
内祝い、内祝いの品物への添え状……123
お中元、お歳暮へのお礼……126
いろいろな贈答品へのお礼……129
お世話になったお礼……132
頼み事を引き受けてもらったお礼……136
快気内祝い、お見舞いへのお礼……140
「贈る」贈り物に添える手紙……146
お中元、お歳暮の添え状……147
お礼の印、おみやげの添え状……150
餞別、記念品の添え状……152
「報せる」通知、報告の手紙……154
転居、住所変更の通知……155
転勤、転職、退職、開業などの挨拶……157
「誘う」招待や案内の手紙……162
祝い事への招待……163
新年会、クラス会の案内……165
イベント、サークルなどへの誘い……166
「頼む」紹介、依頼の手紙……168
就職先、転職先紹介の依頼……169
借金、借用の依頼……171
保証人の依頼……174
人の紹介、依頼状……175
協力の依頼……177
「答える」相談事に答える……179
「尋ねる」問い合わせの手紙……182
忘れ物、着荷の問い合わせ……183
人物についての問い合わせ……184
消息、日時、場所などの問い合わせ……186
「見舞う」お見舞いの手紙……188
入院見舞い、病気見舞い、事故見舞い……189
火事、災害見舞い……193
「断る」断りの手紙……198
借金、借用申し込みの断り……199
身元保証人の断り……201
就職、転職依頼の断り……202
人の紹介の断り……204
来訪の断り……205
贈答、勧誘、保険、寄付の断り……206

「引き受ける」依頼承諾の手紙……208
「わびる」おわびの手紙……210
返事の遅れ、無沙汰のおわび……211
借用品に関するおわび……212
借金返済遅延のおわび……214
不始末、失態、失言のおわび……216
「催促する」「抗議する」催促、苦情、抗議の手紙……220
催促……221
苦情、抗議……225

第四章　結婚に関する手紙……233

縁談とお見合いの手紙……234
縁談の依頼……235
お見合いのすすめ……237
付き合いを断る……238
縁談に応じる……239
婚約と結婚の手紙……240
媒酌人を依頼……241
媒酌人の依頼を承諾する、断る……243
結婚式、披露宴の招待状……244
司会、スピーチの依頼……246
結婚の通知……247
結婚祝いの礼状……250
媒酌人への礼状……251
新婚旅行先からのはがき……252
婚約解消と離婚の報告……253

第五章　葬儀に関する手紙……255

葬儀の手紙……256
死亡通知……257
会葬礼状……259
忌明けの挨拶、香典返しの添え状……260
喪中欠礼……261
関係者への礼状……262
僧侶、牧師への礼状……264
お悔やみへの礼状……265
法要の案内……266
形見分けの添え状……267
お悔やみの手紙……269
お悔やみ状……270
四十九日、一周忌などの節目の手紙……274
法要に参列できないおわび……275
故人を偲ぶ会の案内……276

第六章　ビジネス文書の書き方……279

ビジネス文書の書き方……280
仕事に関する挨拶、通知……281
年賀状……281
転任、異動……282
退職通知……283
ビジネスで送るEメール……284

会社へ出す文書……285
身元保証書……286
誓約書……287
遅刻、早退届……288
休暇願、欠勤届……289
退職願……290
結婚届……291
始末書……292
進退伺……294
原稿や講演の依頼……295
買い物に関する手紙……297
注文書……297
見積もりの依頼……298
送金着否の確認……299
商品未着の問い合わせ、苦情……300
不良品、破損の苦情……302

第七章　すぐ使える英文メール、ファックス……303

英文のEメール、ファックスを送る……304
個人輸入の申し込み、問い合わせ……305
ホテルの申し込み……306
ホテルのキャンセル……307
ホテルの予約確認……308
個人輸入商品未着の問い合わせ……309
筆無精にならないための五か条……310

コラム

年賀状Q＆A　こんな時はこうする　42
頭語と結語の組み合わせ　94
手紙で使う敬語の基本　143
手紙での人の呼び方　160
言葉使いのタブー　忌み言葉を覚えよう　196
どうする、こんな時？　手紙とはがきのQ＆A　228
お祝い金、香典を郵送する時　254
知ってましたか？　郵便局のオキテ　277
各月の別名を使ってみませんか　53
「厳寒の候」は二月じゃないの？　53
日付に添えて季節の言葉を　57
「お喜び」それとも「お慶び」？　61
「みぎり」ってなんですか？　65
二十四節気とは？　69
八月は暦の上では秋なのに、暑さ見舞いの言葉が多くていいの？　77
季節の言葉は気象情報やニュースをチェックして　81

索引……312

□目次のページに敷いた桜の散る便箋はエアメール用便箋470円★

本書の使い方

☆本書では「あらたまった相手」宛の文例と「親しい相手」向きの文例とに分けています。赤いマークや赤く塗られている部分が「あらたまった相手」宛の文例、黒いマークやグレーに塗られている部分が「親しい相手」向きの表現です。

☆各状況別に手紙の流れのポイントを示しました。

文例のシチュエーションの説明です。見出し全体が赤いものはあらたまった文例、CASEの部分が赤いものは一般的な文例、見出し全体が白いものは親しい相手宛の文例を表わします。

それぞれの文例に関する注意点。☆は全体的な注意点。★は文中の★部分のことを述べています。

どんな形式で出したらいいかを表わすマーク。[便箋]は便箋で、[ハガキ]はハガキで、CARDはカードで。

P.46～93に、季節（12ヵ月）ごとの書き出しと結びの文例があげてあります。赤く囲んである場合は『あらたまった相手に』を、グレーで囲んである場合は『親しい相手に』を参照して下さい。

CASE 2　新築内祝いへの添え状

CASE 5　娘の初節句を祝ってくれた夫の両親へ

CASE 4　出産祝いをしてくれた同僚へ添え状

★いただいた品が、新居での新生活にどう活かされているかを具体的に述べる。
☆新居の自慢話などは絶対に書かない。
☆新しい環境がどうか、第一印象などを述べる。
★「お立ち寄りください」の言葉は、必ず入れる。
☆親しい人には「拝啓」「敬具」は不要。

拝啓　秋も深まってまいりましたが、皆様、お変わりなくお過ごしのことと存じます。

A さて、このたびの小宅の新築にあたりましては、すばらしい益子焼きの花瓶をお贈りくださいまして、まことにありがとうございました。

★早速和室に置き、大輪の菊の花を生けてみました。花瓶の重厚感、落ち着いた色合いは品があり、来客からいつもおほめの言葉をいただくほどです。ご丁寧なご配慮に深く感謝申し上げます。

B 新居での生活もようやく慣れ、落ち着いたところです。★ぜひ一度、ご家族の皆様でお遊びにいらしてください。

なお、気持ちばかりの内祝いを別便にてお送りいたしました。どうかご笑納くださいませ。

まずはお礼かたがたご挨拶まで。

敬具

P.46～93

言い換え集

A 引っ越しに際してはいろいろお心遣いをいただき、ありがとうございました。また、新居にすばらしい壁掛けをお贈りいただき、たいへん喜んでおります。

A このたびの拙宅の新築にあたりまして、過分なお心遣いをいただき、ありがとうございました。

A 引っ越しに際しましてはせっかくの休日にお手伝いをいただき、本当にありがとうございました。のみならず、置き時計をお贈りいただき、たいへん喜んでおります。

B 子どもたちも新しい学校に慣れ、ようやく新生活も軌道に乗ってきた感じがいたします。お近くにいらっしゃる際には、ぜひお立ち寄りくださいませ。

B ようやくお客様にも泊まっていただける家になりました。大したおもてなしもできませんが、ぜひ一度、いらしてください。

B リビングの窓から○○連峰がのぞめて、贅沢な借景です。ぜひこの景色を見にいらしてください。

内祝いの添え状でよく使われる言い回し

- ささやかな内祝いの印（品、記念品）をお届けいたしますので、お納めください。
- 心ばかりの（気持ちばかりの、形ばかりの）品
- 内祝いを同封させていただきます。
- 内祝いの品を別便にてお送りいたしました。
- どうかお納め（ご笑納、ご受納）ください。
- 内祝いとして、○○をお送りいたしました。お使いいただけると嬉しいです（幸いです、幸甚です）。

よく使われる言い回しは、●はあらたまった相手向きを表します。●の場合は、親しい相手向きを表わします。

文例のA、B、C…の部分の言い換えを表わします。

第一章

手紙・ハガキの書き方の基本

◆手紙を書く時の心がまえ
◆手紙文の基本構成、あらたまった挨拶の基本構成
◆封筒の書き方、ハガキの書き方
◆レターグッズいろいろ、こんな手紙を送ってみよう

さあ、手紙を書きましょう

手紙を書く時の心がまえ

手紙に慣れる、そこからスタートしましょう

書簡だけに頼っていた時代とは異なり、現在では電話、メール、写真付きメールと、コミュニケーションの方法は実にさまざま。自分の生活を振り返ってみても、どうしても簡単で便利、手軽で早い方法が主流になっているのではありませんか。

とはいえ、実生活の中で、どうしても手紙を書かなければならない場に遭遇したことは何度かあるでしょう。いくらメールが発達したからといって、目上の人や、取引先の役職の人、あまり親しくない先輩に宛ててメールですませることはできません。とくに結婚祝いや子どもの就学祝いなど、いくつかのシチュエーションでは手紙が求められるものです。

おっくうだ、いやだ、と言っていないで、手紙の書き方をマスターしてみませんか。決まり事さえ押さえれば、手紙は考えているよりずっと、自由で簡単なものだと気がつくはずです。

書くことに慣れれば、手紙の楽しさもわかってきます。ポストに知り合いからの手紙が入っている時の嬉しさは、あなたも経験があるでしょう。

手紙を書く時、九つのツボを押さえましょう

いざ手紙を書こうという時、次の九つのツボをしっかりと押さえて、便箋に向かいましょう。そうすれば、よりすてきな手紙が書けるはずです。

1

相手との関係を、まず押さえよう

おしゃべりをする時と同じです。まず相手と自分の関係を確認しましょう。目上の人ですか？ 同僚ですか？ 友人ですか？ 単なる知り合いですか？ それによって、手紙の文章の組み立て方やトーンが変わってきます。親しい間柄なのに「ご清祥のことと…」などと書くのは滑稽ですね。敬語の使い方にも日頃から注意して、慣れておきましょう。

2

時機を逸さず、すぐにペンをとろう

どんな手紙にも旬があります。それは花に見頃があり、食べ物に食べ頃があるのと同じ。どんなに相手のことを気にかけていても、時機を逃した手紙ではその半分も気持ちは伝わりません。気持ちや事件がホットなうちに、をモットーにしてください。

3

読みやすい字で誤字・脱字をなくそう

手紙を書きそびれる言い訳の第一に、「字が下手だから」があるのではないでしょうか。しかし心をこめて丁寧に書かれた文字は、それだけで書き手の心を伝えるもの。達筆を目指すより、読みやすい字を目指しましょう。

誤字・脱字はできる限りなくしたいもの。あやふやだなと思ったらすぐに調べられるように、手元には辞書を置いておきましょう。また、一字一字丁寧に書いていると、書き間違いなどのケアレスミスはおのずと少なくなっていきます。

4

言いたいことは簡潔にポイントを押さえて

相手に伝えたいことは、なるべく簡潔に、ポイントを押さえてわかりやすく書くことが大切です。手紙を書き始めると、ついくどくどと書き連ねがちですが、言いたいことを整理した上で、シンプルに書きましょう。

5

ルール、マナーをきちんとふまえて

会って話す時や電話をかける時でも、なんらかのマナーは守っているはず。それと同じように、相手との関係や、相手が男性か女性か、相手の境遇は、最近相手に何か変化があったか、などをきちんと考えた上で、ふさわしい話題、言葉、表現、道具を選ぶようにしましょう。

6

うわべだけの言葉より、心のこもった言葉で

ふだん使わないような美辞麗句を並べた文章よりも、心のこもった自分の言葉で書いた手紙の方が、相手は嬉しいはず。会って話している時と同じように、生き生きした自分らしい言葉で書きましょう。

7

決まり文句も自分の言葉にしてしまおう

いくら自分の言葉で、といっても、手紙で使われる言葉には、話し言葉にはない特殊な表現があります。とくに、あらたまった言い方などは違和感があり、使いたくないと思うかもしれません。しかし、慣例と割り切って、使っていきましょう。言葉は一つの道具ですから、使う間に慣れてきます。そうしたらこっちのもの。そのうち、決まり文句も自分の言葉として、自然に使えるようになります。

8

相手の気持ちを思いやる心を持とう

お祝いやお見舞いの手紙はもちろん、例えば先方からの依頼事を断る時でも、断られる相手の立場に立って、思いやる言葉を添えることが大切です。どんな時にも相手の気持ちになれる広い心を持って、ペンをとりましょう。

9

手紙をトータルで考えよう

手紙ほど、その人のセンスを表わすものはありません。内容はもちろん、文章のトーンや文字、便箋、封筒、ハガキ、切手にいたるまで、全てが差出人のその時々の気持ちを代弁しているのです。書いた内容だけではなく、便箋や封筒の作り出す雰囲気も考慮して、今の新鮮なあなたの気持ちを、相手にそのまま届けましょう。

手紙文の基本構成　丁寧な手紙

例文

あらたまった相手に・夏の滞在のお礼

頭語

拝啓

前文

残暑の中にも秋の気配が感じられる季節となりました。ご家族の皆様におかれましては、ご清祥でお過ごしのこととお喜び申し上げます。

P.46～93

主文

お盆中にはご多忙のところ、大勢でおじゃましまして、失礼をいたしました。子どもたちは自然に囲まれた環境で、いつになく夏のすばらしさを満喫したようです。またトマトやなすなど新鮮な野菜のおみやげまでいただき、たいへん恐縮しております。お言葉に甘えっぱなしでいろいろとご迷惑をおかけいたしました。本当にありがとうございました。

①頭語
あらたまった相手には「拝啓」「謹啓」などが用いられる。②～③を省略してすぐに用件（④）に移る場合は、「前略」などになる。（→P.94）
頭語は行の一番上から書く。筆で書かれた昔の手紙の形式の名残といわれている。

②時候の挨拶
季節感を感じさせる言葉を書く。（→P.46～93）
頭語に続けて書いてもよい。ここからは改行する時は1字下げると読みやすい。

③相手の健康や安否を尋ねる
「当方も元気でおります」など、自分の安否を付け加えることもある。また、「ご無沙汰しており、申し訳ございません」と無沙汰をわびる言葉もここに入れる。

④主文・本題
ここから本題に入る。主文の最初に、「さて」「このたびは」などの言葉を入れてもよい。本題は、わかりやすい文章で、用件を簡潔に述べる。

⑤この場合のように、お礼やお祝いなどで贈り物をする場合は、主文の終わりの方で述べる。恩着せがましくならないように、相手に負担に感じさせないようにするためだ。

形式を知ってしまえば、楽に書ける

手紙には決まり言葉や形式があって、なんとなく面倒、と感じていませんか。とくに手紙を出す相手が、気軽に電話でお礼やお祝いを言えない人の場合、手紙を書くにも礼を尽くさなければと考えると、ますますおっくうになってしまいます。

しかし、逆に言えば、形式を守りさえすれば、基本的な礼を尽くすことができるのですから、こんなに便利で楽なことはありません。

人とおしゃべりする時にも、流れに沿って「こんにちは」「ところで」「また今度」と、形式があるでしょう。それと同じように考えればそれほど難しいことではないのです。

⑤お礼の気持ちのほんのお印として、別便で当地名産の梨を送らせていただきました。お納めください。

末文

⑥今後とも末長いお付き合いのほど、お願い申し上げます。こちらにおいでの際には、ぜひお立ち寄りくださいませ。

⑦これから過ごしやすい季節になってまいります。皆様のますますのご活躍をお祈り申し上げます。

結語

⑧敬具

後付け

⑨九月十二日

⑩村野 みどり

⑪太田 健太郎様
絹子様

⑥今後の交誼を願う言葉は、本題の最後に。

⑦季節の言葉のあとに、
相手の健康や繁栄を祈る言葉を添える。

⑪相手の名前
「様」「先生」などの敬称をつける。
行の一番上から書く。
二人以上に宛てる時には、敬称をそれぞれの名前につける。

⑨手紙を書いた日付
一字下げで上の方に。漢数字で書く。

⑩自分の名前
行の下の方に書く。

⑧結語
あらたまった相手には「敬具」「敬白」などが使われる。始まりが「前略」の場合は、「草々」「不一」などが用いられる。①頭語と⑧結語はセットで使われることがほとんどなので、組み合わせを覚えておく。(→P.94)
同じ行の一番下に書く。行いっぱいに前の文がきているなら、改行して、行の下の方に書く。

P.46～93

手紙の基本構成は四つ

手紙の基本構成は、おもに四つに分けられます。

(1) 頭語／前文

頭語は「こんにちは」にあたります。前文はいわゆる季節の挨拶や近況に関する挨拶で、「いい季節になりましたね」「最近どうしていますか」にあたります。

(2) 主文

その手紙の本題です。「ところで○○のことですが」「○○についてどうなりました?」など、いろいろな内容が入ります。

(3) 末文／結語

末文は話が終わったあとの挨拶です。「じゃあ、そういうことですので」「お元気でね」といったところでしょう。そして、「さようなら」にあたる結語になります。

(4) 後付け

後付けは日付と自分のサイン、宛先になります。

□便箋：高級和紙箋・絹化粧300円

手紙文の基本構成　親しい人への手紙

例文
親しい相手に・夏の滞在のお礼

前文

①登喜子様

②いよいよ秋ももうすぐそこまで来ているようですね。③徹さん、克子ちゃん、光信くん、お元気で二学期を迎えられたことと思います。

主文

④お盆中には大勢でおじゃましてしまって、本当にごめんなさいね。靖も久美子も自然に囲まれた環境で、心から楽しんだみたいです。ふだんは部屋の中で遊ぶことが多いのに、暑さをものともせず、外に出ずっぱりだったものね。それに、おみやげにいただいたトマトのおいしかったこと！　お言葉に甘えっぱなしでいろいろとご迷惑をおかけしました。本当にありがとう！

⑤ちょうど梨の食べ頃となりましたので、別便でお送りしました。

P.46～93

⑤この場合のように、お礼やお祝いなどで贈り物をする場合は、主文の終わりの方で述べる。恩着せがましくならないように、相手に負担に感じさせないようにするためだ。

④主文・本題
ここから本題に入る。主文の最初に、「さて」「このたびは」などの言葉を入れてもよい。本題は、わかりやすい文章で、用件を簡潔に述べる。
ここでも、名前や具体的なエピソードを書くようにする。

①頭語
親しい相手への気軽な内容の手紙なら、頭語は不要。このように相手の名前から始める場合と、②時候の挨拶から書き始める場合がある。
行の一番上から書いても、一字下げてもよい。

②時候の挨拶
季節感を感じさせる言葉を書く。（→P.46～93）
頭語に続けて書いてもよい。

③相手の健康や様子を尋ねる
具体的に名前をあげて様子を尋ねる方が、親しさが感じられてよい。親しい仲でもしばらく連絡してなかったら、「ご無沙汰しており、ごめんなさい」とわびる言葉をここに入れる。

親しい相手にも守るべき形式がある

全く同じシチュエーションでも、前ページの手紙とは、相手が違うだけで文章のトーンが異なってきます。

しかし、①から⑪の注意点を見ればわかるように、親しい相手に宛てた手紙でも、ルールはあまり変わりません。**【頭語】**や**【結語】**は省いてかまいませんが、季節の言葉や相手の健康を気遣う表現などは、やはり書くべきでしょう。**【主文】**→**【末文】**という順序も、そのままです。

おおまかに見ると、親しい相手への手紙は、「あらたまった相手への手紙の、口調を変えただけ」ということがいえるでしょう。

⑥今後も親しくしてくださいという言葉は、本題のあとに。このように、何か共通の計画をあげるのもよい。

⑦季節の言葉のあとに、相手の健康や繁栄を祈る言葉を添える。

⑪相手の名前はここに書く（最初に相手の名前を書かなかった場合）。「様」「先生」「さん」などの敬称をつけ、行の一番上から書く。①で「登喜子様」と書いた場合、ここでは書かない。

⑨手紙を書いた日付
１字下げで上の方に。漢数字で書く。

⑧結語
親しい間柄なら結語も不要。ただ、終わった感じがしなくて気になるのなら、「さようなら」「じゃあまた」「またお手紙します」などと書き添える。

⑩自分の名前
親しい相手には、フルネームで書かなくてもよい。行の下の方に書く。

おめしあがりくださいね。
⑥来年の夏には当方にどうぞ、と言ってもなんの面白みもない街なので、なにか計画します。お楽しみに。

末文

⑦これから過ごしやすい季節になりますね。皆様のますますのご活躍をお祈り申し上げます。徹さんにもくれぐれもよろしくお伝えください。⑧またお手紙書きますね。

後付け

⑨九月十五日

⑩京子

⑪名越　登喜子様

P.46〜93

四つの基本構成を忘れずに、自分らしい生き生きした表現で

親しい相手への手紙は、四つの基本構成の流れにのって、自分らしい言葉で生き生きと、具体的なエピソードをまじえて、楽しく書くことが大切です。

この文例でも、相手や自分の子どもの名前、ご主人の名前を入れて、一緒に遊んだ時の具体的な様子などが、体言止めや「！」を使った文章で親しさをこめて表現されています。受け取った人も、その時の様子を思い出して、つい顔がほころんでしまうのではないでしょうか。

もちろん、手紙の内容によっては、あまり大げさにならない方がいい場合もあります。例えば、自分のことを通知する手紙（結婚、不幸の通知、引っ越し、転職など）では、あまり感情を表わさないのが普通です。どのシチュエーションでどのような手紙を書くべきかは以下に紹介していきますので、文例を見ながら、それぞれの場面に合わせて考えていってください。

□便箋：和紙美・切小花400円

横書きにする時の書き方

例文

友人に・問い合わせに答えて

前文

①大久保　静子様

②松飾りもとれて、ようやくふだんの生活が戻ってきた感じがします。

③お元気でお過ごしですか。

主文

④先日お訪ねいただいた時に、私の友人が作った茶器セットが気に入ったとおっしゃってましたね。あれから電話する機会があったので、ちょっと聞いてみたところ、作り置いたものがあるということでした。もしよかったら、ご一緒に工房まで出かけて、分けてもらう事もできますが、いかがですか。

あくまでも趣味で作っている人なので、注文を受けて作るというのは、どうやら負担になるらしいのです。作品がある時に分けてもらうのがいちばんいいみたい。私が分けてもらったものは、急須と湯呑みが五つで7,500円でした。これはあくまでも目安なので、金額については交渉次第ということになると思います。

もしよければ、来週末にでもどうですか。ご検討ください。

末文

⑤それでは、寒くなるけど風邪なんかひかないようにね。

⑥ご連絡をお待ちしています。

後付け

⑦1月12日

⑧亜由美

□便箋：彩桜雲紙 250円

横書きの手紙も縦書きと基本は変わらない

横書きの手紙でも、縦書きと同じルールで書きます。

以前に比べて横書きの手紙を書くことが多くなっているのは事実ですが、やはり横書きの手紙は、親しい相手に宛てる、と考えた方がいいでしょう。したがって、それほど堅苦しく考えずに書いてよいでしょう。

ただし、ビジネス文書や公的な文書は多くが横書きで、書き方が決まっているものがほとんどです。その場合は、それぞれの文書の書式にのっとって書きます（→ビジネス文書の書き方P・279）。

例文

一筆箋の書き方

一筆箋には主文だけで、前文、末文、後付けは必要ありません。長くても二枚以内におさめるようにします。それでないと、一筆箋を使う意味がなくなってしまいます。

一筆箋は、基本的にはあらたまった相手には出さないものです。

旅行の写真ができました。みんな楽しそうですね。

また季節がよくなったら行きましょう。

ちかこ

親しい相手に宛てた気軽な内容の手紙なので、**頭語**は不要。このように、横書きの手紙では**①相手の名前**から書き始めてよい。

以下の文頭は行の一番左から書いても、１字下げてもよい。

②時候の挨拶

季節感を感じさせる言葉を書く。（→P.46～93）

③相手の健康や様子を尋ねる

しばらく連絡していなかったら、「ご無沙汰しており、ごめんなさい」とわびる言葉をここに入れる。

④主文・本題

ここから本題に入る。主文の最初に、「さて」「このたびは」などの言葉を入れてもよい。本題は、わかりやすい文章で、用件を簡潔に述べる。

⑤季節の言葉のあとに、相手の健康や繁栄を祈る言葉を添える。

⑥結語もこのようにする

「さようなら」「じゃあまた」「またお手紙します」などでもよい。

⑦手紙を書いた日付

横書きの時は算用数字を用いる。

⑧自分の名前

親しい相手には、フルネームで書かなくてもよい。行の右の方に書く。

いろいろなあらたまった挨拶の基本構成

●相手の健康、安否を尋ねる

- ○○様
- 皆様
- ご家族の皆様
- ご家族様
- ご一同様

↓

- には

↓（1）

- ますます
- なお一層
- 一段と
- いよいよ
- その後

↓

- お元気
- ご清祥
- ご清栄
- ご健勝
- ご壮健
- ご活躍
- お健やかにお過ごし
- ご無事でお暮らし

↓

- のことと

↓

- 存じます
- （心より）お喜び申し上げます
- 拝察いたします

または

- とのこと
- の由
- のご様子

↓

- （心より）お喜び申し上げます

↓（2）

- お元気でいらっしゃいますか
- お変わりなくていらっしゃいますか
- お元気でお過ごしでしょうか
- お変わりなくお過ごしですか
- いかがお過ごしでしょうか
- お変わりございませんか

●自分の健康、安否を伝える

- 私も

または

- 私どもも
- 当方も
- こちらも

↓

- 一同
- 皆
- いずれも

↓

- おかげさまで

↓

- 元気に
- 変わりなく
- 健康に
- 無事に
- 息災に
- 平穏に
- 大過なく

↓

- 過ごしております
- 暮らしております

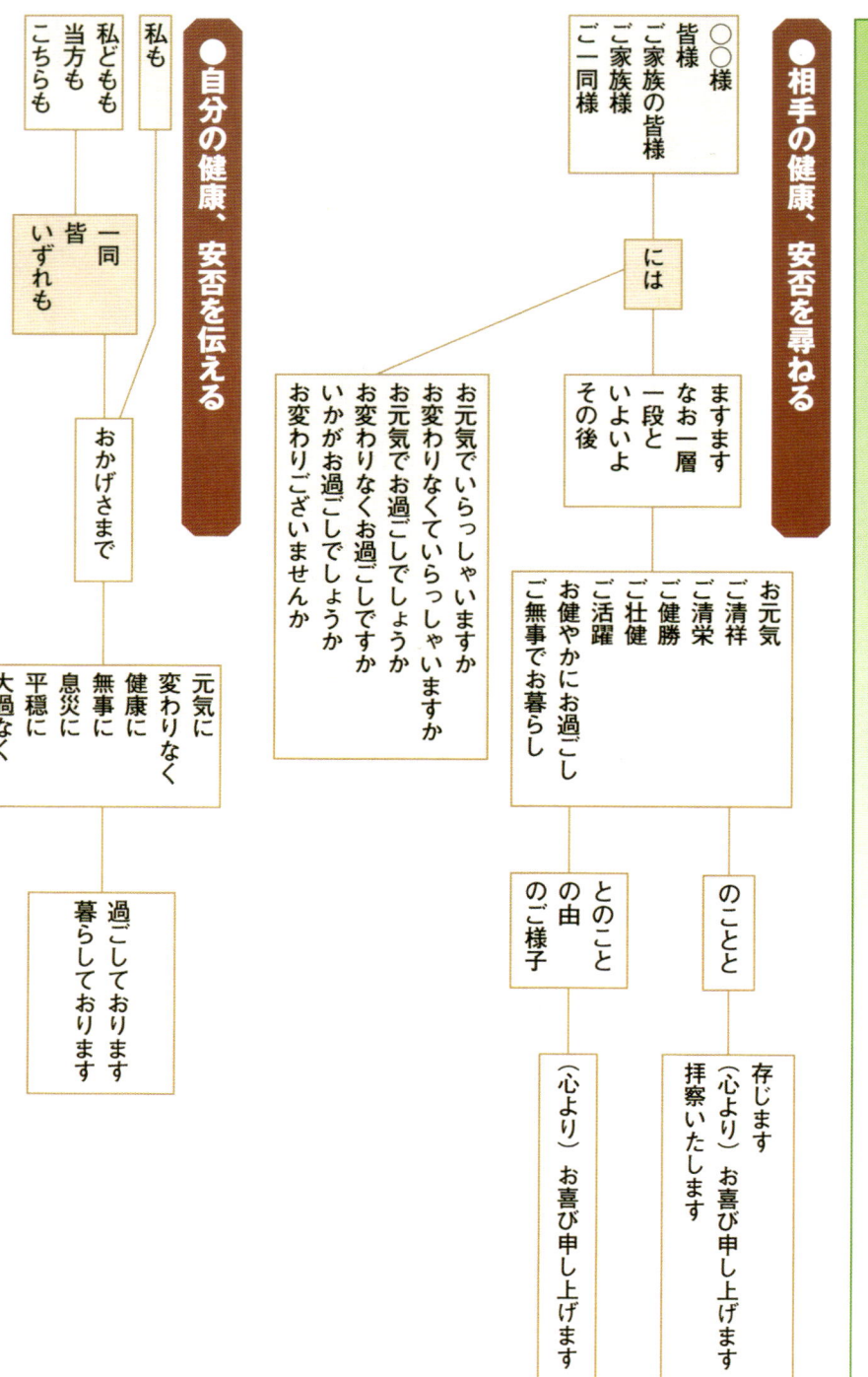

●日頃の厚誼に礼を言う、感謝する

日頃は
いつも
平素は
常々
このたびは
過日は
先日は
先だっては
いつぞやは

いろいろと
なにかと
たいへんに

格別の
ひとかたならぬ

お世話になり（まして）
ご心配をいただき（まして）
お心にかけていただき（まして）
お気遣いいただき（まして）

ご高配
ご厚誼
ご指導
ご激励
ご芳志

を賜り
をいただき
にあずかり

（まことに）ありがとうございます
御礼申し上げます
厚く御礼申し上げます
心より御礼申し上げます
（深く）感謝しております
深謝申し上げます
恐縮しております

●無沙汰をわびる

日頃は
平素は
心ならずも
ついつい
久しく
長らく

ご無沙汰いたしまして
ご無沙汰のみにて
ご無沙汰ばかりで
雑事にまぎれましてご無沙汰しており

まことに（たいへん）申し訳ございません
心苦しく思っております
お許しください
平にご容赦ください
あしからずご容赦くださ（いませ）
深くおわび申し上げます

おわびの挨拶

過日は
先日は
先だっては
いつぞやは
このあいだは
その節は
本日は

たいへんな
多大な
ひとかたならぬ

ご配慮をいただき（まして）
ご尽力をいただき（まして）

たいへん（まことに）申し訳ございません（でした）
おわびの申し上げようもございません
深くおわび申し上げます

思いがけず
心ならずも

ご迷惑をおかけして
お手数をおかけして
ご心配をおかけして
ご無礼をはたらき（まして）

ご厚情に背いてしまい（まして）
ご好意を無にしてしまい（まして）
ご好意にそえず

たいへん（まことに）申し訳ございません（でした）
おわびの申し上げようもございません
深くおわび申し上げます
深く反省しております
どうかお許しください
何卒ご容赦ください

今後の交誼を願う

これからも
今後とも
末永く

よろしく
変わらず

ご指導
お付き合い
ご助言
ご交誼

くださいますよう
賜りますよう

変わらぬ

ご指導
お付き合い
ご助言
ご交誼

のほど

お願い申し上げます
お願いいたします

●乱筆、乱文をわびる

乱筆乱文
乱筆
悪筆

走り書きにて

（のほど）

にて

何卒お許しください
あしからずご容赦ください

失礼いたします

●用件をまとめる言葉

まずは
取り急ぎ
まずは取り急ぎ
まずはお手紙で
まずは書中にて
まずは書面をもちまして
略儀ながら書中にて
遅ればせながら

お礼
お祝い
おわび
お知らせ
ご連絡
お見舞い
お伺い
ご返事
お悔やみ

申し上げます
申し上げました
まで
のみにて失礼いたします
いたします

●主文・本題に入る時の言葉

さて
ところで
このたび
早速ですが
突然ですが
実は
つきましては
ついては
すでにお聞き及びと存じますが
すでにご存じかと思いますが
ほかでもありません（が）
○○の件ですが
前便でお伝えしましたように
承りますれば

【和封筒の書き方】

表

郵便番号の□のない封筒では、番号だけ書く。

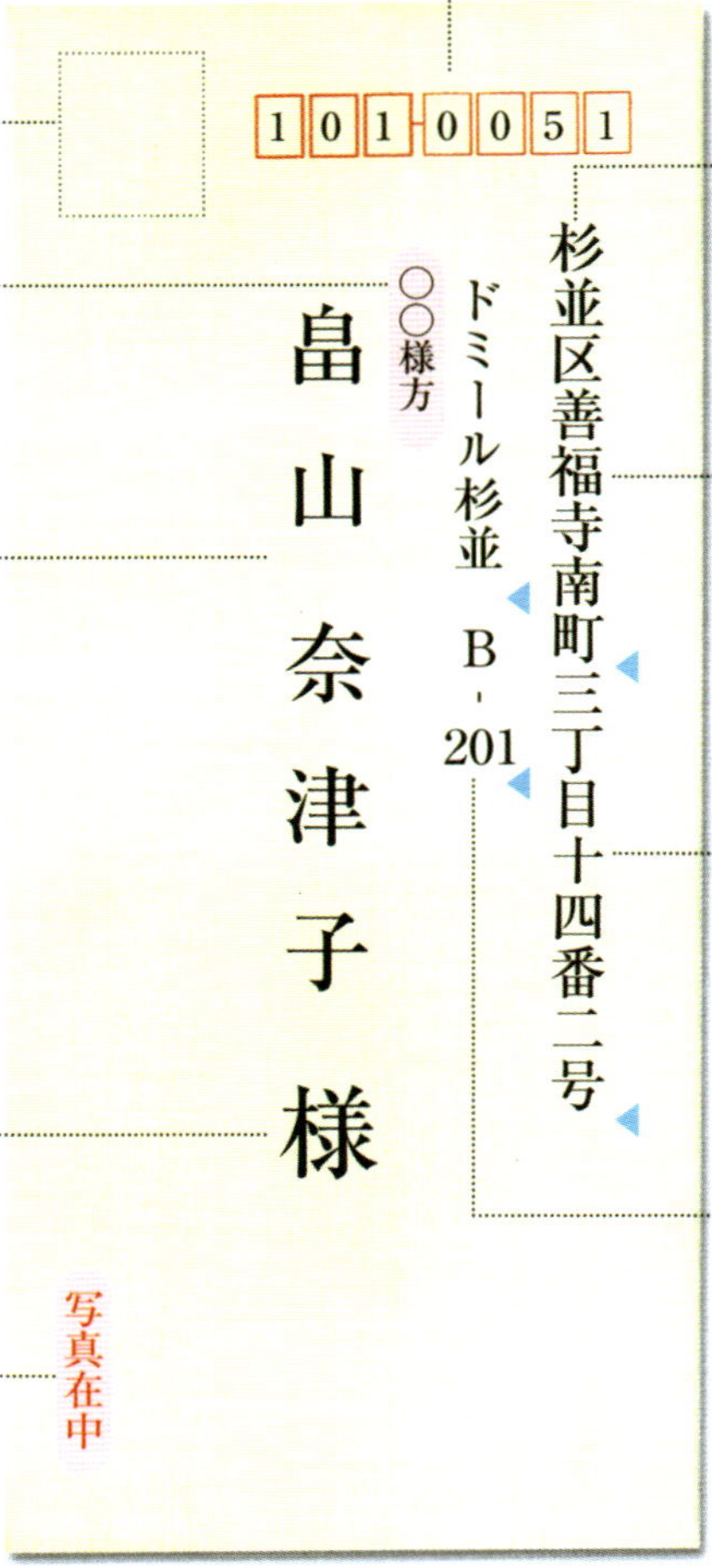

切手は１、２枚におさめる。

「○○様方」を書く時は、この位置に。

相手の名前は中央に大きく書く。住所の１行目から１字下げたくらいの位置に。字配りにも余裕をもたせる。

「様」や「先生」は相手の名前と同じか、少し大きめの字で。

必要ならばここに「写真在中」「二つ折り厳禁」「履歴書在中」などを赤字で書く。

あまり右寄りにしすぎない。相手の住所は１〜２行で書く。２行目は１字下げ、１行目より少し小さめの字で。

郵便番号を書くので、都道府県名は不要。改行するのは◀マークのところで。所番地の途中で改行したりしない。

住所は漢数字で書く。市町村名が長くて所番地まで入らない時は、所番地は次の行の下の方に書く。

マンションの部屋番号は算用数字でよい。

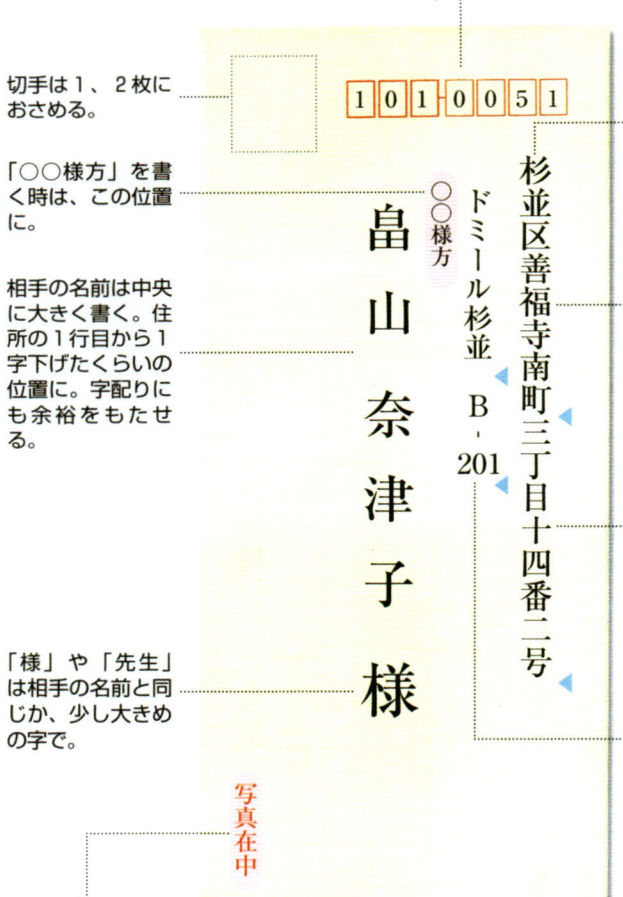

【会社宛ての封筒の書き方】

表

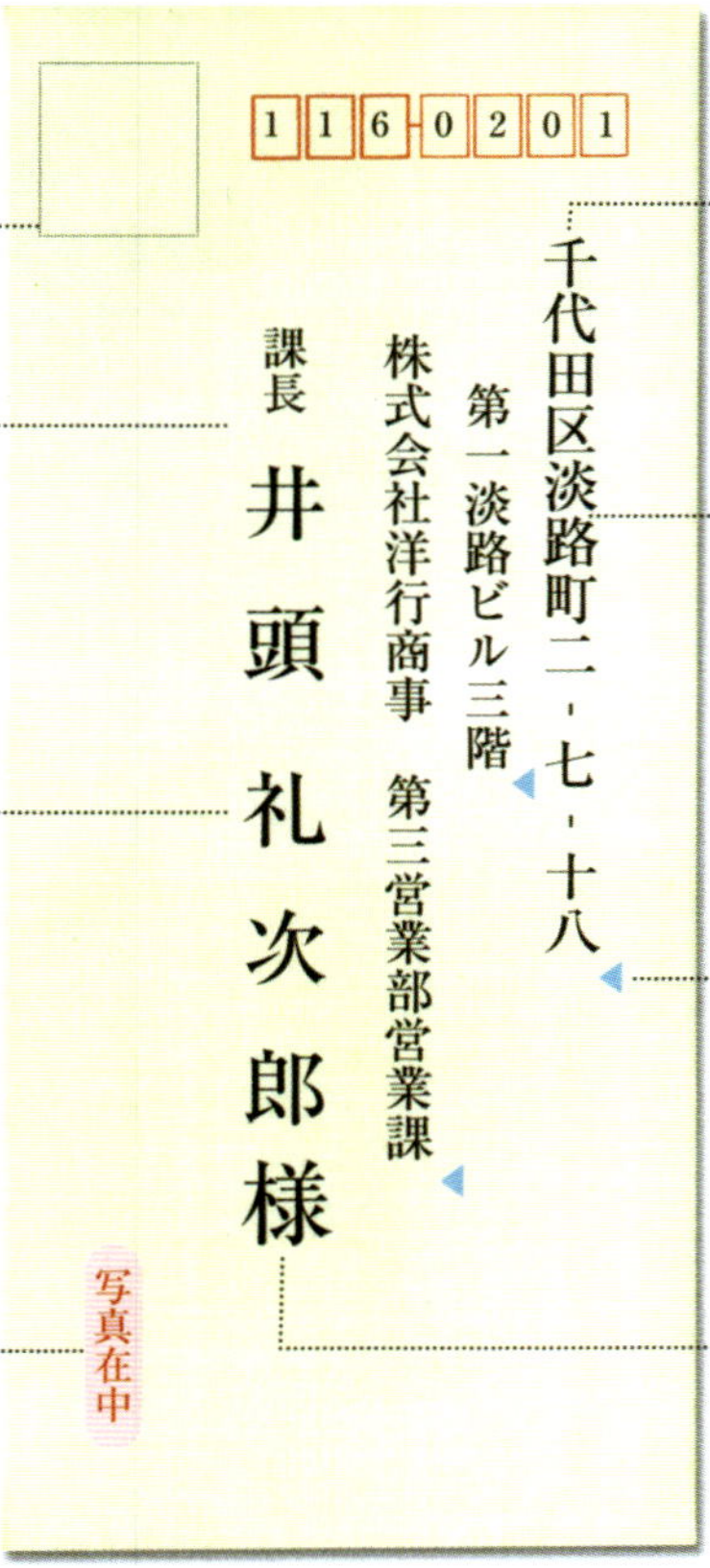

切手は1,2枚におさめる。

肩書きは名前の上に。3文字までは1行におさめる。4文字は2行に。5字以上になったら、名前の右上にする。

相手の名前は中央に大きく書く。住所の1行目から1字下げくらいで。字配りにも余裕をもたせる。

必要ならばここに「写真在中」「二つ折り厳禁」「履歴書在中」などを赤字で書く。

あまり右寄りにしすぎない。相手の住所は1～2行で書く。2行目は1字下げ、1行目より少し小さめの字で。

住所は漢数字で。
市町村名が長くて所番地やビル名まで入らない時は、所番地、ビル名は次の行の下の方に書く。

改行するのは◀マークのところで。所番地の途中で改行したりしない。

「様」や「先生」は相手の名前と同じか、少し大きめで。

裏

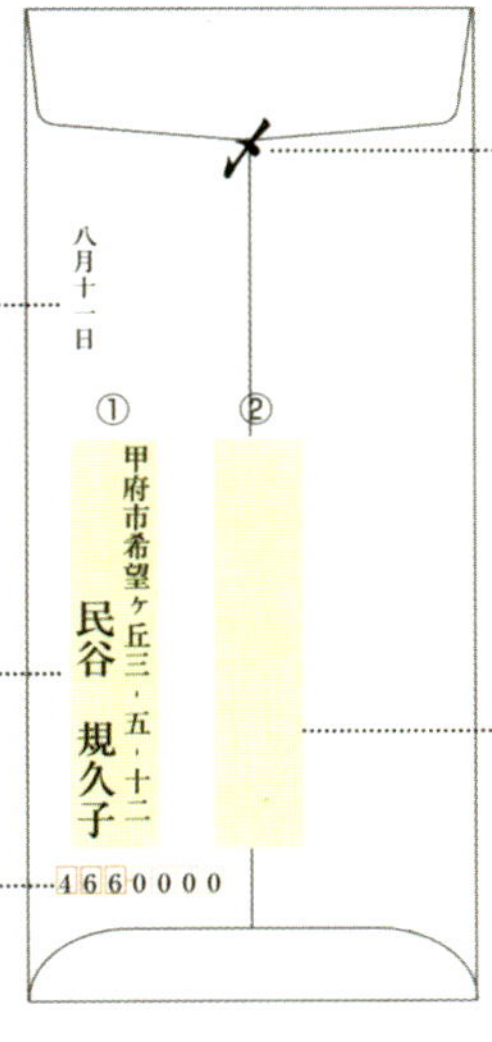

日付は住所より小さく、漢数字で書く。

差出人の名前は住所より大きい字で。

郵便番号は必ず書く。

封緘の部分は「〆」「封」「緘」「締」などの封字を書く。親しい相手にはシールを貼ってもよい。

差出人の住所・名前は①、②のどの場所に書いてもよい。
郵便番号欄があるものは①に。

【洋封筒の書き方】

●表／横書きの場合

「○○様方」を書く時は、この位置に。

住所は上から3分の1くらいのところに1〜2行で書く。2行目は1字下げ、1行目より少し小さめの字で。

郵便番号を書くので、都道府県名は不要。
改行するのは▼マークのところで。所番地の途中で改行したりしない。

住所は算用数字で書いてよい。

切手は1、2枚におさめる。右上に貼るのが正しい。

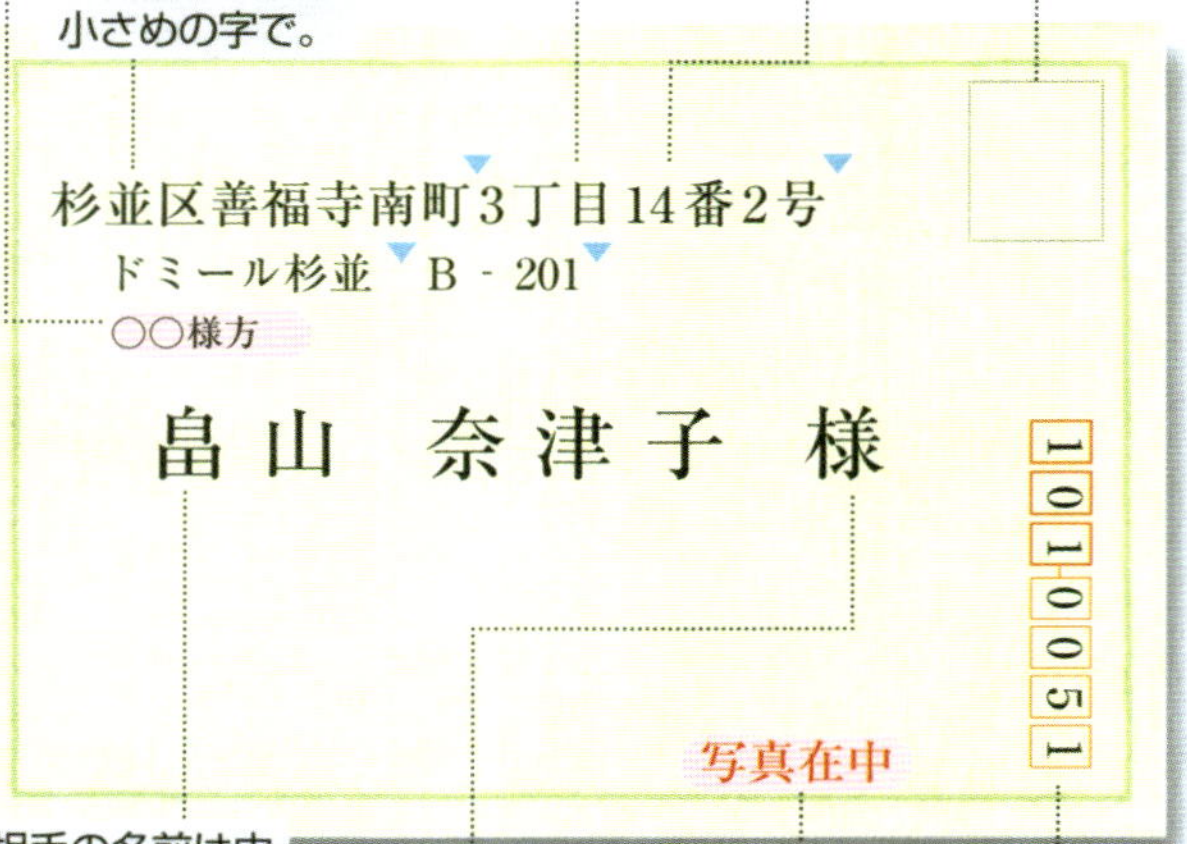

相手の名前は中央に大きく書く。住所の書き始めから1〜2字下げて。字配りにも余裕をもたせる。

「様」や「先生」は相手の名前と同じか、少し大きめで。

必要ならばここに「写真在中」「二つ折り厳禁」「履歴書在中」などを赤字で書く。

郵便番号の□のない封筒では、番号だけ書く。算用数字で。

●表／縦書きの場合

あらたまった相手には、洋封筒でも、宛名は縦書きにする。書き方は和封筒の時と同じ。

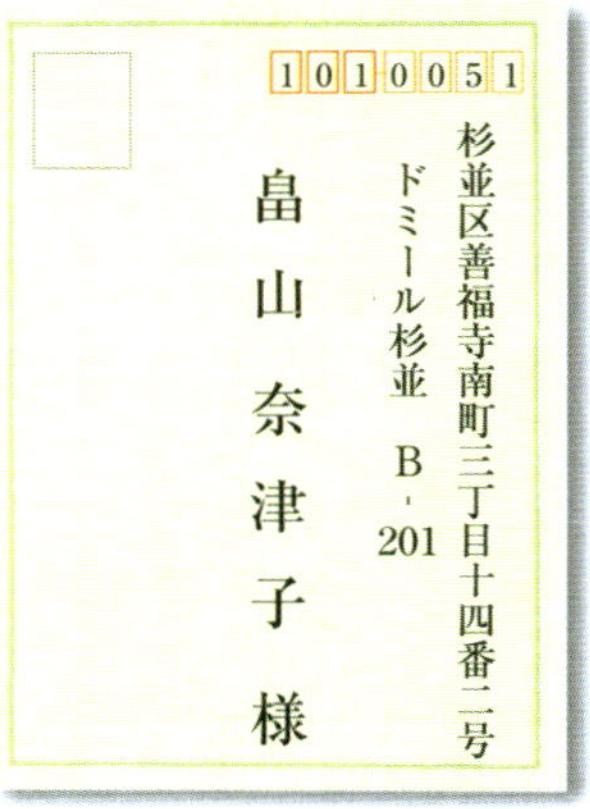

【エアメールの封筒】

差出人の名前・住所は左上に。1行目は名前、2行目は住所を、名前より小さめに。住所は所番地→地区名→市(区)町村名→都道府県名→郵便番号→国名の順に、3〜4行で。国名にはアンダーラインを引く。

相手の名前と住所は中央より少し右寄りに。相手の名前は、1行目に大きく。住所の順序は差出人と同じ。3〜4行で。国名にはアンダーラインを引く。

「BY AIR MAIL」(航空便)と書かれた封筒を使う。書いていなければこの位置に書く。

[不祝儀の場合]

不祝儀の場合は、封が反対になるようにする。郵便番号の位置が逆になるので、印刷されていない封筒を選ぶ。二重封筒はさける。
表の書き方は、洋封筒の縦書きに準ずる。

●裏／縦書きの場合

日付は住所より小さく書く。漢数字でも算用数字でもよい。

郵便番号はこの位置に。

差出人の名前は住所より大きい字で。

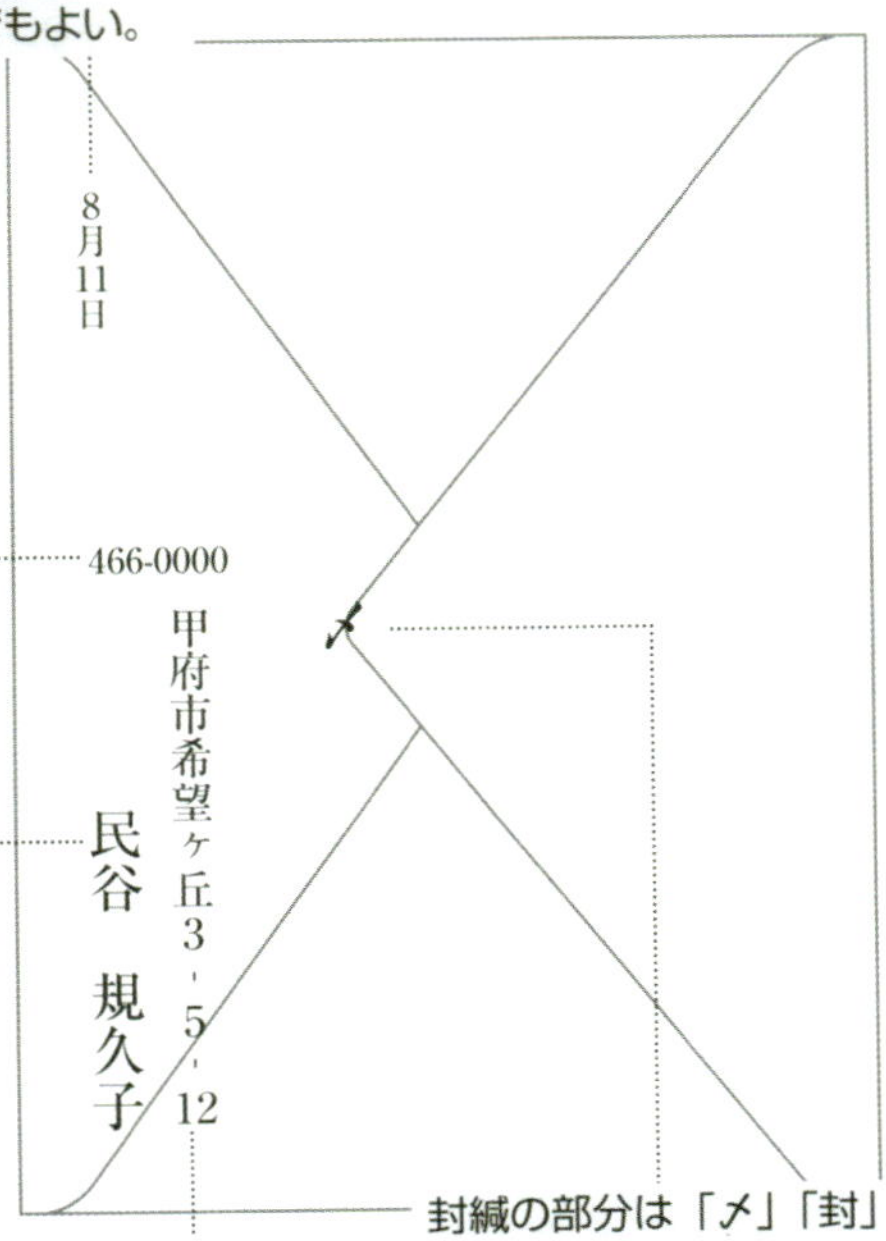

差出人の住所・名前は左半分に書く。住所は1〜2行で書く。

封緘の部分は「〆」「封」「緘」「締」などの封字を書く。親しい相手にはシールを貼ってもよい。

●裏／横書きの場合

封緘の部分は「〆」「封」「緘」「締」などの封字を書く。親しい相手にはシールを貼ってもよい。

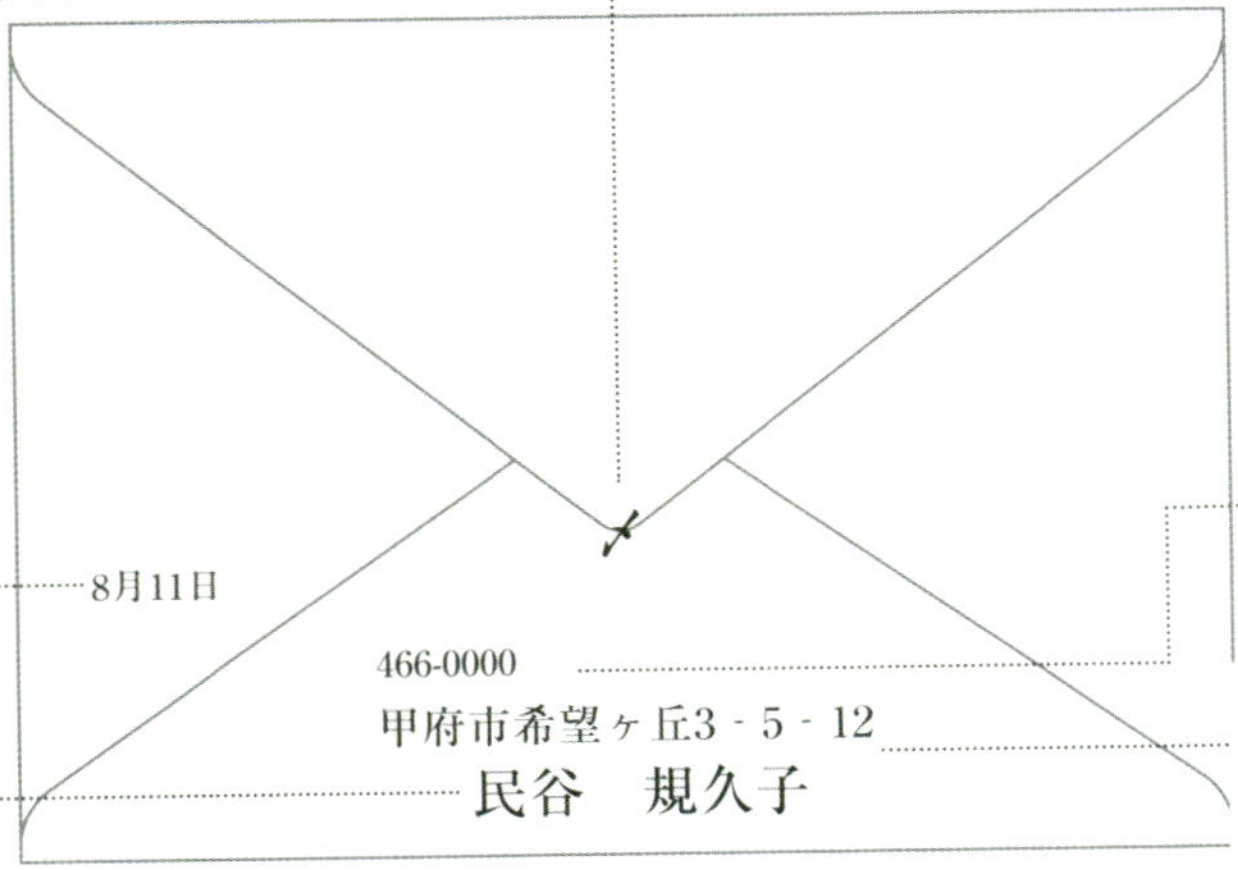

日付は住所より小さく、左側に書く。算用数字でよい。

郵便番号はこの位置に。

差出人の名前は住所より大きい字で。

差出人の住所・名前は封筒の下の方、左右の中央の位置に書く。数字は算用数字で。

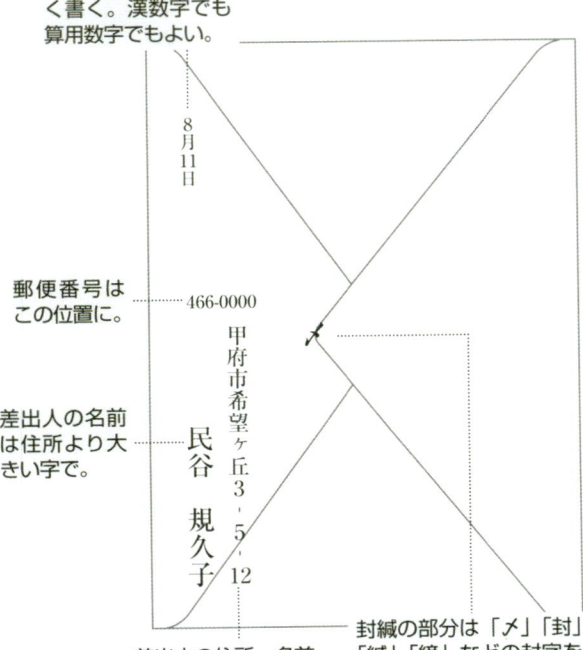

ハガキの書き方

例文

上司からお中元をいただいたお礼

前文

①今年も猛暑が続いておりますが、ご家族の皆様、お元気でお過ごしのことと存じます。

主文

②このたびはご丁寧なお中元の品をいただき、まことにありがとうございました。子どもたちの大好物のジュースを、早速、冷蔵庫で冷やして毎日、いただいております。

末文

③今後とも、何卒よろしくお願い申し上げます。

まずは書中にて御礼申し上げます。

④かしこ

①右端から1行目の文字の中心までは1cmくらいに。あまり端につめすぎると、窮屈になる。
改行する時には1字下げすると、読みやすい。

①【頭語】は省いてよい。【頭語】を書かない場合は、1字下げから始める。【前文】はあらたまった内容の手紙には必要。

ハガキで出す場合、このような断り書きを入れることが多い。

④【結語】は、行末に。なくてもよい。

②【主文】は簡潔に。しかしなるべく具体的に述べた方が、気持ちが伝わりやすい。この場合、「結構な物を頂戴し」では、あまりにも通りいっぺんすぎる。

③【末文】も、あらたまった相手の場合は必要。

7〜10行におさめるようにシンプルに書く

ハガキは短い文面の中で、内容を的確に伝えることが大切です。そう考えると、手紙よりも難しいかもしれません。しかし形式を押さえてその流れに沿って書けば、そんなに神経質になる必要はないでしょう。

全体を、縦書きのハガキなら七〜十行、横書きなら十五行以内にまとめます。

一般的には縦書き、友人宛てや絵ハガキは、横書きも

手紙と同じように、あらたまった相手宛ての場合や一般的な場合は、縦書きにします。ただし、親しい間柄の場合は、横書きでもかまいません。

また、旅先から絵ハガキを出したりする時は、ほとんどが横書きになっています。その場合は、相手が目上の人でも、横書きでかまわないでしょう。

表書き（縦書き）

郵便はがき
600-4412
京都市右京区緑町五・十二
フラワーガーデン緑町
504
藤崎 宏二郎 様
七月十一日
姫路市希望が丘四・二十一・108
川西 靖彦
内
671-5590

日付は左上に。切手の左辺のあたりから書き始めるとおさまりがよい。

差出人の住所は、ハガキの切手の右辺の延長線上から書き始めるとおさまりやすい。
代筆を表わす「内」をつける場合は、名前の左下に小さく。「代」、あるいは、代筆者も面識があるなら、「○○子代筆」と書くと親しみが増す。

相手の住所と名前の書き方は、和封筒の場合と同じ。

【前文】は親しい相手には不要。いきなり【主文】から入った方が、用件が伝わる。【末文】も不要。ハガキで出すという断り書きも書かなくてもよい。

右端から１行目の文字の中心までは１cmくらいに。あまり端につめすぎると、窮屈になる。改行する時には１字下げすると、読みやすい。

例文
友人に・ぶどうのお礼

主文

ぶどう、届きました、ありがとう！
この品種はなんというのでしょう、酸味がほのかにあって、おいしいぶどうです。マーケットでも見かけないから、特別なものなのでしょうね。子どもたちも大喜びです。
淳二さんのお仕事もお忙しいのでしょうが、一度、お揃いでこちらに遊びにいらっしゃいませんか。
ご連絡お待ちしています。
広美

名前はここに書く。

郵便はがき
618-2222
岡山市城跡町1-22-3
加藤 淳二様
ルミ子様
十月二十日
岐阜市山の上町6-5
山越 広美
511-0404

□ハガキ：［右ページと上］罫引たて120円［下表裏、P28上］一枚漉彩り450円

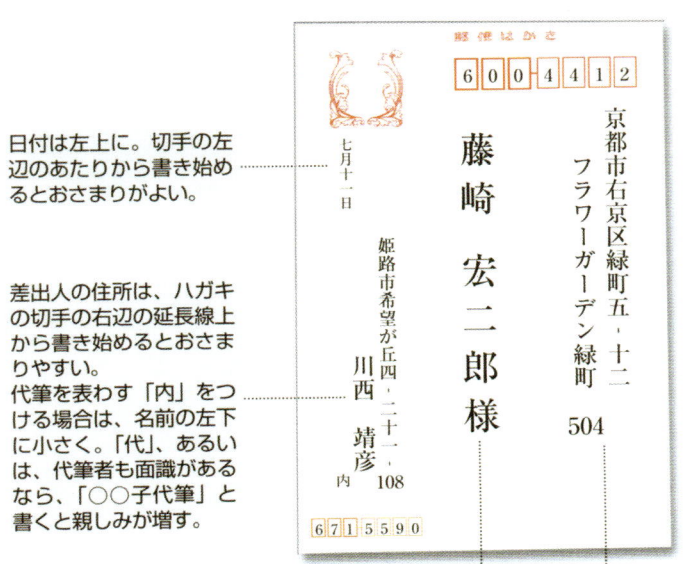

例文

恩師に・残暑見舞い

●横書きのハガキ

174-0909

板橋区寺町5-12-26-211

太川　美智夫　先生

八月二十四日

品川区大崎中央町6-6-5-102

峰村　千草

144-0000

あまり上端ぎりぎりから始めない。1cmくらいあけるようにする。

残暑お見舞い申し上げます

残暑見舞いなどの言葉は、2行目からの文字よりも少し大きめに書く。2行目からは1字下げにすると読みやすい。

　太川先生、その後、おかげんはいかがですか。

　ご退院なさったのが六月末でしたから、この夏休みが明けたら、職場に復帰なさるのでしょうか。

　それにしても、残暑の厳しい毎日です。先生は確か、暑さにはお強かったと記憶していますが、ご病後のこともあります、くれぐれも夏バテなさらないように、お気をつけください。秋風が吹いたら、みなでお食事でもしましょう。

　奥様によろしくお伝えください。お元気で。

峰村　千草

残暑見舞いなどでなくても、【頭語】は省いてよい。
【前文】で季節の挨拶と、相手の健康を尋ねる。
あらたまった相手には、【末文】は必要。
【結語】は、行末に。なくてもよい。

例文

仲人に・旅先から絵ハガキ

●絵ハガキ

POST CARD

船井様
式の時にはいろいろとお世話になり、ありがとうございました。おかげさまで、無事に新婚旅行を楽しんでおります。
ホテルの部屋からは、船井様から伺っていたゴールデンゲートブリッジが一望できます。本当にすばらしい景色で、いつまで眺めていても飽きません。
帰国いたしましたら、すぐにお伺いして、御礼申し上げるつもりでおります。
まずは書中にて、ご報告まで。

桑名　礼治
尚子

STAMP

515-0898

名古屋市昭和区北港町
6-1-4-206

船井　隆明様
知子様

6月20日

横書きの絵ハガキは、左半分が手紙文のスペース。
旅先からの絵ハガキは楽しく書くのがベスト。

例文

友人に・旅先から絵ハガキ

●絵ハガキ

縦書きの絵ハガキは、下半分が手紙文を書くスペース。

旅先からの絵ハガキは楽しく書くのがベスト。

POST CARD
116-8888
世田谷区山崎町一-二十五-六
久保田　万理　様

すごいすごいすごい紅葉です！

うちの近くの山とは比べ物になりません。万理さんもご一緒できればよかったのに。おまけに旅館のお料理もたいへんおいしいです。ホントに残念ねー。

私たちだけで楽しむのも申し訳ないので、なにかおみやげを探していきますね。お楽しみに。

10/16　上高地にて　久美子

●返信ハガキの書き方

101-5555
千代田区神田淡路町九-六
富士見ビル 111
佐々木　武志　~~行~~ 様

印刷されている、相手の名前の下の「行」は、必ず斜線で消して、横に「様」と書く。

ひと言メッセージを添えて出す方がよい。とくに欠席の場合は、簡単に理由を書くのがマナー。

~~ご~~出席（丸で囲む）
~~ご~~欠席
いたします
今回はお世話になります。皆さんにお目にかかるのを楽しみにしています。
~~ご~~住所　札幌市中央二-十七-一-303
~~ご芳~~名　土田　美奈子

通信面の「ご(御)」や「ご芳」は斜線で消す。「出席」「欠席」いずれかに丸をつけたら、その下に「いたします」「させていただきます」を書き添える。

●出席の時（↓P・245）

- お招きいただいてありがとうございます。
- このたびはおめでとうございます。
- 幹事（発起人）の方にはお世話になります。
- 当日を楽しみにしております。

●欠席の時（↓P・245）

- あいにくはずせない用が入っておりまして申し訳ありません。

- 当日は旅行中で、出席できません。
- スケジュールの都合がつかず、残念ですが欠席させていただきます。
- 皆様によろしくお伝えください。
- 次回を楽しみにしております。
- 幹事（発起人）の方にはご面倒をおかけします。今回は都合がつかず、失礼させていただきます。

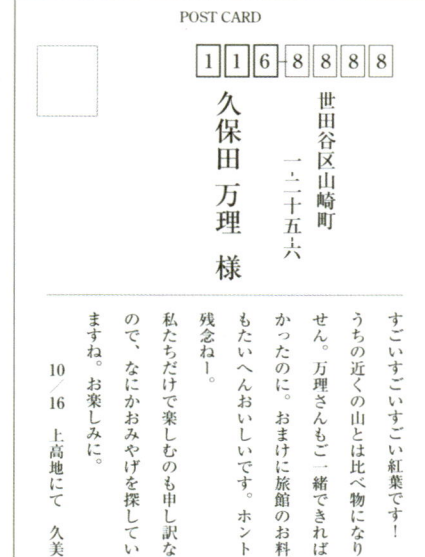

手紙を書くのが楽しくなる

レターグッズ いろいろ

文具売り場のレターグッズは百花繚乱。すてきな便箋やかわいいシールを見ると、つい手紙を出したくなってしまいます。いろいろなレターグッズを手元において、用途や気分に合わせて楽しんでみませんか。

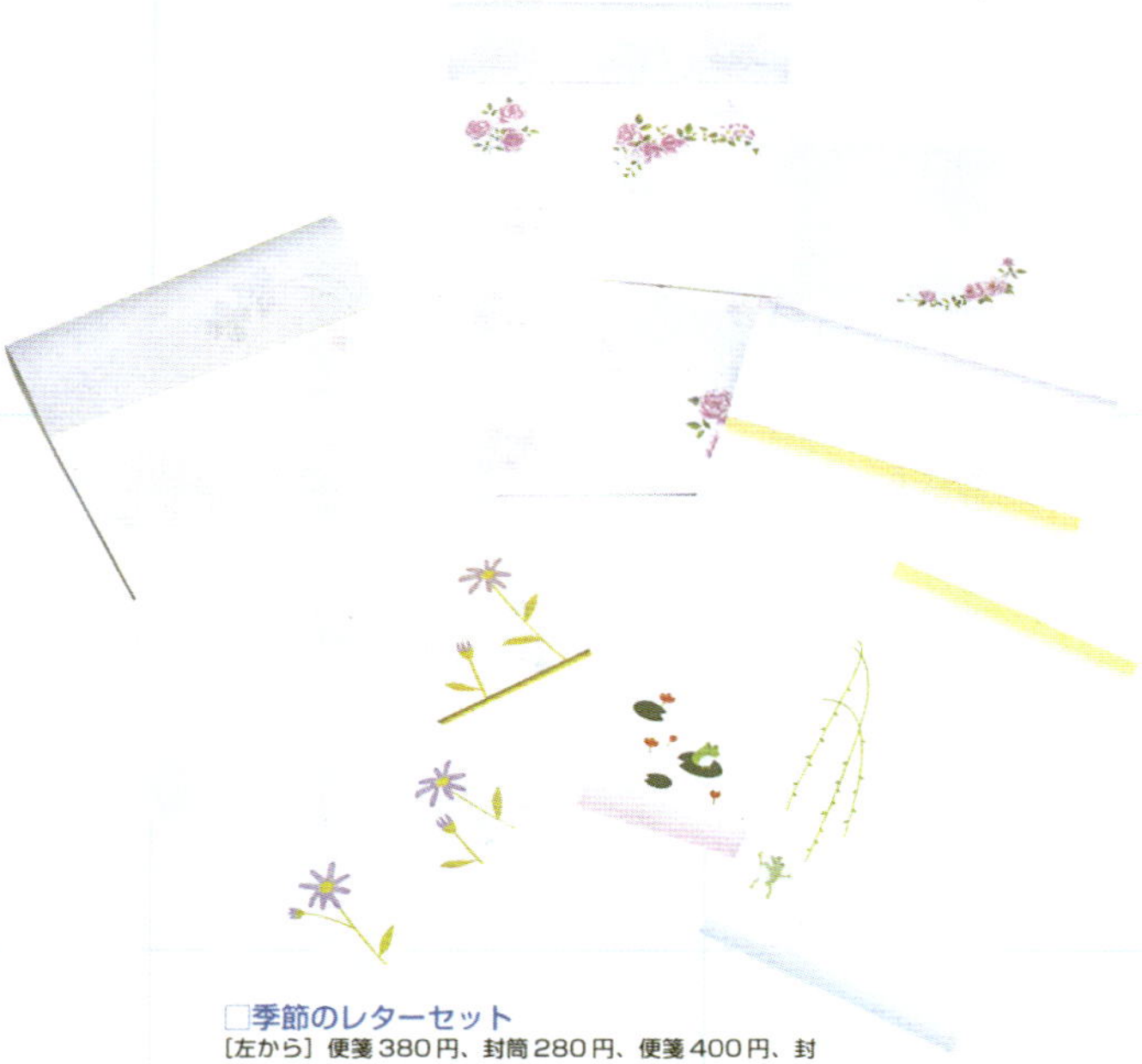

□季節のレターセット
［左から］便箋380円、封筒280円、便箋400円、封筒250円、便箋380円、封筒280円。6点とも★

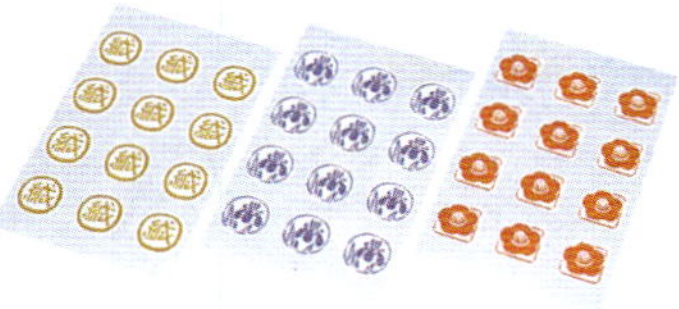

□和風の季節のシール
［左から］それぞれ180円

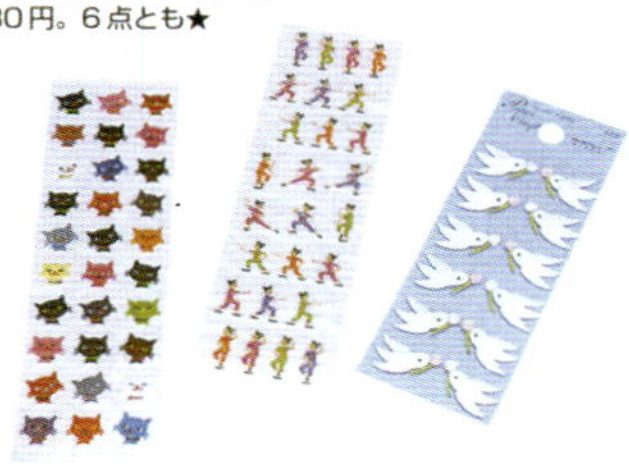

□かわいい感じのシール
［左から］ねこ180円、太極拳180円、白い鳥250円。3点とも★

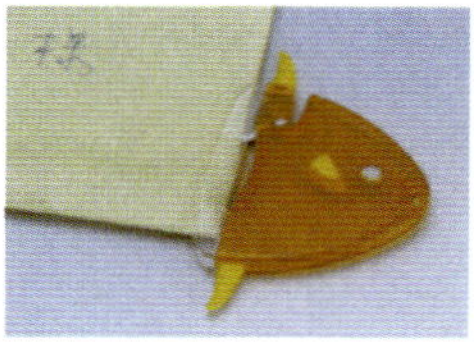

□スケルトンでかわいいレターカッター・マンボウ
封筒のいちばん端を切るので手紙を切ってしまうことがない。450円

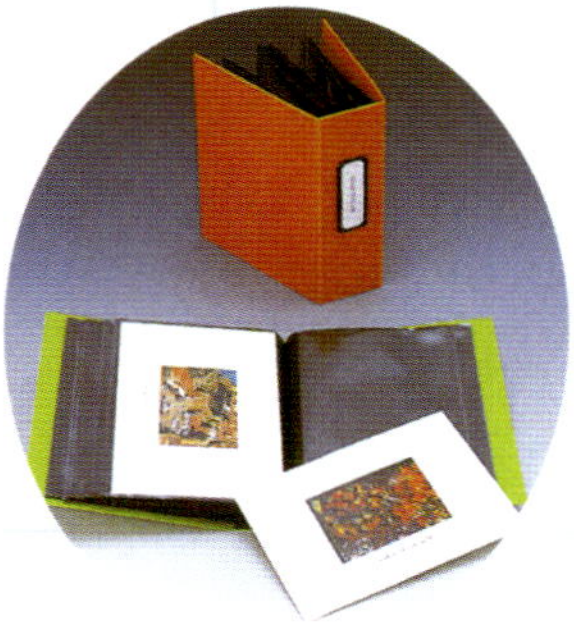

□お気に入りの絵ハガキはいつでも見られるように
エル・クラッセのポストカードファイル。グリーンとオレンジ。それぞれ850円

□コンパクト・レタースケール
重さはもちろん、定型の制限である1cm以内の厚さかどうかもわかるすぐれもの。1,200円

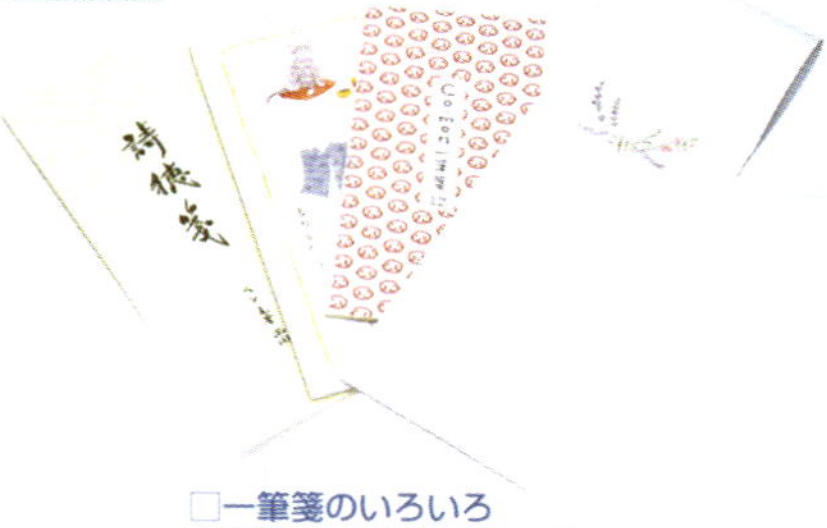

□一筆箋のいろいろ
上手に使いこなすとおしゃれ
［左から］250円、300円★、300円★、300円★

P.2〜31の商品に関して／協力・問い合わせ先：銀座・伊東屋　03-3561-8311

［左から反時計回りに］アドレスブック 1,400円、ペーパーウエイト 3,000円、黒谷和紙便箋 740円、万年筆カランダッシュ・ベージュ 10,000円、ペーパーナイフ 1,500円、文具ケース(文箱)4,500円、［文箱の中／手前から］和風シール 180円、トスカーナ調スタンプ(セットの内の1点)、シーリングワックス(ピンク)590円、封筒 280円★

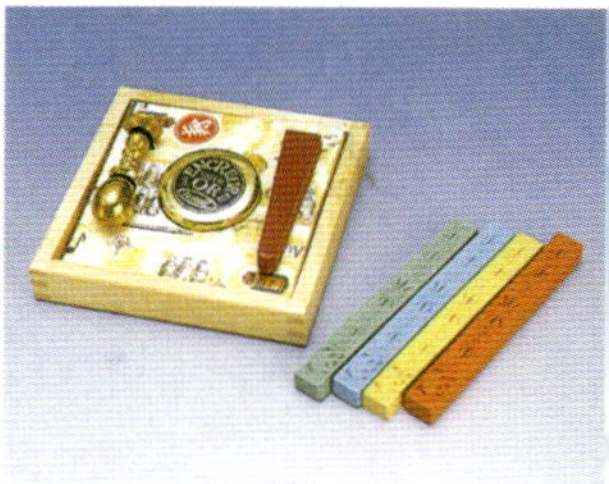

□封蝋を使ってみると、いつもの手紙も雰囲気ががらりと変わる

［左から］トスカーナ調スタンプセット 3,800円、シーリングワックス各色、それぞれ 590円

□書きやすい万年筆をさがそう

［左から］女性に人気のカランダッシュ・シルバー 18,000円、カランダッシュ・ベージュ 10,000円、キャップレスの万年筆(パイロット)15,000円、アウロラ・イプシロン(ブラック)10,000円、子ども用だが書きやすさで人気のペリカン・ジュニア(グリーン)1,200円

□ねこのシルエットのレターフォルダー

800円

□伊東屋オリジナルの一枚完結箋セット

一枚で書き納める形で、後付けの部分に罫線がない。1,800円

□ Anna Griffin の豪華な感じのカードセット

ブルー、ピンク、クリームの色違い。それぞれ 2,300円★

★マークのついた商品はデザインが季節ごとに変わったり、企画自体が変更になることがあります。

「つくる手紙」の楽しさ

こんな手紙を送ってみよう

材料は手近にあるもの。題材は季節の挨拶や最近のニュース。自分なりに工夫して、「つくる手紙」を送ってみませんか。

□大流行の絵手紙も、私流にちょっとおしゃれに
[絵手紙用ハガキ(＝画仙紙)に絵手紙用の青墨と顔彩(日本画用の絵の具)で]

□送る時は折り畳んで長３の封筒に入れる

□新しい椅子を買ったお報せ。長３といわれる定型封筒に入る大きさで、広げれば立てておける
[厚めのケント紙にファンシーペーパー、カラートレーシングペーパー、ラッピングペーパーを貼り付けた]

□ハーブをあしらったカード。およばれのお礼状
[外側の用紙はファンシーペーパー、内側の用紙は水彩画用紙。ハーブはローレルの葉と赤コショウを貼り付けている]

□昔から伝わる折り紙の手紙。ここでは外国のおみやげの切手を入れている
[マーブルのラッピングペーパー]

□開けると桜の花びらが散る手紙
[桜の封筒は和紙ランチョンマット、手紙の紙は新鳥の子紙、花びらはカラートレーシングペーパー]

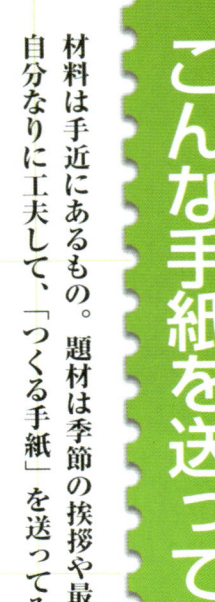

第二章

「いかがお過ごしですか」

季節の手紙と四季折々の書き出し&結びの文例集

◆年賀状、寒中見舞い、暑中見舞い・残暑見舞い、クリスマスカード
◆十二か月の書き出しと結びの文例

「いかがお過ごしですか」季節の挨拶文

ふしめ節目に、季節の風を届けたい

最近では身の周りに季節感を感じることが少なくなってきたといわれます。だからこそ、四季折々に、身近な人、日頃お世話になっている人に、近況報告をかねて季節感のある手紙を出したいものです。

年賀状、寒中見舞い、暑中見舞いだけでなく、四季の手紙には多くの種類があります。その月にふさわしい言葉や季節に合った行事を織り込むことで、文面に季節感が生まれます。もらった相手の方だけでなく、書いているうちに、自分自身も忘れかけていた時の移り変わりを改めて感じられるのではないでしょうか。

季節の挨拶には出すのに適した時期があります。その時期をはずさないようにして、ポイントをおさえます。

決まり事をおさえて、明るい話題を

季節の手紙には、あまり深刻な近況報告は書かないようにします。あくまでも相手の健康や状況を尋ねたり、無沙汰をわびたり、というのが中心です。自分の話は明るい話題を選んで書くようにしましょう。

また、季節の言葉にはある程度の決まり事があります。その言葉使いには現代の季節感と少しずれた感じがすることもあるかもしれません。しかし、とくにあらたまった内容の手紙や目上の人に出す手紙では、このルールを守る必要があります。ルールといっても、日頃、耳にしたりどこかで読んだりしたことのあるような事柄ばかりです。

決まり事さえおさえれば、四季の手紙は、目上の人にでも、気軽に出せる手紙です。季節感あふれる便箋や封筒、ハガキなどで、楽しんでみましょう。

POINT

季節の手紙

①頭語
②時候の挨拶
③主文・本題
　相手の健康、安否を尋ねる
　無沙汰をわびる
　日頃の厚情に礼を言う
　近況報告
④今後の交誼を願う
⑤相手の健康、繁栄を祈る言葉
⑥結びの言葉
⑦結語

CASE

恩師へ

☆近況報告に、相手に関連した事柄や、双方に共通する話題を書くと、相手を心にかけている気持ちが伝わりやすい。

☆日付を書くところに、例えば「三月六日啓蟄」「三月十五日　長男の卒業式をひかえて」など、季節や近況を表わすひと言を添えるのもよい。（→P.57）

☆親しくしている先生なら、「拝啓」「敬具」は書かなくてもよい。

拝啓　梅の花も盛りを過ぎ、そろそろ桜前線の予報が待ち遠しい季節になりました。

A 先生、お元気でお過ごしですか。

先生の還暦のお祝いをしたのがちょうどこの季節でしたね。あの年は暖冬で、ずいぶん暖かかったことを思い出します。

お年賀状でご心配いただいた長男も、おかげさまで希望の中学校に合格しました。本人は喜んで、少々舞い上がり気味です。あいかわらず小言を言う毎日ですが、先生に担任していただいた頃の私たちも、こんなふうだったのだろうなあと思うと、叱る声も小さくなってしまいます。

B 次回のクラス会も計画中です。決まり次第、ご連絡いたします。春寒の折から、くれぐれもご自愛ください。

敬具

P.46〜93

P.46〜93

言い換え集

A ご無沙汰しておりますが、お元気でいらっしゃいますか。

A その後、お身体の方はいかがですか。

A 奥様が入院されたと伺いました。その後、いかがですか。

A あいかわらずの筆無精で、すっかりご無沙汰してしまいました。お許しください。

A お元気で、陶芸を楽しんでおられることと思います。

A いつもお気にかけていただき、ありがとうございます。

A 今年はスギ花粉の飛散が多いと聞きました。花粉症は、いかがですか。

B これからも私たちのことをご指導ください。

B また個展を開かれる際には、ご連絡ください。楽しみにしております。

B 暖かくなったら、有志で集まって、○○庭園の散策など、ご一緒いたしましょう。

B 奥様にもよろしくお伝えください。

B 退官記念論文集の発行も間近と伺いました。楽しみにしております。

年賀状の書き方

手書きのひと言を必ず添える

手紙はあまり書かなくても、年賀状は出す、という人は多いでしょう。

最近では印刷されたものがほとんどで、手書きの年賀状はあまり見られなくなりました。パソコンやワープロで、自分で印刷する人も増えています。しかし、そのまま出すのではいかにも儀礼的な感じがします。必ず、手書きでひと言、添えるようにしましょう。とくに年賀状だけのお付き合いになっている人に出す場合には、近況報告をひと言、書き添えましょう。

近況報告には、明るい話題を選んで書くようにします。たとえ、体調が思わしくないとか、仕事が思うようにいかないなどの事情があっても、そのことにはふれずに新年の抱負を書くなどして、年頭に暗い話題はさけるようにします。

「賀詞（がし）」は目上の人にふさわしいものを優先する

本来ならば年賀状は、相手に合わせて一枚ずつ文面を変えることが望ましいのですが、現在では一括して印刷することがほとんどです。ただし、仕事上の付き合いの人、上司、先生、先輩などの目上の人に対しては、やはりふさわしい文面で出すべきでしょう。

気をつけたいのが新年の挨拶の言葉、「賀詞」です。最近では印刷されたものを使うためか、相手によって賀詞を変えることが少なくなりました。しかし、いくらその後の挨拶文を丁寧にしても、賀詞がふさわしくなければ何にもなりません。あらたまった相手に出す場合には、「迎春」「賀正」などは使えないので、注意します。（→P・38）

自分の住所なども きちんと書く

名前のほかに、住所、郵便番号、電話番号などもきちんと書いておきましょう。次の年に年賀状を書いてもらう時に役に立ちます。

一般的に、仕事関係の人への年賀状は差出人の名前は自分一人にします。しかし、家族ぐるみの付き合いがあるとか、紹介し合ったことのある間柄なら、家族全員の名前の書いてある年賀状でもかまいません。（→P・281）

POINT

年賀状

①新年の挨拶言葉
②旧年中の交誼への感謝
③新年も交誼を願う
④今年一年の相手の健康、繁栄を祈る
⑤手書きのひと言

☆①から④は、住所・氏名とともに、印刷する場合がほとんど。

CASE 1
あらたまった年賀状・仕事上の付き合いの人に

★A 謹賀新年
旧年中はお世話になりました。
本年も変わりませず、どうぞよろしくお願い申し上げます。
皆様のご健康とご多幸をお祈り申し上げます。

〒○　101
東京都練馬区豊玉△－△－△
03（○○○○）○○○○
B 明石　圭子

C 昨年中は新プロジェクトに参加させていただき、たいへん勉強になりました。ありがとうございました。今年もご指導お願いいいたします。

★賀詞は少し大きめの文字で書く。
☆ひと言添える言葉は、できれば具体的な内容にしたい。とくに仕事上の付き合いの人に出す場合は、「今年もがんばります」などの通りいっぺんのものよりも、具体的なものの方が自分を印象づけることにつながる。
☆仕事上の付き合いで、あまり密接なつながりがない人には、名前のあとに（○○会社○○課）（○○会社○○支店勤務）など、自分の勤務先や所属を書くとよい。

CASE 2
一般的な年賀状

A 明けましておめでとうございます
皆様におかれましてはお健やかに新春をお迎えのことと存じます。
本年も幸多き一年となりますよう、お祈り申し上げます。
二〇××年元旦

〒○　101
東京都練馬区豊玉△－△－△
03（○○○○）○○○○
B 明石　三郎
圭子
めぐみ（四歳）

C 拙宅の設計についてはいろいろとご助言いただき、ありがとうございました。これからもいろいろあると思います。何卒よろしくお願いいたします。

←A・B・Cの言い換え集は次のページに。

A 迎春

C 今年もご家族揃ってスキーのお正月ですか。我が家は十二月になって一家中が順繰りに風邪をひきこんだこともあって、今年は家で寝正月です。

今年も健康で、楽しい一年になりますように。

〒○ 東京都杉並区○○△-△-△-405

B 03(◇◇◇◇)◇◇◇◇

浜尾 宏恒
恭子
悟(十一歳)
あつみ(八歳)

☆電話番号の後に、メールアドレスを入れてもよい。

☆CASE1、2のように、Cのひと言添える文と、Bの差出人の欄を逆にしてもよい。

言い換え集

Aの部分の言葉に注意!

●あらたまった相手に

- 恭賀新年
- 謹賀新年
- 謹んで年頭の（新年の、新春の、初春の、年首の、年始の、改暦の）ご祝詞を（お喜びを、ご挨拶を、賀詞を）申し上げます
- 新春を寿《ことほ》ぎ、謹んでご祝詞を申し上げます
- 明けましておめでとうございます
- 新年、おめでとうございます

ここまでは、目上の人にも使える言葉です。

最近よく使われる「迎春」「慶春」「賀正」などの言葉は、実はあらたまった相手には使えません。もともと、目上の人から目下の人に向けた言葉だったからです。

また、今ではよく使われていますが、本来は「新年明けましておめでとうございます」は、重複した言い方です。「明けましておめでとうございます」か「新年おめでとうございます」のどちらかにする方が無難でしょう。

●一般的な挨拶

- 迎春
- 慶春
- 賀正
- 賀春
- 頌春
- 明けましておめでとう
- A Happy New Yearなどの外国語の新年の挨拶

Bの部分は使い分けて

家族の年賀状を作ったら、なかなか個人の年賀状までは作らないものです。しかし、とくに仕事上の付き合いなどのあらたまった相手には、個人名で出すべきです。面倒くさがらずに、きちんと書きましょう。

また、家族連名の年賀状を出す相手でも、家族ぐるみの付き合いがない場合には、自分の名前に印を付けるか、Cの添え書きのあとに自分の名前の署名を入れましょう。

Cの部分は手書きでひと言

●あらたまった相手に

- 今年一年が、皆様にとって幸多き年となりますよう、お祈り申し上げます。
- この一年がますます飛躍の年になりますよう、お祈りいたします。
- ご無沙汰ばかりで、申し訳ございません。皆様にとって、良き一年になりますように。
- お変わりなくお過ごしですか。今年はぜひ、お目にかかりたいと思っております。
- ○○様のお加減はいかがですか。ご自愛専一に過ごされますよう。
- 先日はお世話になりました。今度はぜひこちらに、皆様お揃いでお出かけください。
- いつもご指導いただき、ありがとうございます。今年も仕事に邁進いたします。
- お子様たちはお元気ですか。
- おかげさまで○○も大きくなり、四月から幼稚園です。
- 今年はご子息様がご結婚なさるとのこと、まことにおめでとうございます。
- 御社創業○周年とのこと、ますますのご発展をお祈り申し上げます。

●親しい人に

- あっという間の一年でした。今年はお互い、飛躍の年にしましょう。
- 新年会、企画中。今度こそ、出席してね。
- また一つ、歳をとったわけですね。今年こそ、ビールの一杯でも飲みましょう。
- 二人目が春に生まれます。ますます身動きが取れなくなってきました。
- 三月頃、そちらの方に出張します。久しぶりに食事でも。
- 子どもも四月から幼稚園。少し時間ができますので、ランチでもご一緒しましょう。
- 先日はありがとうございました。今度はうちにいらしてくださいね。
- また一年、会えませんでしたね。今年こそ！
- 今年も展覧会、楽しみにしています。
- テニスクールは続いていますか。
- 春には転勤することになりそうです。またご連絡します。
- 四月から○○大学の公開講座に通うつもりです。
- おかげさまで父の具合もすっかり落ち着きました。いろいろご心配おかけしました。

寒中見舞い

松の内が過ぎてから立春までに出す

寒中見舞いは年賀状と時期が近いこともあり、最近では出すことも少なくなってきているようです。

しかし、年賀状を出しそびれたり、喪中に年賀状を受けた時などには、寒中見舞いをかねて、返事を出すことができます。とくに喪中欠礼を後でわびる場合は、必ず寒中見舞いの形で、松の内（一月一～七日）が過ぎてから送るようにします。

寒中見舞い自体は、一月八日から、立春（二月四日頃）までの間に出します。この間には、暦の上で一年のうちで最も寒いとされる大寒があります。

CASE 1 一般的な寒中見舞い

★寒中お見舞い申し上げます

本格的な寒波の到来で、厳しい寒さが続く毎日でございます。

皆様、お元気そうでなによりでございます。

賑やかなお正月も過ぎ、平素の日常が戻ってまいりました。二月に沖縄にご旅行される由、羨ましい限りです。寒さでかじかんだ身体を思いきりほぐしていらしてください。

立春とはいえ、まだまだ寒さはこれからです。くれぐれもご自愛くださいますよう、お祈り申し上げます。

☆親しい相手なら、挨拶文は形式にとらわれなくてよい。

★立春を過ぎたら「余寒お見舞い申し上げます」とする。

POINT 寒中見舞い

○一般的な寒中見舞い

①寒中（余寒）見舞いの言葉
②時候の挨拶
③近況報告
④今後の交誼を願う
⑤相手の健康、繁栄を祈る言葉
⑥結びの言葉

○年賀状の無礼をわびる場合

①寒中（余寒）見舞いの言葉
②時候の挨拶
③年賀状への礼
④喪中欠礼のお知らせ、あるいは、年賀状が遅れた理由
⑤おわび
⑥今後の交誼を願う
⑦相手の健康、繁栄を祈る言葉
⑧結びの言葉

CASE 2 年賀状の無礼をわびる寒中見舞い①
[喪中に年賀状をもらった場合]

★立春を過ぎたら「余寒お見舞い申し上げます」とする。
★年賀状の喪中欠礼をわびる場合は、「年賀状をいただき」とせず、「年始状」「お年始のご挨拶」にする。「賀」にはおめでたいという意味があるので。

寒中お見舞い申し上げます

ご丁寧なお年始状をいただき、ありがとうございました。

昨年◯月に母が他界いたしましたため、年末年始のご挨拶を控えさせていただきました。ご通知が遅れ、失礼いたしました。

この一年が皆様にとって良き年となりますよう、お祈り申し上げます。

寒さ厳しき折から、風邪などひかれませんように。

CASE 3 年賀状の無礼をわびる寒中見舞い②
[喪中に年賀状を出した場合]

☆相手から喪中欠礼の通知がない時には、出してしまっても仕方ない。知らずに出した年賀状に対して返信があったら、改めて一筆、したためるとよい。相手が服喪中と知らなかったおわび、家族を亡くした心情を思いやる一文を必ず書くようにする。
★立春を過ぎたら「余寒お見舞い申し上げます」とする。
★この場合にもCASE2と同様、「年賀状」「お年賀」とせず、「お年始のご挨拶」「年始状」にする。

寒中お見舞い申し上げます

ご服喪中とは存じませず、お年始のご挨拶を申し上げてしまいました。ご無礼をお許しください。

皆様、さぞかしお心落としのことと存じます。お寂しい年末年始をお迎えだったのですね。どうかお気持ちを強くお持ちになって、新しい年にお向かいください。

まだまだ春は遠いようです。皆様ご自愛くださいますよう。取り急ぎ、おわび申し上げます。

年賀状Q＆A　こんな時はこうする

Q1 出していない相手に遅れて出す時はどんな文面にすべき？

三が日のうちに出せるのであれば、普通の年賀状と同じ文面で大丈夫です。それよりも遅れるようなら、出し忘れたなどというニュアンスにならないような文面にします。例えば、実家に帰省していた、旅行に出かけていた、仕事で忙しかったなど、やむを得ず書けなかったということを強調するようにします。

［例文］

寒中お見舞い申し上げます

もうすぐ節分というのに、まだまだ寒さが厳しい毎日ですが、お元気でお過ごしのことと存じます。

年頭にはお年賀状をいただきながら、ご挨拶もいたしませず、失礼申し上げました。年末より実家に帰省しており、どなたさまにも、心ならずもご挨拶が遅れてしまいました。

本年も何卒よろしくお願い申し上げます。

皆様にとりまして良き一年となりますよう、お祈りいたしております。

Q2 年賀状の宛名、何か決まりがありますか？

例えば親戚や、家族ぐるみのお付き合いをしている相手に出す年賀状の宛名は、

中田　晃一様
　　　佳津子様
　　　皆様（子どもやご両親がいる場合）

のように宛名の全てに「様」を書いて、それぞれにご挨拶を送るという気持ちを表わした方がいいでしょう。

また、最近では宛名書きもワープロやパソコンで印刷したものが増えてきていますが、なかにはＤＭのように感じられるものもあります。宛名書きは自筆でする方がよいでしょう。

Q3 家族の写真で年賀状を作りました。上司には出せる？

家族の写真の年賀状は楽しい近況報告になります。しかし仕事関係の人やあまり親しくない相手には失礼にあたる場合もあります。写真のない、手書きの年賀状を送る方がよいでしょう。

ただし、家族ぐるみでお付き合いをしている上司や仲人などには、元気な家族の姿を見せるのも喜ばれます。相手と自分の関係をよく考慮した上で、送りましょう。（→Ｐ．２８１）

Q4 年賀状として出しても恥ずかしくないのは、いつまで？

年賀状として出せるのは、七日までの松の内です。それ以降は、二月四日頃の立春までなら「寒中見舞い」、そこから二月いっぱいは「余寒見舞い」となります。しかし、寒い地方に住んでいる人には、三月半ばくらいまで余寒見舞いを出しても失礼にはあたらないでしょう。

また「元旦」と書けるのは、一月一日に先方に着く年賀状だけです。

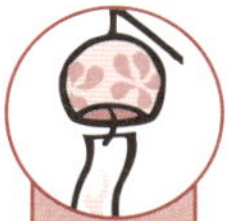

暑中見舞い・残暑見舞い

暑中見舞いは夏の近況報告

暑中見舞いはもともと暑いさなかの相手の健康を気遣う手紙です。そして夏の近況報告といった意味合いもあります。

梅雨が明けて七月七日頃の小暑から立秋（八月八日頃）までは「暑中見舞い」、それ以降は「残暑見舞い」として出します。

年賀状以来の初めての手紙であるのなら、その間にあったことをいろいろ報告しましょう。

年賀状ほどあらたまる必要はありません。涼しげな便箋や封筒を使い、涼を演出してみましょう。

郵便局で売られているくじ付きの暑中見舞いハガキも、楽しくていいでしょう。

CASE 1

一般的な暑中見舞い・会社の上司一家へ

A 暑中お見舞い申し上げます

連日厳しい暑さが続きますが、お変わりなくお過ごしのことと存じます。

今年もやはり猛暑だとか。暑すぎる夏はもう慣れっこになってしまいました。◯◯くんたちの夏休みを間近にひかえて、いろいろ計画を練っておられることでしょう。今年も信州にお出かけですか。

皆様、くれぐれも夏バテなどなさいませんように。お元気でこの夏を乗り越えてください。

POINT

暑中・残暑見舞い

①暑中（残暑）見舞いの言葉
②時候の挨拶
③近況報告
④今後の交誼を願う
⑤相手の健康、繁栄を祈る言葉
⑥結びの言葉

言い換え集

A 猛暑（酷暑、炎暑、盛夏）の候
A 例年にない暑さとなりました。
A しのぎ難い暑さの毎日でございます。
A 蒸し暑い日が続いています。

CASE 2

親戚に

☆しばらくご無沙汰している親戚には、暑中見舞いはぜひ出したい。近況報告に加え、このように問い合わせの用件を書いてもよい。

☆最初の暑中見舞いの言葉以外は形式にとらわれずに書いてよい。

★自分の両親からのよろしくとの伝言は、必ず書き添える。

暑中お見舞い申し上げます

叔父様叔母様、寝苦しい毎日ですが、お元気でいらっしゃいますか。

この猛暑の中、子どもたちは元気で、毎日外に遊びに行っています。今年はお盆のお休み中に、そちらにおじゃましたいのですが、いかがでしょうか。子どもたちも亜美ちゃんたちと遊べるのを楽しみにしています。もしご都合が悪いようでしたら、ご一報ください。

★父からもくれぐれもよろしくとのことでした。

後ほど、あらためてお電話を差し上げます。

CASE 3

友人に

☆親しい友人には暑中見舞いの言葉以外は、自由で楽しい手紙にする。しかし相手を気遣う気持ちは忘れずに。

暑中お見舞い申し上げます

夏が苦手な三津子さん、夏バテしていませんか。

我が家では暑さに負けて、夏休みに北海道旅行を決行することになりました。大人二人に子ども三人、ばかにならない出費で、頭が痛いです。それもこれも、猛暑のせいね。

これから暑さもさらに厳しくなるようですが、お元気で。

秋風が吹いたら一度、ランチでもご一緒しましょう。

クリスマスカード

原則として親しい人にだけ送る

最近はクリスマスカードを送ることも普通になりました。カードは十二月に入ってから、十二月二十五日のクリスマス当日までに着くように出します。いろいろなカードが売られていますが、どれもひと言、手書きのメッセージを添えましょう。

ただし、クリスマスカードはフォーマルな手紙ではありません。出せるのは親しい間柄の人だけ。目上の人に出す場合は、よほど親しい人だけに限ります。

年賀状をかねる場合は、年始の挨拶も書き添えて

年末に送ることから、一年を締めくくる挨拶の手紙として使っている人も多いようです。

カードはクリスマスのお祝いと新年の挨拶が印刷されているものがほとんどなので、これで年賀状をかねる人もいます。その時には、必ず「来年もよろしく」と書き添えましょう。

CASE 1 友人に

MERRY CHRISTMAS
and
HAPPY NEW YEAR!

あっと言う間の1年でしたが、今年もいろいろありました。

お互いに、おつかれさま！

いずみは昇進試験に向けて、気合入れてね。

かげながら応援してます。

来年もよろしくね。いい1年にしましょう！

CASE 2 夫の両親に

MERRY CHRISTMAS and HAPPY NEW YEAR!

お父様お母様、いよいよ今年も押し詰まってまいりました。

お元気ですか。

年末の帰省のチケットも無事に取ることができました。29日にそちらにおじゃまいたします。亮子も祐一もおじいちゃんおばあちゃんに会えるのを楽しみにしています。

今年一年、元気に過ごせて本当によかったです。来年もよい年でありますように。

それでは、お目にかかる日まで、お風邪などめしませんように。

POINT クリスマスカード

① クリスマスを祝う言葉
② 一年の交誼を感謝する
③ 一年の報告・近況報告
④ 年末年始の挨拶
⑤ 相手の健康、繁栄を祈る言葉

十二か月の書き出しと結びの文例

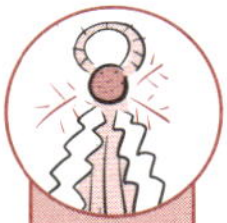

一月

覚えておきたい一月の暦

一日　元日
二日　書き初め、初夢
六日頃　小寒、入寒（寒の入り）
七日まで　松の内
七日　七草
十日頃　宮中歌会始
十一日　鏡開き
第二月曜日　成人の日
十五日　旧正月、小正月
中旬　初釜（茶道の稽古はじめ）
二十日頃　大寒

あらたまった相手に

書き出しの言葉

◆年頭の挨拶

- 新春を寿ぎ、ご挨拶申し上げます。
- 謹んで年頭のご挨拶を申し上げます。
- 皆様ご壮健で、良き新年をお迎えのこととお喜び申し上げます。
- 皆様お揃いで、おだやかなお正月をお迎えのことと存じます。

親しい相手に

書き出しの言葉

◆年頭の挨拶

- 初春のお喜びを申し上げます。初詣はすまされましたか。
- 明けましておめでとうございます。ゆっくりとご休養をお取りになられたでしょうか。
- 赤ちゃんと二人の初めてのお正月はいかがでしたか。
- 新春のお喜びを申し上げます。私どももおかげさまで、家族一同、変わりなく新年を迎えることができました。

●昨年はご子息様に待望のお子様がご誕生になり、皆様お揃いで、おめでたい新年をお祝いのことと存じます。
●ご結婚されましたお嬢様もお里帰りをなさって、賑やかな新春の門出をお迎えのこととお喜び申し上げます。
●元旦にはご丁寧な年始のご挨拶をいただき、まことにありがとうございました。

☆新年を表わす言葉は、新年、新春、年頭、お正月、初春など。それを飾る言葉として、良き、おだやかな、おめでたい、などがある。

◆季節感を表わす言葉

●酷寒のみぎり、ますますご清栄のこととお喜び申し上げます。
●厳しい寒さが続きますが、皆様ご壮健にてお過ごしのこととお喜び申し上げます。
●寒の入りも過ぎ、いよいよ寒さも本番を迎えました。いかがお過ごしでいらっしゃいますか。
●松飾りもとれ、普段どおりの生活が戻ってまいりました。ますますご活躍のことと存じます。
●寒中お見舞い申し上げます。
●大寒を迎え、いよいよ冬将軍の到来でございます。皆様、お風邪など、めされていらっしゃいませんか。
●暖冬とはいえ、やはり冬の厳しい寒さが身にしみます。お変わりなくお過ごしでいらっしゃいますか。

◆季節感を表わす言葉

●例年になく、寒い日が続いています。お元気でお過ごしですか。
●記録的な大雪とのニュースを聞き、驚いております。皆様ご無事でいらっしゃいますか。
●大寒波の襲来で、さすがにこちらでも雪が降りました。風邪など、ひかれていませんか。
●大寒の折、寒さが身にしみ入ります。お変わりありませんか。
●底冷えの毎日ですが、お元気でいらっしゃいますか。
●年明けからこちら、どんよりと曇り空が続いております。そちらの天候はいかがですか。
●久しぶりに暖かい一日となり、ほっと一息ついております。
●例年になくおだやかな寒の入りとなりました。

◆行事などを織り込んで

●今年は初日の出を見に行かれましたか。
●元旦には初詣に出かけ、人の波にもまれてまいりました。お元気でお過ごしのことと存じます。
●今年もお仕事でお忙しい新年を迎えられたのでしょうか。
●ご家族揃って、お手製のおせち料理で新春を祝われたことと思います。

☆季節の言葉には、厳寒の候（折、みぎり。以下も同じ）、酷寒の候、寒冷の候、大寒の候、極寒の候などがある。

結びの言葉

◆年頭にあたって

- 本年一年の、ますますのご健勝とご繁栄をお祈り申し上げます。
- 本年のより一層のご健勝とご活躍を、心よりお祈り申し上げます。
- 新しい年が実り多き一年となりますよう、祈り上げます。
- 本年もご多幸な年となりますよう、祈念いたします。
- ご家族の皆様のご健康とご活躍をお祈り申し上げます。
- 本年も、お健やかな一年となりますように。
- この一年が幸多き良き年となりますよう。
- 本年も何卒よろしくお願い申し上げます。
- 昨年にもまして、よろしくご指導のほどをお願い申し上げます。
- 今年も変わりませずご交誼を賜りますよう、お願い申し上げます。

◆季節に合わせて

- 酷寒（厳寒、極寒）の折から、くれぐれもご自愛ください。

- 今年の初夢はいかがでしたか。
- 今年も箱根駅伝では、母校の応援をされたのでしょうか。
- 今年も熱戦のラグビー戦、テレビの前で同じように熱くなったのではありませんか。
- 初めて、七草がゆを作ってみました。ご機嫌はいかがですか。
- 甥や姪が集まり、お年玉の用意だけでもたいへんな新年です。いかがお過ごしですか。
- 入試も追い込みの時期になりました。○○君もお元気で精進されていることと思います。
- 庭に植えた南天の実が雪景色に彩りを添えています。
- 今年は息子と二人で、どんど焼きにしめ縄を持っていきました。
- 今年もニューイヤーコンサートにお出かけになられましたか。
- 初笑いの寄席には、もう行かれましたか。
- 今年、福袋はいくつゲットしましたか。
- ○○ちゃんの成人式ももうすぐですね。さぞかしすてきなお嬢さんになられたことでしょう。
- 我が家では、カルタならぬテレビゲームで年が明けました。

●寒さ厳しき折から、ご自愛の上ご活躍のほど、お祈り申し上げます。
●時節柄、風邪などひかれませんよう、ご自愛専一に。

一月の風物詩

初日の出、初詣、年賀状、門松、松飾り、しめ縄（しめ飾り）、鏡餅、破魔矢、おみくじ、出初め式、新年宴会、新年名刺交換会、鏡開き、成人式、どんど焼き、書き初め、初夢、初荷、初売り、福袋、初釜、初稽古、寒稽古、歌会始、大阪／今宮戎神社・十日戎(九〜十日)、七福神詣(東京の隅田川七福神が有名)、鷽替《うそかえ》(日本各地の天神様の神事。福岡太宰府天満宮や東京の亀戸天神、湯島天神などが有名)、大学入学共通テスト、初場所、関東（箱根）大学駅伝、サッカー天皇杯、ラグビー
かるた、福笑い、凧あげ、羽子板、こま回し、雪合戦、スキー、スケート、お年玉
おせち料理、お雑煮、おもち、お屠蘇、七草がゆ（せり、なずな、ごぎょう、はこべ、ほとけのざ、すずな、すずしろ）、あんこう、ふぐ、寒ぶり、伊勢エビ、みかん、はなびらもち
寒波、冬晴れ、霧氷、雪晴れ、吹雪
南天、福寿草、千両、万両、寒牡丹、葉牡丹、ヤブコウジ、ビオラ、シクラメン
鶴、白鳥、寒鯉、初雀、寒雀

結びの言葉

◆年頭にあたって

●今年もあいかわりませず、お付き合いください。
●お互いに実り多い一年にしましょうね。
●よい一年となりますよう、お互いにがんばりましょう。
●ご家族の皆様が、お元気で充実した一年を送られますように。
●今年は○○会創立十周年の記念行事でお世話になると思います。何卒、よろしくお願い申し上げます。

◆季節に合わせて／行事を織り込んで

●寒さはこれからが本番。油断しないでご自愛ください。
●暖冬とはいえ、冷え込む日もあります。風邪などひかれませんように。
●厳しい寒さが続きます。くれぐれもお身体お大事に。
●旧正月のお祝いに、中華料理を食べに行きましょう。
●お正月のうちに、年始を祝って、一度お目にかかりませんか。
●受験生はここが我慢のしどころです。ご健闘をお祈りしております。
●○○ちゃんの成人式、楽しみですね。お写真、見せてくださいね。
●今度、庭に咲いた臘梅をぜひ、見にいらしてください。

二月

覚えておきたい二月の暦

三日頃　節分
四日頃　立春
十一日　建国記念の日
十四日　バレンタインデー
二十三日　天皇誕生日

あらたまった相手に

書き出しの言葉

◆季節感を表わす言葉

- 晩冬の候、ますますご健勝のこととお喜び申し上げます。
- 立春を迎え、ますますご活躍のことと存じます。
- 立春とは名ばかりの厳しい残寒が続きますが、ますますご清祥のこととお喜び申し上げます。
- 立春とは申せ、寒気なかなか衰えを見せぬ今日この頃でございます。ご家族の皆様にはますますご壮健のことと、お喜び申し上げます。
- 立春とはいえ、御地ではまだ雪の多い毎日と拝察いたします。いかがお過ごしでいらっしゃいますか。
- 余寒お見舞い申し上げます。

親しい相手に

書き出しの言葉

◆季節感を表わす言葉

- 節分も過ぎましたのに、まだまだ寒い日が続きます。皆様、お変わりございませんか。
- 暦の上ではもう春なのに、冷え冷えとした毎日です。いかがお過ごしですか。
- 早咲きの梅がちらほらと目につく時節になりました。お元気ですか。
- 残寒の中にも、梅の便りが聞かれる時節となりました。お変わりありませんか。
- 冷気にもどこかしら春の気配が感じられる今日この頃です。お元気ですか。
- 吹く風にも春の香りが感じられる季節となりました。
- 春一番が吹いたとのニュース、でもまだ寒い日が続きますね。
- 日差しも一日ごとに暖かくなってきている気がします。

◆行事などを織り込んで

- 山里ではそろそろうぐいすの声も聞かれる頃でしょう。

●余寒ことのほか厳しく、皆様にはご無事でお過ごしでいらっしゃいますか。
●残寒いまだ去らぬ毎日が続きますが、皆様にはお変わりなくお過ごしのことと存じます。
●今年は雪の様子はいかがでございますか。お見舞い申し上げます。
●残寒のみぎり、ご子息様には難関を突破され、無事、大学ご入学とのこと、まことにおめでとうございます。
●春まだ遠いとはいえ、ご主人様ご栄転と伺いました。おめでとうございます。

☆季節の言葉には、晩冬の候（折、みぎり。以下も同じ）、余寒の候、春寒の候、残寒の候などがある。

結びの言葉

◆季節に合わせて

●春とは名のみの寒さが続くようでございます。くれぐれもお身体、大切にお過ごしください。
●まだまだ寒い毎日です。くれぐれもご自愛くださいませ。
●余寒厳しき折から、お身体を大切になさってください。
●天候不順の折から、ご自愛の上ご活躍のほど、祈り上げます。
●三寒四温の時節柄、御身大切にお過ごしください。

●「福は内」「鬼は外」の声が、春を運んでくれるようです。
●お正月があわただしく過ぎ、あっという間に、母が「紀元節」と言っていた建国記念日になりました。
●春まだ浅い毎日ですが、花屋の店先には桃の一枝が！
●梅がほころび、水仙が咲き、我が家の庭にも、ようやく春がやってきたようです。
●今年のバレンタインデーは、いくつチョコレートをもらいましたか。
●我が家は長女のバレンタインのチョコレート作りで、ちょっとした騒ぎでした。
●梅一輪一輪ほどの暖かさといいますが、こちらはまた大雪となり、毎日の雪かきがたいへんです。そちらの天候はいかがですか。
●ネコヤナギがかわいい花穂をつけています。
●立春と聞くと、なんとなく外に出かけたくなりますね。
●○○ちゃん、無事、志望校に合格されたとのこと、おめでとうございます。
●合格おめでとうございます。だれよりも先に春爛漫という感じですね。
●今年も札幌の雪祭りにはいらしたのですか。
●今年はうるう年。なにかよいことが起こりそうな気がします。

● 季節の変わり目でございます。体調をくずされませんように。
● 寒の戻りで冷え込むこともございます。お気をつけください。
● インフルエンザがはやっているようでございます。くれぐれもお気をつけくださいませ。
● そろそろ花粉症も始まる時節のようでございます。何卒お大事になさってください。
● 幸多き春の門出となりますよう、お祈り申し上げます。（合格、就職、入学などをお祝いして）
● ご子息様、受験と伺っております。体調にお気をつけくださって本番にのぞまれますよう、心よりお祈りいたしております。

二月の風物詩

節分、豆まき、バレンタインデー、チョコレート、さっぽろ雪まつり、建国記念の日、受験、合格発表、梅見、インフルエンザ、三寒四温、針供養（八日、十二月八日のところも多い）、梅、水仙、クロッカス、ヒヤシンス、ネコヤナギ、ふきのとう
うぐいす、白魚、わかさぎ

結びの言葉

◆季節に合わせて／行事を織り込んで

● 春はもうすぐそこまで来ています。もう少し辛抱いたしましょう。
● 暖かくなったら、どうぞこちらにもお出かけください。
● 春の訪れを待ちつつ、お互い、風邪などひかないようにしましょうね。
● 今度お会いする時には、バレンタインのチョコレート話も聞かせてください。
● 雪解けも間近です。暖かくなったらどこかにご一緒しましょう。
● うぐいすの初音を聞きに、ハイキングなどいかがですか。
● 合格の吉報を聞いて、ほっとしていらっしゃることでしょう。体調をくずされませんように。
● 受験期間中はおつかれさまでした。新学期までの間に体調を整えて、英気を養ってくださいね。
● 残りわずかになった学生生活、思う存分エンジョイしてくださいね。
● 新しい環境で新スタートの春ですね。どうかご活躍ください。
● 梅の便りの次は桜。待ち遠しいですね。

コラム

各月の別名を使ってみませんか

各月には別の名称があることはご存じでしょう。弥生、皐月、神無月、師走などはよく知られていて、現在でも普通に使われています。これらは旧暦を使っていた頃に使われていた呼称で、ほかにも、俳諧や和歌で使われる名称もあります。

昔の人は、ただ単に月を一つ二つと数えるだけでなく、それぞれの季節感を持って呼んでいたことがわかります。手紙の最後の日付のところに、ちょっとおしゃれに使ってみてはいかがでしょうか。

一月	睦月、正月、端月、初月、初春月、祝月など
二月	如月、梅見月、雪消月、初花月など
三月	弥生、桜月、花月、夢見月、春惜月など
四月	卯月、卯花月、花残月、夏初月、鳥月など
五月	皐月、早苗月、菖蒲月、五月雨月、橘月など
六月	水無月、葵月、松風月、風待月、鳴神月など
七月	文月、七夕月、七夜月、女郎花月、涼月など
八月	葉月、月見月、秋風月、燕去月、萩月など
九月	長月、夜長月、寝覚月、菊月、紅葉月など
十月	神無月、神去月、神在月（出雲）、時雨月、初霜月など
十一月	霜月、神楽月、神帰月、霜降月、雪待月など
十二月	師走、乙子月、春待月、梅初月、限月など

- 猛威をふるうインフルエンザなんかに負けずに、春を待ちましょう。
- 年度末をひかえて、これからお忙しくなるのでしょう。くれぐれもお身体にお気をつけください。
- 暖かくなってくると、かえって体調をくずすといいます。ご両親様、ご無事に春をお迎えくださいますように。

コラム

「厳寒の候」は二月じゃないの？

一年でいちばん寒い月、二月。春を待ちわびる気持ちも手伝って、ひときわ寒さが身にしみます。

平均気温も一年でいちばん低いのですが、実は「厳寒」「酷寒」という言葉は二月には使いません。一月に「大寒」という日があることからもわかるように、「厳寒」「酷寒」などの寒さのピークを表わす決まり文句は一月に使います。

一方、いちばん寒く思われる二月には「立春」があり、暦上は春に入るのです。冬の終わりという意味で、「晩冬」という言葉も使います。

手紙の挨拶の言葉は旧暦（太陰暦）に基づいたものが多いので、現代の感覚とは少しずれることになるのでしょう。「厳寒」「酷寒」は一月に使い、二月は他の言い回しで寒さを表現してください。

（→旧暦での季節の節目についてはP・69参照）

三月

覚えておきたい三月の暦

三日　桃の節句（雛祭り）
六日頃　啓蟄（冬眠中の虫がはい出してくる日）
十二日　奈良・東大寺二月堂のお水取り
十四日　ホワイトデー
十八日頃　春の彼岸の入り
二十一日頃　春分の日（春のお彼岸の中日）

あらたまった相手に

書き出しの言葉

◆季節感を表わす言葉／行事を織り込んで

- 早春の候、ますますご清栄のこととお喜び申し上げます。
- 初春の折、皆様にはお健やかにお過ごしのことと存じます。
- 春まだ浅い時節、お元気でご活躍のことと存じます。
- 日増しに春めいてまいりました。ますますご清祥のこととお喜び申し上げます。
- 一雨ごとに暖かくなり、春は確実に近づいているようです。皆様お変わりなくお過ごしのことと存じます。
- 暑さ寒さも彼岸までと申します。皆様にはお元気でお

親しい相手に

書き出しの言葉

◆季節感を表わす言葉

- 春光おだやかな季節となりました。皆様お元気ですか。
- 残寒もすっかりぬるみ、日増しに暖かくなってきました。お元気でいらっしゃいますか。
- まだまだ冷たい春風にも、春の気配が感じられる今日この頃です。お変わりありませんか。
- 朝夕はまだ冬の名残の冷え込みが続きますが、さすがに日差しは春めいてきました。
- 春霞のただよう季節となりました。ご家族の皆様はお変わりなくていらっしゃいますか。
- 春の嵐が吹き荒れる今日この頃です。お元気ですか。
- おだやかな日差しに、身体がのびのびする気持ちです。

◆行事を織り込んで

- 桃の節句も過ぎ、春らしくなってまいりました。
- 今年は○○ちゃんの初節句ですね。おめでとうございます。さぞかし立派なお雛さまをお飾りになったことでしょう。

過ごしのことと存じます。
●季節の変わり目の不安定な天候が続いておりますが、ますますご壮健のこととお喜び申し上げます。
●ようやく暖かくなり、お身体にも少しはよいのでは、と拝察しております。
●心浮き立つ季節となりましたが、花粉症の方はいかがでいらっしゃいますか。
●ご子息様のご卒業、合格、おめでとうございます。文字どおり、春を満喫されていらっしゃることでしょう。
☆季節の言葉には、早春の候（折、みぎり。以下も同じ）、初春の候、浅春の候、春暖の候、春分の候、解氷の候、春寒の候などがある。

結びの言葉

◆季節に合わせて

●春寒の折から、くれぐれもご自愛くださいますよう、お祈り申し上げます。
●お彼岸は過ぎても、朝夕は冷え込むようでございます。お身体、ご大切に。
●季節の変わり目で天候が不安定でございます。何卒、ご自愛専一になさってくださいさい。
●桜の便りもすぐそこまで届いています。ご自愛の上ご活躍のほど、祈り上げます。

●今年はお雛さまを飾らずに過ぎてしまいました。
●ようやく我が家も雪かきから解放されそうです。そちらの天候はいかがですか。
●雪解けの季節になり、街も明るい色に染まってきましたね。お元気ですか。
●東大寺のお水取りもすみ、本格的な春がすぐそこまで来ています。
●春になるとなんだかうきうきして、新しいことを始めたくなりますね。いかがお過ごしですか。
●春眠暁を覚えず、とはよくいったものですね。おだやかな天候に、眠気を誘われています。
●今年も花粉症が始まりました。そちらはいかがですか。
●梅の花も白、紅と出揃って、いよいよ桜の便りが待ち遠しくなってきました。
●春の嵐で黄砂の到来か、車が真っ白になってしまいました。お元気でお過ごしですか。
●スプリングコートに袖を通す季節になりましたね。お元気のことと思います。
●今年も母校の高校野球の応援に行ってきました。お元気でご活躍のことと存じます。
●街で、袴姿の卒業生が目につく季節となりました。
●春風にのって、ご主人様がご栄転とのニュースを伺いました。おめでとうございます。

●ご子息様のご進学でさぞたいへんだったことでしょう。体調をおくずしになりませんよう、おいたわりください。

●引っ越されましても、これまでと変わらぬお付き合いをいただけますよう、お願い申し上げます。

◆新生活をスタートさせる人に

●これまでのご経験を活かし、新天地でもご活躍なさいますよう、お祈りしております。

●新しい活躍の場でもご手腕を発揮されますことを祈願いたします。

●新生活が実り多いものになりますよう、お祈りいたします。

三月の風物詩

桃の節句、雛祭り、お雛さま、白酒、雛あられ、ひしもち、雛流し、春の植木市、お彼岸、ぼたもち、墓参り、雪割り、桜前線、卒業式、蛍の光、合格発表、進学、春休み、就職、転職、異動、転勤、選抜高校野球、確定申告、プロ野球オープン戦、春眠、花粉症

春の嵐、黄砂、三寒四温

田楽、木の芽あえ、うど、しじみ、はまぐり、白魚

ツバメ、猫の恋、若鮎

桃、こぶし、沈丁花、彼岸桜、蕨、ぜんまい、つくし、よもぎ、菜の花、スイートピー、たんぽぽ、れんげ、馬酔木《あしび》

●今年はお墓参りに家族揃って出かけました。進学も決まり、娘もほっとしているようです。お変わりなくお過ごしですか。

●のんびりした春休みを満喫していらっしゃいますか。

●○○ちゃんの中学進学、おめでとうございます。ご家族の皆様も、さぞやほっとされていることでしょう。

●○○ちゃんが無事ご卒業、ご就職されたとのこと、よかったですね。今年は飛躍の春ですね。

●今年の春は息子の下宿探しや引っ越し準備で、忙しく経ってしまいました。

●確定申告、もう済まされましたか。やらなくちゃやらなくちゃで、一日延ばしにしています。

結びの言葉

◆季節に合わせて／行事を織り込んで

●早春の候、皆様にはお元気でご活躍ください。

●まだまだ春とは名ばかりのようです。ご自愛ください。

●一雨ごとに暖かくなります。風邪などひかれませんよう、ご自愛ください。

●暖かかったり寒かったり、なにかと体調をくずしやすい時節です。お互い、気をつけましょう。

●お彼岸を過ぎたというのに、朝夕は冷え込みます。油断は禁物、お身体大切に。

コラム

日付に添えて季節の言葉を

手紙の最後に書く日付と一緒に、次のようなひと言を書くと、より一層季節感が感じられます。

書き方としては、「一月七日　七草がゆの日に」あるいは、「一月　七草がゆの日に」などが一般的です。（赤字は、あらたまった相手への手紙にも使える言葉）

【一月】大雪の日に、大寒を迎えて、七草がゆの日に、長女の成人式をひかえて【二月】立春、建国記念日を迎えて、長男の試験発表をひかえて【三月】桃の節句、啓蟄、お雛さまの日に、明日はホワイトデー、花粉症もピーク、転勤が決まった日に【四月】花祭り、朧月夜に、長女の入学式をひかえて、ゴールデンウイークを間近にして、今年初めてつばめを見た日【五月】端午の節句、立夏、菖蒲湯の日、母の日を迎えて【六月】夏至、梅雨入りの日に、父の日をひかえて、梅雨寒の日に、空梅雨を心配しつつ【七月】七夕、丑の日、今日から朝顔市、フランス革命記念日に、花火大会の夜に【八月】立秋、原爆の日に、夏休みをひかえて、お盆を終えて、熱帯夜に眠れぬままに、台風一過の酷暑の日に【九月】菊の節句、敬老の日、彼岸の入りに、お月見をしつつ、野分の吹いた夜に、鈴虫の音を聞きながら【十月】寒露、秋祭りの日に、霜降、読書の秋を迎えて、秋の夜長に、新蕎麦を食べた日、ぶどうをつまみながら【十一月】文化の日、立冬、小雪を迎えて、小春日和に、七五三を迎えて、明日は一の酉、ボジョレー・ヌーボーを飲みながら、初時雨の日に【十二月】初雪の日に、大雪、冬至、七面鳥を焼きながら、クリスマスに、今年もあと○日

●花粉症は今年もひどいのでしょうか。ご自愛ください。

●あと一歩で桜もほころぶようです。ご一緒にお花見、しましょうね。

●お庭も花の時節を迎えてさぞかし見事でしょう。今度ぜひ、見せていただきたいと思います。

●暖かくなりましたら、あちこち散策に出かけませんか。

●○○ちゃんの進学でたいへんだったでしょう。落ち着いたら、慰労会をしましょうね。

●いよいよ娘も小学生になります。私もＰＴＡ一年生ですので、いろいろご指導ください。

●長男の入学で、少しは自分の時間を作れそうな気がします。なにかありましたら、お誘いくださいね。

●遠く離れてしまいますが、転勤後も、変わらずにお付き合いくださいね。

◆新生活をスタートさせる人に

●新社会人として、お仕事に邁進されますよう、期待しております。

●今まで培ってきた経験と度胸を活かして、大いに活躍してください。

●単身赴任の基本は健康管理です。ご自愛くださいね。

●新しい街でも、おいしいレストランやすてきなお店を見つけて、新しいお友だちと大いに楽しんでください。

四月

覚えておきたい四月の暦

一日　エイプリルフール
八日　花祭り（釈迦誕生日）
初旬　イースター（復活祭）
二十日頃　穀雨（百の穀物を潤す温かい雨が降って、芽が伸びてくる日）
二十九日　昭和の日

あらたまった相手に

書き出しの言葉

◆季節感を表わす言葉／行事を織り込んで

- 春暖の候、ますますご清祥のこととお喜び申し上げます。
- 春爛漫のみぎり、ご清栄のこととお喜び申し上げます。
- 仲春の折から、皆様お変わりなくお過ごしのことと存じます。
- 陽春の候、ご家族の皆様、お変わりなくお過ごしでいらっしゃいますか。
- 春の気配もようやく整い、心浮き立つ今日この頃、お変わりなくご活躍のこととお喜び申し上げます。
- 花冷えの時節でございます。皆様にはご健勝のことと

親しい相手に

書き出しの言葉

◆季節感を表わす言葉

- いよいよ春爛漫のよい季節となりました。お元気でいらっしゃいますか。
- うららかな春日和になりました。お元気ですか。
- 桜の花も身を縮めてしまうような花冷えですが、皆様お変わりありませんか。
- 桜前線も日本列島を縦断したようです。お元気でお過ごしですか。
- 暖かくなってきましたが、菜種梅雨のうっとうしい天気が続きます。
- 今宵は音もなく春雨が降っています。
- 一雨ごとに、若草の伸びる音が聞こえるようです。
- 先月までの寒さがうそのよう、すっかり暖かくなりましたね。
- 日ごとに暖かさが増し、日中は汗ばむほどの陽気になってきました。
- 春の嵐のような強風に、桜吹雪が舞っております。

お喜び申し上げます。
- 春風駘蕩《しゅんぷうたいとう》のみぎり、ますますご清祥のことと存じます。
- 桜花爛漫の折、ますますご壮健でご活躍のことと拝察申し上げます。
- 陽春の候、ご子息様、新社会人としてスタートとの由、まことにおめでとうございます。
- ご子息様のご入学、おめでとうございます。ご家族の皆様のお喜びもさぞかしと存じます。

◆**新生活をスタートさせた人に**
- 桜花の候、ご栄転おめでとうございます。新天地でもご活躍のことと拝察申し上げます。
- ご栄転、おめでとうございます。ご挨拶も申し上げられず、たいへん失礼をいたしました。ご健勝にてご活躍のこととお喜び申し上げます。

☆季節の言葉には、陽春の候（折、みぎり。以下も同じ）、春暖の候、仲春の候、春爛漫の候、春風駘蕩の候、桜花の候、桜花爛漫の候、清和の候などがある。「仲春」は春の半ばの意味。三月下旬から使うこともある。「清和」とは、四月の別名。

結びの言葉

◆**季節に合わせて**
- 天候定まらぬ季節でございます。ご自愛専一に。

◆**行事を織り込んで**
- 春たけなわとなりました。雪国のそちらも、春を迎えてパワー爆発といったところでしょうか。
- 公園の桜も見事に満開になりました。お花見にはお出かけになりましたか。
- 当地の桜はもうはらはらと散り始めています。そちらはそろそろ満開を迎える頃でしょうか。
- 雑事に追われて、今年はお花見も逃してしまいました。いかがお過ごしですか。
- いつの間にか、葉桜の時期になってしまいました。
- 近くの川辺の柳も青々と芽吹いてきました。いかがお過ごしですか。
- うちのベランダ園芸でも花々が咲き乱れ、チョウチョが訪れる季節となりました。
- おだやかな日差しに、コートなしで遠出がしたくなります。お元気ですか。
- うららした日差しに誘われて、休日には夫婦揃って、サイクリングを楽しむようになりました。
- 今年も山菜摘みに行かれましたか。
- 夜空に朧月《おぼろづき》、ながめている間に、うつらうつらしてしまう、春眠の季節ですね。
- ご就職、おめでとうございます。社会人として、毎日、張り切って過ごされていることと思います。

- 花冷えの時節柄、ご自愛くださいますようお祈り申し上げます。
- 花は散ったといえ、これから寒が戻る日もあるようでございます。くれぐれもご自愛くださいませ。
- 春はなにかと体調をくずしやすい季節でございます。お気をつけください。
- 春爛漫を満喫なさって、ご活躍のほど、祈り上げます。

◆**新生活をスタートさせた人に**

- 新生活がますます実り多きものになりますよう、ご祈念申し上げます。
- 今後も新天地でご手腕を発揮されますことを、お祈りいたします。
- これまでのご実績にかんがみ、新しい活躍の場でもさらなるご手腕を発揮されますことを確信いたしております。
- 春は不安定な季節でございます。新生活で無理をなさって体調をおくずしになりませんよう、ご自愛くださいませ。
- 新しい地でなにかとお忙しいことでしょうが、くれぐれも健康にはお気をつけくださいませ。
- 新しい街での春はいかがでございますか。お引っ越しのおつかれが出ませんよう、ご自愛ください。

- 新しい任地での新生活、もう、慣れましたか。
- 下宿生活はどうですか。ホームシックにかかっていませんか。
- 転勤して三週間が経ちました。新しい職場にもようやく慣れてきた今日この頃です。
- 下宿生活をスタートさせた娘も、一人暮らしを楽しんでいるようです。
- 娘の進学に際して過分なお心遣いをいただき、ありがとうございました。先日、入学式に出席してきました。
- 新一年生の息子は背中より大きいランドセルをしょって、毎日楽しそうに学校に行っています。
- 幼稚園でエイプリルフールの話を聞いてきた息子が繰り返すほら話に付き合わされ、家族全員、ぐったりの四月です。
- 街道沿いの商家の軒先に、ツバメが出入りしているのを見かけました。
- ゴールデンウイークはご家族で海外旅行ですか。
- ゴールデンウイークの計画はもう立てられましたか。
- 文字どおり水ぬるみ、一家で潮干狩りに行ってきました。アサリが大漁で、ご近所にたくさんおすそ分けができました。
- いよいよプロ野球開幕。今年も心穏やかならぬ日々がめぐってきましたね。

四月の風物詩

お花見、桜前線、花吹雪、葉桜、潮干狩り、花冷え、菜種梅雨、春雨、朧月夜、かげろう
入学、進学、進級、就職、新入生、新入社員、入学式、入社式、花粉症、エイプリルフール、競馬・天皇賞、プロ野球開幕、ゴールデンウイーク
わらびもち、草もち、花見団子、たけのこ、うど、ふき、ぜんまい、蕨、アスパラガス、たらの芽、さざえ、桜鯛、花見鯛、ほたるいか
ひばり、ツバメ、おたまじゃくし、チョウチョ、桜、山桜、八重桜、チューリップ、山吹、菜の花、キンポウゲ、もくれん

コラム 「お喜び」それとも「お慶び」？

最近では「お喜び申し上げます」が主流になりつつありますが、とくに年賀状やお祝い事のあらたまった手紙などでは「お慶び申し上げます」が使われることがまだまだ多いようです。

もともと「慶」の字は慶賀、慶事など「よろこばしい、おめでたいこと」に使われ、めでたいことをよろこぶ、めでたいと祝うという意味があります。一方の「喜」の字は、同じよろこぶでも、嬉しい気持ちや、嬉しがる様を表わす意味の方が強く、めでたいという意味は「慶ぶ」よりも弱くなります。

本来は「お慶び」を使いたいところですが、自分になじんだ方を使えばよいでしょう。

結びの言葉

◆季節に合わせて／行事を織り込んで

- 桜の下でご一緒に、春爛漫を満喫しませんか。
- 来週末に花見の宴を計画しています。改めてご連絡を差し上げますので、ぜひいらしてください。
- 山歩きにかっこうの季節となりました。今度ぜひ、ご一緒いたしましょう。
- 春宵一刻値千金《しゅんしょういっこくあたいせんきん》、お互い、存分に春を楽しみましょう。
- 主人が開幕戦のチケットを手に入れ、チームに喝を入れに行くと張り切っています。お付き合いくださいませ。
- 良き季節に誘われて、久しぶりにお便りさし上げました。そちらの花便りもお聞かせくださいね。
- 連休の旅行、楽しんできてくださいね。
- 旅行のおみやげ話をまた、聞かせてください。
- ○○ちゃんの制服姿、今度ぜひ拝見させてください。
- 新学期を迎え、学校のことではいろいろお世話になると思います。何卒よろしくお願い申し上げます。
- 転勤直後で慣れないことも多いでしょうが、初めての土地での暮らしを前向きに楽しんでくださいね。
- 単身赴任だからといって、あまり羽をのばさず、くれぐれも健康にはご留意ください。

五月

覚えておきたい五月の暦

一日　メーデー
三日　憲法記念日
四日　みどりの日
五日　こどもの日、端午の節句
六日頃　立夏
十日～　愛鳥週間（バードウイーク）
第二日曜日　母の日
三十一日　世界禁煙デー

あらたまった相手に

書き出しの言葉

◆季節感を表わす言葉／行事を織り込んで

- 新緑の候、ますますご壮健のこととお喜び申し上げます。
- 惜春のみぎり、皆様にはご清祥のことと存じます。
- 若葉の候、お元気でお過ごしのことと存じます。
- 風薫る季節となりました。お変わりなくご活躍のこととお喜び申し上げます。
- 行く春を惜しみつつ新緑に目をうばわれる時節でございます。皆様お変わりなく、お健やかにお暮らしのことと存じます。

親しい相手に

書き出しの言葉

◆季節感を表わす言葉

- 若葉が目にまぶしい季節となりました。いかがお過ごしですか。
- 風薫る五月、お元気でお過ごしのことと存じます。
- さわやかな五月晴れの毎日、お元気ですか。
- したたるばかりの緑が目に鮮やかな季節です。お元気でお暮らしのことと思います。
- 吹く風にも初夏の香りがしますね。お元気ですか。
- 行く春を惜しむ気持ちが半分、夏を待つ気持ちが半分の時節となりました。
- 日中は汗ばむ陽気になりました。お元気でいらっしゃいますか。
- 梅雨の前のさわやかな季節、皆様、いかがお過ごしですか。
- 立夏も過ぎたというのに、今年は不安定な天候が続きます。お変わりありませんか。

◆行事を織り込んで

●立夏の候、ますますご清栄のこととお喜び申し上げます。
●立夏が過ぎたとはいえ、肌寒い日が続いております。お風邪などめしていらっしゃいませんか。
●例年になく天候不順な毎日でございます。つつがなくお過ごしのこととお喜び申し上げます。
●初節句を迎えられ、ご家族の皆様、お揃いでご健勝にてお過ごしのこととお喜び申し上げます。
●ご家族様お揃いで、お賑やかな連休を過ごされたことと拝察いたします。
●丹精して育てておられるお庭のバラも、今が盛りでございましょう。
●日中は汗ばむ陽気になってまいりました。皆様ご健勝のこととお喜び申し上げます。

☆季節の言葉には、新緑の候（折、みぎり。以下も同じ）、若葉の候、惜春の候、暮春の候、残春の候、老春の候、向暑の候、立夏の候、軽夏の候などがある。

結びの言葉

◆季節に合わせて

●過ごしやすい季節ですが、なお一層ご自愛くださいますよう、お祈りいたします。
●御地ではまだ冷え込むこともおありでしょう。くれぐれもお身体を大切になさってください。

●ゴールデンウイークはいかがでしたか。
●御地のゴールデンウイーク中の桜は、さぞ見事だったことでしょう。五月の桜なんて、贅沢ですね。
●五月晴れの空に、こいのぼりが力強く泳いでいます。
●今年は○○ちゃんの初節句ですね。おめでとうございます。
●皆様お揃いで○○ちゃんの初節句を祝われたことでしょう。おめでとうございます。
●我が家でも、ベランダに小さなこいのぼりを立てました。
●息子の初節句で、狭い我が家にも五月人形を飾りました。
●今年は我が家でも菖蒲湯を楽しみました。
●薫風、馥郁《ふくいく》たる新茶、バラの香り。五月は贅沢な季節ですね。
●先日、近くの神社の見事な藤棚を見に行きました。
●近くの庭園がバラの庭を開放する季節になりました。
●庭に植えた一株のバラが、今年も咲いてくれました。
●今年も牡丹を見に行かれましたか。
●御地ではライラックが見頃の季節ですね。
●新生活も一か月経ち、すっかりペースをつかまれたことと思います。
●今年も我が家の軒先に、つばめが帰ってきてくれました。

●例年になく天候不順のようでございます。どうかご自愛専一に。
●どうかお健やかに、新緑の季節を満喫なさってくださいませ。
●梅雨入りも間近なようでございます。ますますのご健勝を祈り上げます。
●向暑の折から、皆様のご壮健をお祈りいたします。
●季節の変わり目でございます。ご自愛の上ご活躍のほど、祈念いたします。
●走り梅雨とでも申すのでしょうか、今年は雨の多い五月でございます。くれぐれもお身体にお気をつけくださいませ。
●御地はこれから春をお迎えになるのですね。何卒、良き季節を満喫なさいますよう。

五月の風物詩

ゴールデンウイーク、メーデー、八十八夜、こどもの日、端午の節句、武者人形、五月人形、かぶと、こいのぼり、矢車、柏餅、ちまき、菖蒲湯、麦刈り、田植え、茶摘み、潮干狩り、母の日、衣替え、五月病
五月晴れ、若葉、新緑、緑陰、走り梅雨

●新天地にも慣れて、御地の初夏を楽しんでいらっしゃることと思います。
●昨日は初がつおとたけのこご飯でした。久しぶりに季節の味を堪能しました。
●スポーツに最適の陽気になりましたね。今年もゴルフ三昧ですか。
●吹く風に誘われて、久しぶりに家族揃ってドライブに出かけました。
●そろそろ田植えのシーズンですね。お忙しい毎日をお過ごしのことと思います。
●母の日に小学生の娘がカーネーションを送ってくれました。
●今年の禁煙デーも、むなしく過ぎていきそうです。そちらのご主人様はご英断なさいましたか。
●初めて三社祭に行ってみました。すごい迫力で感動しました。
●いよいよお祭りのシーズンですね。初めて長男がみこしをかつぐことになりました。
●愛鳥週間と聞いて、あなたのことを思い出しました。今もバードウオッチングは続けてらっしゃいますか。
●そろそろ衣替えの時節となりました。この時期は例年、着るものに困りますね。

福岡／博多どんたく（三〜四日）、岐阜長良川／鵜飼い開き（十一日）、京都／葵祭（十五日）、東京浅草／三社祭（第三金曜〜日曜）
たけのこ、たけのこご飯、そらまめ、アスパラガス、新茶、豆ご飯、あなご、しゃこ、とびうお、初がつお、さば
しゃくなげ、牡丹、藤、バラ、菖蒲、あやめ、カーネーション、ライラック、アカシア、つつじ、すずらん、クレマチス
つばめ、かっこう、ほととぎす、おたまじゃくし

コラム 「みぎり」ってなんですか？

季節の挨拶で使われる「みぎり」という言葉。最近はあまり使われなくなりましたが、あらたまった手紙や、年配の方からの手紙によく見られます。

「みぎり」は漢字で書くと「砌」。頃、折、時、などと同じ意味で使われます。

手紙を書く時に大切なことは、礼を失しないことと、自分の言葉で表現することです。「みぎり」がぴんとこなかったら、折、候、時節など、他の言葉を使いましょう。

しかし、言葉は使っていれば、自分になじんでくるのも事実です。少し背伸びして、年配の方への手紙を「暮春のみぎり」などと始めてみてはどうでしょう。

結びの言葉

◆季節に合わせて／行事を織り込んで

- 連休明けでお仕事もお忙しいでしょうが、くれぐれもご自愛ください。
- 今度お目にかかる時には、○○ちゃんの初節句のお写真を見せてくださいね。
- 一度、ご自慢のお庭をぜひ拝見したいのですが、お誘いいただけませんか。
- 新茶をいただきました。ぜひいらしてください。
- 近々つつじを見に行こうと計画しています。ご連絡差し上げますので、ぜひご一緒に。
- 季節もよくなってきました。今度ぜひサッカー観戦にご一緒いたしましょう。
- 連休の遊び疲れが出る頃ですね。お互いに睡眠を十分とりましょう。
- 連休中に一緒に撮った写真ができあがりました。お渡ししたいので、近々、お電話します。
- 梅雨入りが近いような天候ですね。その前に一度、ハイキングに出かけませんか。
- 今年は湿気も多く、五月らしい日はあまりありませんでしたね。体調をくずされませんように。
- クレマチスの鉢植えを少し余分にいただきました。お一ついかがですか。近々、お寄りください。

六月

覚えておきたい六月の暦

四日　虫歯予防デー
六日頃　芒種（稲や麦などを蒔く時期）
十日　時の記念日
二十一日頃　夏至
第三日曜日　父の日

あらたまった相手に

書き出しの言葉

◆季節感を表わす言葉／行事を織り込んで

- 梅雨に入り、うっとうしい毎日でございますが、皆様には晴れやかにお過ごしのこととお喜び申し上げます。
- 入梅の折から、蒸し暑い日々でございます。皆様ご清栄のこととお喜び申し上げます。
- 梅雨の候、お変わりなくご活躍とのこと、お喜び申し上げます。
- 長雨が続きますが、ご壮健でお過ごしのことと存じます。
- 田植えの時期を迎え、ご多忙な毎日をお過ごしのことと存じます。

親しい相手に

書き出しの言葉

◆季節感を表わす言葉

- 梅雨入りをひかえ、どこかしら気の重い毎日です。いかがお過ごしですか。
- とうとう梅雨入りしてしまいましたね。お元気ですか。
- こちらは早々に梅雨入りしてしまいました。そちらはいかがですか。
- 今年の梅雨前線は威勢がよいようです。御地はいかがですか。
- 活発な梅雨前線が暴れているようです。御地は水の被害は大丈夫でしょうか。
- 長雨が続きますが、皆様お元気ですか。
- 今年は空梅雨との予報です。そうなると、水不足が心配ですね。
- 例年の蒸し暑さはどこへやら、梅雨寒が続きますが、お変わりありませんか。
- 梅雨明けが待ち遠しい毎日です。
- 御地では梅雨がないのですね。羨ましい限りです。

●今年は空梅雨ぎみの、暑い日が続いております。お変わりなくお過ごしでいらっしゃいますか。

●今年の梅雨は陽性とかで、あちこちで大雨を降らせております。御地はいかがでございますか。お変わりございませんでしょうか。

●梅雨寒の毎日ですが、皆様お健やかにお過ごしでいらっしゃいますか。

●梅雨明けが待たれる頃でございます。ますますご壮健でご活躍のことと存じます。

☆季節の言葉には、入梅の候（折、みぎり。以下も同じ）、梅雨の候、初夏の候、薄暑の候、首夏の候、青葉の候、麦秋の候などがある。「麦秋」は麦の刈り入れ時の意味。稲の刈り入れ時の秋になぞらえている。

結びの言葉

◆季節に合わせて

●今しばらくうっとうしい毎日でございますが、何卒お身体大切にお過ごしください。

●梅雨寒の日もめぐってまいります。くれぐれも風邪などめされませんよう、ご自愛専一に。

●雨模様の中にも、初夏の気配は漂ってまいります。季節の変わり目です。ご壮健にてお過ごしになられますよう。

◆行事を織り込んで

●梅雨入りを間近にひかえ、今日は衣替えを完了させました。

●うっとうしい梅雨も、穀物には大切な恵みの雨ですね。田植えの時期を迎えて、さぞお忙しいことと思います。

●降り続く雨も、草木や穀物には大切な恵み。山の緑も一層濃くなった気がします。お元気ですか。

●庭のない我が家でもあじさいを楽しむべく、今年は鉢植えを一つ、買ってきました。

●お庭の梅の実はたわわに実っていますか。

●今年も梅干しや梅酒のつけ込みにお忙しいことと思います。

●くちなしの花が香る季節ですね。

●蛙がかまびすしく鳴き交わしています。

●洗濯物が乾かなくて本当に困りますね。

●そちらのかび対策は万全ですか。

●一年生の息子はレインコートとランドセルのおかげで、自分がてるてる坊主になったような出で立ちで登校しています。

●梅雨空の下、街はすっかり夏の装いですね。

●気分をかえようと新しい傘を買いました。

●いよいよさくらんぼの季節到来です。今年はもうめしあがりましたか。

●心ふさぐような梅雨空ですが、何卒、お心お健やかにお暮らしください。
●くちなしの香りにのせて、梅雨のお見舞いを申し上げました。ご自愛くださいませ。
●あと十日もすれば梅雨も明けそうでございます。ご体調をくずされませんよう、お気をつけください。
●蒸し暑い日が続きます。本格的な夏をひかえて、くれぐれもご自愛くださいますよう、祈り上げます。
●今年は例年にない空梅雨でございます。夏の暑さも早いかもしれません。ご健勝にて過ごされますようお祈りいたします。

六月の風物詩

田植え、早乙女、青田、麦刈り、農繁期、衣替え、夏服、単衣《ひとえ》、蛍狩り、鮎解禁、ジューンブライド、ボーナス、すだれ、かび、食中毒
梅雨入り（入梅）、梅雨寒、空梅雨、長雨
若鮎、黒鯛、しゃこ、城下がれい、青梅、梅干し、さくらんぼ、あんず、ざくろ、びわ
さつき、あやめ、あじさい、かきつばた、芍薬、栗の花、アマリリス、くちなし
かたつむり、あめんぼ、ほととぎす、仏法僧、かわせみ、蛙、アマガエル

●つややかなさくらんぼが店頭に並んでいます。
●少し暑くなったと思ったら、早速蚊が現れました。もうそんな季節なんですね。
●ジューンブライドの花嫁さんを見かける季節ですね。でも天候が今ひとつで気の毒です。
●解禁になって早速、主人は鮎釣りに出かけました。
●ほのかに苦い若鮎に舌鼓を打っています。もうめしあがりましたか。
●梅雨明けが今か今かと待たれる今日この頃です。
●今年の梅雨は長引くとか。この蒸し暑さ、うんざりしてしまいますね。

結びの言葉

◆季節に合わせて／行事を織り込んで

●梅雨空が続きますが、風邪などひかれませんように。
●しばらくはうっとうしい毎日ですが、梅雨に負けずにがんばりましょう。
●梅雨明けまでにはもう少しの辛抱が必要のようです。お互い、くさくさしないで、夏を待ちましょう。
●例年にない梅雨寒ですね。体調をくずされませんように。
●梅雨空の下、田植えなどでお忙しいでしょうが、くれぐれもご自愛くださいね。

コラム

二十四節気（にじゅうしせっき）とは？

我が国では、明治５年（1872年）まで太陰太陽暦（旧暦）が使われていました。これは月の満ち欠けを基準に、太陽の動きにも合わせて作られたもので、この暦では、季節は二十四に分けられていました。これを「二十四節気」といいます。現代でも季節を表わす言葉として、その多くがニュースなどでもよく聞かれます。

とくに＊印の言葉は手紙などで頻繁に使われますので、覚えておきたいものです。

＊小寒	1月6日頃	芒種	6月6日頃	＊立冬	11月7日頃
＊大寒	1月20日頃	＊夏至	6月21日頃	＊小雪	11月22日頃
＊立春	2月4日頃	＊小暑	7月7日頃	＊大雪	12月7日頃
雨水	2月19日頃	＊大暑	7月23日頃	＊冬至	12月22日頃
＊啓蟄	3月6日頃	＊立秋	8月8日頃		
＊春分	3月21日頃	処暑	8月23日頃		
清明	4月5日頃	白露	9月8日頃		
穀雨	4月20日頃	＊秋分	9月23日頃		
＊立夏	5月6日頃	寒露	10月9日頃		
小満	5月21日頃	＊霜降	10月24日頃		

●水不足も心配です。今のうちにどんどん降っておいてもらいましょう。
●雨をいやがってばかりはいられません。ご一緒にどこかに出かけませんか。
●洗濯物や布団干しのことなんか忘れましょう。傘をさして、絵でも見に行きませんか。
●今年はよろしければ、梅干しのつけ込みをお手伝いさせてくださいませんか。
●雨に降りこめられているのもシャクですね。来週あたり、ぜひうちにいらしてください。おしゃべりでもいたしましょう。
●今度、主人とあじさいのスケッチに○○公園に行きます。ご一緒にいかがですか。
●本場、山形までさくらんぼを買い込みに行きませんか。
●暦の上では夏もすぐそこです。今年の夏の予定はもう立てましたか。
●父の日にご一緒にパーティーを開きましょう。計画を立てておきますね。
●沖縄ではもう梅雨明けとか。私たちも、梅雨が明けたらプールに行きましょうね。
●食中毒がはやっているみたいです。お互い、食いしん坊だから、食べるものには十分、注意しましょう。

七月

覚えておきたい七月の暦

一日　海開き、山開き
七日　七夕
十三～十五日　盂蘭盆会（お盆）
第三月曜日　海の日
二十三日頃　大暑
下旬　土用※二十日頃　土用の入り

あらたまった相手に

書き出しの言葉

◆季節感を表わす言葉／行事を織り込んで

- 盛夏の候、皆様ご健勝でお過ごしのこととお喜び申し上げます。
- 大暑のみぎり、ご家族様お変わりなくお過ごしのことと存じます。
- 梅雨も明け、夏本番となりました。皆様お元気でお過ごしのこととお喜び申し上げます。
- 炎暑の折、ますますご清祥のことと存じます。
- 本格的な暑さを迎え、ますますご壮健でご活躍のこととお喜び申し上げます。

親しい相手に

書き出しの言葉

◆季節感を表わす言葉

- 長かった梅雨もようやく明け、いよいよ夏になりました。お元気でいらっしゃいますか。
- ようやく日本全国、梅雨明けしましたね。お元気ですか。
- 待ちに待った梅雨明けだったのに、連日の猛暑で、雨が懐かしくなっています。お変わりありませんか。
- 梅雨明け早々、うだるような暑さが続いています。そちらはいかがですか。
- 大暑の候、夏本番となりました。皆様お変わりありませんか。
- 熱帯夜に苦しむ日々がやってきました。お元気でお過ごしですか。

◆行事を織り込んで

- 海開き、山開きの各地のニュースを見ると、いよいよ夏本番を実感できますね。お元気ですか。
- 長女と一緒に七夕の短冊作りに大忙しでした。そちらはもう、準備されましたか。

●暑中お見舞い申し上げます。
●暑中、お見舞い申し上げます。暑さ厳しき折ですが、皆様お変わりなくご健勝のこととお喜び申し上げます。
●今年の暑さは格別に感じられますが、ご家族の皆様はお健やかでいらっしゃいますか。
●連日の炎暑でございます。お変わりなくお過ごしでしょうか。
●寝苦しい夜が続いておりますが、皆様お元気でいらっしゃいますか。
●例年になく、北の（高原の）御地でも暑い夏との由、お変わりなくお過ごしですか。
●例年にない冷たい夏となりましたが、皆様ご清祥のことと拝察いたします。
●ご子息様には来春の受験をひかえ、大切な夏休みをお過ごしのことと存じます。

☆季節の言葉には、大暑の候（折、みぎり。以下も同じ）、炎暑の候、猛暑の候、酷暑の候、烈暑の候、極暑の候、仲夏の候、盛夏の候などがある。

結びの言葉

◆季節に合わせて

●厳しい暑さが続きます。くれぐれもご自愛くださいませ。
●皆様、夏風邪などひかれませんよう、ご自愛ください。

●今年の七夕様はお天気に恵まれそうですね。
●朝顔市で今年も二鉢、買い求めました。一鉢は母の病室に届けました。
●今年もほおずき市に行ってきました。浴衣を着た人がたくさんいて、夏の風情を楽しんできました。
●花火大会が毎週末、どこかで行われているようですね。もうご覧になりましたか。
●週末は子ども会のキャンプ。蚊に刺されながらも、子どもたちのいつにない笑顔を見て、楽しいひとときを過ごしてきました。
●夏の花が咲き競う我が家の庭ですが、雑草との戦いの毎日です。
●お庭の夾竹桃《きょうちくとう》も、鮮やかな花を咲かせていることでしょう。
●街角に、盆踊りのやぐらが組まれるシーズンになりましたね。
●十四日はパリ祭とか。デパートでもフランスフェアをやっていました。
●夏到来とともに、バーゲンも開幕ですね。今年は戦利品はありましたか。
●生ビールをぐぐっとやりたい季節になりました。
●今年は子どもにせがまれて、とうとうかき氷セットを買ってしまいました。毎日、氷屋さんになっています。

●酷暑のみぎり、何卒、ご自愛くださいますようお祈りいたします。
●ご壮健にてこの暑さを乗り越えられますよう、祈り上げます。
●しのぎ難い暑さの毎日ではございますが、ご健勝にてご活躍くださいますよう、お祈り申し上げます。
●寝苦しい日々が続きますので、体調には十分ご留意くださいませ。
●夏の夜はつい寝不足になりがちです。お身体、大切になさってください。
●夏バテになどならないように、お気をつけください。
●ご家族の皆様には、ご清祥にて夏を過ごされますよう、お祈りいたします。
●暑い中、お盆の法要などあるかと存じます。くれぐれもご自愛専一に。
●猛暑の中、お忙しい毎日と存じます。ご体調にご留意の上ご活躍くださいませ。
●今年は例年にない冷夏です。お風邪などめしませんよう、くれぐれもご自愛ください。
●夏空の下、暑中のお見舞い申し上げました。
●ご家族の皆様、お元気で実りある夏休みを過ごされますように。

●土用のうなぎ、今年もめしあがりましたか。
●夏休みに入って早々、北海道のラベンダー畑を見てきました。
●今年は長女と次女と、三人揃って浴衣姿で、花火大会に出かけました。
●受験生には最後の追い込みの季節ですね。○○君、元気でがんばっておられることと思います。
●今年の夏休みの計画はいかがですか。
●今年も祖父母を迎えるお盆がやってきました。
●お母様をお迎えするお盆も、もう三回目ですね。
●消費電力量もうなぎ昇りとか。地球の環境資源は心配ですが、この暑さに負けて、クーラーはフル稼働です。
●バッグの中に扇子をしのばせる季節になりましたね。
●この暑さで食欲をなくしていらっしゃいませんか。
●子どもがプールで目の病気をもらってきました。そちらは大丈夫ですか。
●夏風邪がはやっているようです。皆様、お元気でお過ごしですか。
●ついついのど越しのよいものばかり、食べてしまう今日この頃です。
●蝉の声にますます暑さを感じる今日この頃です。

七月の風物詩

海開き、山開き、京都／祇園祭（一〜三十一日）、京都／祇園祭・宵山（十六日）、京都／祇園祭・山鉾巡行（十七日）、アメリカ独立記念日（四日）、東京／入谷鬼子母神真源寺・朝顔市（六〜八日）、東京／浅草寺・ほおずき市（九〜十日）、パリ祭（フランス革命記念日、十四日）

七夕祭り、笹の葉、短冊、願い事、織り姫、ひこぼし、天の川、プール、海水浴、水着、キャンプ、夏休み、夏祭り、盆踊り、花火、花火大会、お中元、暑中見舞い、消費電力量、草刈り、草むしり、日焼け、日焼け止め、バーゲン、日よけ帽子、サンダル、浴衣、うちわ、下駄、風鈴、蚊取り線香、ビヤガーデン

夏バテ、食欲不振、夏風邪、目の病気、中耳炎、熱射病、日射病

お盆（盂蘭盆会）、迎え火、送り火、灯籠、精霊流し

梅雨明け、土用の丑の日、土用波、夕立、エルニーニョ、熱帯夜

そうめん、冷や麦、冷やし中華、枝豆、冷や奴、とうもろこし、うなぎ、はも、すいか、トマト、かき氷、アイスクリーム、生ビール

朝顔、夕顔、ダリア、グラジオラス、カンナ、ひまわり、月見草、はまゆう、百日紅（さるすべり）、夾竹桃、睡蓮、かぶと虫、くわがた、雷鳥、蝉、蚊

結びの言葉

◆季節に合わせて／行事を織り込んで

- 食の進まない暑さが続きます。何卒、お気をつけて。
- 暑いからといって、冷しすぎの部屋にこもってばかりでは、かえって身体に悪いです。たまにはご一緒に出かけませんか。
- 夏休みはどうなさいますか。よろしかったら、ご家族でこちらにもいらしてください。
- 暑さに負けず、実りある夏休みをお送りください。
- ご実家にお帰りの際には、お父様、お母様によろしくお伝えくださいね。
- 土用の丑の日に「うなぎで夏バテ防止の会」を開きます。詳細は追ってご連絡しますから、ぜひ、参加してください。
- 再来週の○○祭りにはぜひお二人でいらしてくださいね。
- 今年は浴衣を新調しました。花火大会、ご一緒しましょう。
- 毎日の猛暑は身体にこたえます。お互い、よく食べて、よく睡眠をとりましょうね。
- 夏風邪は長引くので厄介です。夏休みを楽しむためにも、体調にはお気をつけて。
- 暑中お見舞いを申し上げました。お互い、身体に気をつけて夏を乗り切りましょうね。

八月

覚えておきたい八月の暦

六日　広島・原爆の日
八日頃　立秋
九日　長崎・原爆の日
十一日　山の日
十五日　終戦記念日
十三〜十六日　旧盆
二十三日頃　処暑（夏の暑さのやむ頃）

あらたまった相手に

書き出しの言葉

◆季節感を表わす言葉／行事を織り込んで

- 炎暑の候、ますますご清祥のこととお喜び申し上げます。
- 厳しい暑さが続いていますが、皆様お変わりなくお過ごしのこととお喜び申し上げます。
- 猛暑の折から、ご家族の皆様はお元気でいらっしゃいますか。
- 連日の熱帯夜でございます。いかがお過ごしでいらっしゃいますか。
- 残暑お見舞い申し上げます。
- 暦の上では秋ですが、厳しい残暑が続いております。

親しい相手に

書き出しの言葉

◆季節感を表わす言葉

- 立秋とは名ばかりの、うだるような残暑に閉口する毎日です。お変わりありませんか。
- 猛暑はいつまで続くのでしょう。お元気でお過ごしですか。
- 酷暑がもうずいぶん続いている気がします。いかがお過ごしですか。
- 残暑お見舞い申し上げます。
- 暦の上ではもう秋とか。この耐え難い暑さはいったい何でしょう。
- 連日、最高気温記録更新の毎日ですが、皆様お元気でお過ごしのことと存じます。
- 熱帯夜が続いています。きちんと睡眠はとっていらっしゃいますか。
- 夕立も炎暑の勢いを抑えてはくれないようです。いかがお過ごしですか。
- 朝夕は少し過ごしやすくなったような気がします。

お元気でお過ごしですか。
●立秋とは名ばかりの酷暑の毎日ですが、ますますご健勝のことと存じ上げます。
●晩夏の候、ご家族様お健やかにお過ごしのことと存じます。
●今夏、御地はたいへんな暑さとの由、お見舞い申し上げます。
●めずらしく冷たい夏になりましたが、皆様お変わりなくお過ごしでいらっしゃいますか。
●お盆の法要などでお忙しい毎日と拝察いたしますが、お元気でいらっしゃいますか。

☆季節の言葉には、残暑の候（折、みぎり。以下も同じ）、残夏の候、晩夏の候、立秋の候、秋暑の候、新涼の候、早涼の候、向秋の候などがある。

結びの言葉

◆季節に合わせて

●まだまだ暑さは続くようでございます。なお一層のご自愛をお祈りいたします。
●もうしばらく残夏の毎日のようです。ご自愛専一に、ご活躍くださるよう、お祈り申し上げます。
●今年の暑さは例年に増して長く厳しく残るようでございます。皆様くれぐれもお身体をご大切に。

●新涼の季節とはいえ、御地は記録的な暑さだそうですね。いかがですか。
●暑さが懐かしくなるような冷夏です。風邪などひいていませんか。

◆行事を織り込んで

●夏休みも中盤戦に入りました。いかがお過ごしですか。
●今年もお盆は故郷に帰られますか。
●帰省のチケットは無事に取れましたか。
●皆様お揃いで、賑やかな夏休みをお過ごしでしょう。
●久々にご実家に帰られて、皆様お喜びだったでしょう。
●東京で過ごす初めての夏休みです。道路も電車の車内もがら空きで、新鮮ですよ。
●今年もご両親をお迎えするお盆がやってきましたね。さぞかし何年たってもお寂しいことでしょう。
●今年は母の供養をかねて、五山の送り火を見に京都に来ています。
●○○くんの初夏休みはいかがですか。
●○○ちゃんの中耳炎は治りましたか。プールにほとんど参加できなくて残念でしたね。
●夏休みとはいえ、部活通いの息子たちをたたき起こす毎日です。
●いよいよゆううつな、宿題の追い込みの時期になりました。そちらはいかがですか。

●まずは残暑のお見舞いを申し上げました。
●そろそろ夏のおつかれが出る時節と存じます。何卒お身体にご留意くださいませ。
●御地では朝夕はもう涼しいことと存じます。お風邪などひかれませんように。
●夏の間、なにかとお忙しい毎日と拝察いたします。おつかれが出ませんよう、くれぐれも体調にはお気をつけください。
●夏バテもこれから出やすいと聞き及びます。油断なさらないよう、ご自愛ください。

八月の風物詩

青森／ねぶた祭（二～七日）、弘前／ねぷた祭（一～七日）、秋田／竿燈祭（五日頃）、仙台／七夕祭（六～八日）、山形／花笠祭（五日頃）、徳島／阿波踊り（十二～十五日）、岐阜／郡上踊り（十三～十六日）、京都／五山送り火（大文字）（十六日）
夏休み、宿題、お盆、帰省ラッシュ、精霊流し、迎え火、送り火、回り灯籠、盆踊り、浴衣、うちわ、下駄、花火大会、高校野球、残暑見舞い、麦わら帽子、水着、海水浴、プール、日焼け、日焼け止め、土用波、くらげ、夕立、熱帯夜、ビヤガーデン、消費電力量、草刈り、草むしり、サンダル、蚊取り線香、怪談話、台風

●花火大会も終わり、海水浴も終わり、お盆休みも終わり。暑さはまだ去りませんが、なんだか寂しい気がしますね。
●今年も海や山で、アウトドアを楽しまれましたか。
●今年は南の島にダイビングに行かれたとか。羨ましい限りです。
●充実した休暇を過ごされたことと思います。
●夏休みはのんびりできましたか。
●子どもたちのキャンプではいろいろとお世話になり、本当にありがとうございました。その後、お変わりありませんか。
●帰省中にはお世話になりました。おかげさまでたいへん実り多い夏休みを送ることができました。
●朝夕は少しだけ、暑さがやわらいできた気がします。
●いただいた鉢の朝顔も、そろそろ夏の終わりを予感しているようです。
●夏風邪をひかれたと伺いました。その後、おかげんはいかがですか。

結びの言葉

◆季節に合わせて／行事を織り込んで

●まだまだ暑い日が続くようですが、夏バテしないよう、お互いに気をつけましょう。

夏バテ、食欲不振、夏風邪、熱射病、日射病
トマト、枝豆、とうもろこし、ぶどう、梨、すいか、うなぎ、そうめん、冷や麦、冷やし中華、冷や奴、かき氷、アイスクリーム、生ビール
（の花）
朝顔、ひまわり、さるすべり、夾竹桃、カンナ、かぼちゃ
蚊、とんぼ、ひぐらし、つくつくぼうし、かぶと虫、くわがた、いそぎんちゃく、ひとで

コラム

八月は立秋、暦の上では秋なのに、八月の手紙に暑さ見舞いの言葉が多くてもいいの？

八月は暦の上では「秋」に入ります。これはいちばん寒い二月に立春があるのと同じで、暦が旧暦を基準にしているために、実際の季節とずれてしまっているのです。

しかし、二月の手紙に春を期待させる言葉が並んでいるのに比べて、八月の手紙には「暑い」という言葉が多く使われている感じがします。現在では、地球温暖化やヒートアイランド現象などで、猛暑の夏が当たり前。実際には八月に秋を感じさせる表現ができなくなっている、というのが実情なのでしょう。

とはいえ、ひと言、晩夏、立秋、新涼、向秋などの言葉を添えるだけで、秋を待ちわびる気持ちが表現できるはずです。「暑い」だけの言い回しより、季節を先取りして、涼やかな感じを出しましょう。

- 残暑ももう最終段階、夏のつかれが出ませんように。
- 旅行したり、帰省したりと、なにかとお忙しかったでしょう。体調に気をつけてくださいね。
- 少しずつ秋が近づいてきています。もうひと踏ん張り、無事に夏を乗り越えましょう。
- ○○ちゃんたちの夏の宿題、無事に終わりますように。
- ○○君、受験に大切な夏休みを、充実して過ごされたことでしょう。勉強づかれが出ませんように。
- 子どもの夏休みが終わったら、ランチでもご一緒しましょうね。
- 今年も夏休みがなんとか無事に終わってほっと一息です。お互い、おつかれさまでした。
- これからが夏のつかれの出る時期です。お気をつけください。
- 秋風が吹けば少しはしのぎやすくなるでしょう。それまで体調をくずされませんように。
- 今度お目にかかる時には、夏休みのお話を聞かせてくださいね。
- 例年になく、急に涼しくなってきました。風邪などひかれませんように。
- そちらではもう、朝夕はすっかり秋の気配なのでしょうね。お元気で。

九月

覚えておきたい九月の暦

一日頃　二百十日（立春から数えて二百十日目。主に台風の多い頃合いという意味に用いる）
一日　防災の日
八日頃　白露（露が結び始める時期）
九日　重陽の節句（菊の節句）

中旬　十五夜
第三月曜日　敬老の日
二十日～　動物愛護週間
二十日頃　秋の彼岸の入り
二十三日頃　秋分の日（秋のお彼岸の中日）

あらたまった相手に

書き出しの言葉

◆季節感を表わす言葉／行事を織り込んで

- 残暑お見舞い申し上げます。
- 九月とはいえ、暑さの厳しい毎日でございます。皆様、お元気でいらっしゃいますか。
- いつまでも暑さが去りやらぬ毎日ですが、お変わりなくお過ごしのことと存じます。
- 初秋とは名ばかりの残暑厳しい今日この頃ですが、皆様にはますますご壮健のことと存じます。
- 今年は秋の訪れが早いようでございます。皆様、ご清祥のこととお喜び申し上げます。
- 朝夕はようやくしのぎやすくなりました。ご家族の皆

親しい相手に

書き出しの言葉

◆季節感を表わす言葉

- 日中はまだ夏の名残を感じますが、ようやく秋めいてまいりました。皆様、お元気ですか。
- 九月になってもまだ残暑の厳しい毎日です。夏のつかれは出ていませんか。
- ようやく夜は涼しくなってきました。夏の睡眠不足を解消です。
- すがすがしい秋晴れの毎日です。お変わりなく、毎日を楽しんでいらっしゃいますか。
- 空の色、風の音にも秋を感じる今日この頃です。
- 秋も深まり、好季節となりました。

様もますますご健勝のことと拝察いたします。

●暑さ寒さも彼岸までと申します。すっかり秋めいてまいりました。皆様ご清栄のことと存じます。

●御地では先日の台風は大事ございませんでしたか。お見舞い申し上げます。

●今年は大きな台風も少なく、おだやかに秋が深まっております。ますますご活躍のこととお喜び申し上げます。

●日ごとに秋の色が深まっております。夏のおつかれはいかがですか。

●秋の夜長の時節となりました。皆様お元気でお過ごしのことと存じます。

☆季節の言葉には、新涼の候（折、みぎり。以下も同じ）、秋涼の候、初秋の候、新秋の候、清涼の候、白露の候、孟秋の候、秋冷の候、秋晴の候などがある。

結びの言葉

◆季節に合わせて

●九月とはいえ、残暑が続いております。お気をつけくださいませ。

●まだまだ秋涼とはいいにくい残暑でございます。くれぐれもお身体ご大切に。

●朝夕はめっきり冷え込むようになりました。くれぐれもご自愛ください。

●今年は例年にない秋の長雨のようです。まるで梅雨のようでゆううつですが、お元気ですか。

●例年になく急に秋の涼しさが本格的になり、風邪をひいてしまいました。そちらはお変わりありませんか。

◆行事を織り込んで

●新学期が始まってほっと一息ですね。お元気ですか。

●○○ちゃんたちも元気に新学期を迎えられたことと思います。

●防災の日にはやはり地震が心配になりますね。非常用グッズは点検しましたか。

●今年は台風の当たり年とか。そちらでは被害はございませんか。

●先日の台風では御地の被害はいかがでしたか。

●見上げるといわし雲、空はすっかり秋の気配ですね。

●もうすぐ敬老の日ですが、お父様のおかげんはいかがですか。

●ベランダのコスモスが花を開かせる季節になりました。

●丹精されているお庭も、秋の色に染まっていることでしょう。

●今年はすすきをとってきて、お月見をしてみました。

●すがすがしい快適な季節となりました。秋の展覧会の作品制作は進んでいますか。

●秋のお彼岸に、両親の墓に参ってきました。

●季節の変わり目でございます。皆様、健康にはご留意くださいませ。
●夏のおつかれが出ませんように、ご自愛専一にと、お祈りいたします。
●台風の季節でございます。何卒、ご用心くださいませ。
●ひと雨ごとに涼しくなってまいりました。風邪などひかれませんよう。
●過ごしやすい時節となりました。ますますご活躍されますようにお祈り申し上げます。
●皆様の秋が、実り多いものとなりますよう、ご祈念いたします。
●心地よい秋の空の下、ご家族の皆様のますますのご健勝とご活躍を祈り上げます。

九月の風物詩

新学期、二百十日、防災の日、関東大震災、十五夜、月見、月見だんご、お彼岸、墓参り、おはぎ、秋分の日、台風、秋日和、いわし雲、秋祭り、野分（秋から冬にかけての強い風）、秋の長雨、稲穂、豊作、富山県八尾町／おわら風の盆（一～三日）、大阪府岸和田／だんじり祭（十四～十五日）、東京上野公園／人形供養（二十五日）

とんぼ、赤とんぼ、鈴虫、こおろぎ、きりぎりす、みのむし、かまきり、くつわ虫、ヒグラシ

雁

●小学校一年生の息子は初めての運動会の練習で、夏よりも日に焼けています。
●秋日和に、運動会や秋祭りの練習が聞こえて、なんだかうきうきします。ご機嫌いかがですか。
●秋の旅行の計画を練る時に、台風の進路が気になる季節になりました。
●稲穂がこうべを垂れる時節となり、お忙しさもピークとなりますね。お元気でいらっしゃいますか。
●秋の空、秋の花、金色に輝く田んぼ、すばらしい季節になりましたね。あちこちお出かけになってますか。
●さんま、いわし、梨、ぶどう…食いしん坊にはたまらない、食欲の秋になりましたね。

結びの言葉

◆季節に合わせて／行事を織り込んで

●さすがに残暑ももうじき終わるでしょう。お互いに身体に気をつけて、秋を迎えましょうね。
●朝晩は冷え込むようになってきました。風邪をひかないようにご留意くださいね。
●夏休みのおつかれが出るのではないでしょうか。お互いに体調をくずさないようにしましょう。
●季節の変わり目はなにかと体調をくずします。くれぐれもご自愛ください。

いわし、さんま、ぶどう、梨、新そば
秋の七草（すすき、なでしこ、桔梗、おみなえし、葛、萩、ふじばかま）、鶏頭、彼岸花、りんどう、コスモス、きんもくせい、菊

コラム

季節の言葉は気象情報やニュースをチェックして

ここにあげられた例文はほんの一例です。その年の天候によって、当てはまらない場合も多いでしょう。

季節の挨拶は、ただ書き写せばいいというものではありません。例えば、空梅雨でほとんど雨が降らないのに、梅雨の挨拶だからといって、「うっとうしい長雨が続きますが…」と書き始めたらおかしいでしょう。

また、日本中、どこでも同じ天候であるはずはありません。春が遅い雪国の人に、「三月になって暖かくなりました」と書いても、ぴったりこないでしょう。

自分の所では恵みの雨だったのに、相手の地方では大水害をもたらしていた、ということもあるかもしれません。そんな時に「待ちに待ったお湿りがありました」などと書き始めることはできないはずです。

季節の手紙を送る時には、とくに気象情報やニュースをよく見て、相手の住んでいる地方がどのような天候か、例年にない天気に見舞われていないかに気をつけます。相手の地方独特の、その季節の行事などを織り込むと、さらに季節感がアップするでしょう。

形式だけに気をうばわれるのではなく、相手のことを思いやった、心のこもった、あなたならではの季節の手紙を書いてください。

- ●まだまだこれから、台風が到来しそうです。ご用心くださいね。
- ●実り多い秋になりますように。
- ●さわやかな時節です。どうぞ秋を満喫しつつ、ご活躍ください。
- ●今度、ご一緒に美術館に出かけませんか。
- ●運動会ではまた、いろいろお世話になると思います。何卒よろしくお願い申し上げます。
- ●今年は個展はどこで開かれますか。楽しみにしております。ご通知くださいませ。
- ●秋の長雨が続きます。風邪をひかれませんように。
- ●今年は涼しくなるのが早いようです。夏のつかれも出る頃ですから、くれぐれもお身体大切に。
- ●いよいよスポーツの秋到来。今度、ぜひグリーンにご一緒しましょう。
- ●何を食べてもおいしい季節になってきました。お互いに太りすぎないように注意しましょうね。
- ●秋の夜長の宵っぱりもいいけれど、体調にはご留意ください。
- ●今年もきんもくせいは咲きましたか。その香りを味わいに、今度お伺いしてもいいでしょうか。
- ●今週は動物愛護週間とか。大事な○○ちゃんにもよろしくお伝えくださいね。

十月

覚えておきたい十月の暦

一日　赤い羽根共同募金運動始まる
九日頃　寒露（冷気にあたって露も凍りそうな時期）
第二月曜日　スポーツの日
十五日～　新聞週間
二十四日頃　霜降（霜が降り始める頃）
二十七日～（二週間）　読書週間
三十一日　ハロウィーン

あらたまった相手に

書き出しの言葉

◆季節感を表わす言葉／行事を織り込んで

- 爽涼の候、お変わりなくお過ごしのことと存じます。
- 秋晴れの好天が続いております。皆様ご清祥のこととお喜び申し上げます。
- 秋冷のみぎり、ご家族様お健やかにお過ごしのことと存じます。
- 菊薫る時節となりました。ますますご清祥でご活躍のこととお喜び申し上げます。
- 今年は例年になく、冷え込む十月となっているようでございます。皆様ご壮健にてお過ごしですか。お見舞い申し上げます。

親しい相手に

書き出しの言葉

◆季節感を表わす言葉

- 朝夕はめっきり冷え込んできました。お元気ですか。
- 暦の上ではもう霜の降りる季節ですね。風邪などひいていませんか。
- 今年は例年になく暖かい秋になっています。そちらではいかがですか。
- 秋の長雨が去って、本当にすがすがしい秋空の毎日です。お変わりありませんか。
- 錦秋の候、皆様お元気で秋を楽しんでおられることと思います。
- 秋風が身にしみるようになってきました。お変わりあ

● 柿の実の色づく頃となりました。お元気でいらっしゃいますか。
● 錦繍《きんしゅう》の時節となり、皆様にはご健勝にご活躍のことと拝察いたします。
● 秋も深まり、朝夕はめっきり冷え込むようになってまいりました。お元気でお過ごしでいらっしゃいますか。
● 澄み渡る秋の空の下、お嬢様にはご良縁とととのわれた由、まことにおめでとうございます。
● さわやかな好季節となってまいりました。皆様お元気で、実りの秋をお過ごしのことと拝察申し上げます。
● 暦の上では霜降となりましたが、皆様、お風邪などめしていらっしゃいませんか。
● 今年は、小春日和というには少し暖かすぎる毎日でございます。天候が不安定ですが、お変わりなくお過ごしでいらっしゃいますか。
● ご子息様には初めての個展を開かれるとのこと、おめでとうございます。

☆季節の言葉には、仲秋の候（折、みぎり。以下も同じ）、秋冷の候、爽涼の候、秋麗の候、夜長の候、秋雨の候、菊香の候、紅葉の候、寒露の候、霜降の候、初霜の候、錦秋の候、錦繍の候などがある。錦秋も錦繍も、美しい紅葉を錦の織物に例えた言葉。

● 暑くなく、寒くなくのよい季節となりました。ご機嫌いかがですか。
● 日増しに秋の気配が色濃くなってきました。皆様お元気ですか。

◆行事を織り込んで

● 今年も赤い羽根の時期になりましたね。
● 実りの秋、祭りの秋で、子どもたちは大はしゃぎです。
● 今年のお祭りはいかがでしたか。
● 実りの秋を迎え、お忙しい毎日をお過ごしのことと存じます。
● 新米のシーズンを迎え、ますます食が進む今日この頃です。
● どうして秋はおいしいものがいっぱいあるのでしょう。ダイエット中の私には辛い季節です。
● 今年もまつたけの季節がやってきました。もうめしあがりましたか。
● いよいよ紅葉の季節ですね。今年の紅葉狩りはどこに出かけましょうか。
● 山々も色づいて、本当にいい季節になりました。
● 錦繍《きんしゅう》とはよくいったもの、美しい紅葉の時節となりました。
● こちらの山は紅葉はまだまだですが、御地はさぞかし

結びの言葉

◆季節に合わせて

●秋冷の候、何卒お風邪などめされませんように。

●秋も深まり、朝晩は冷えてまいりました。ご自愛くださいませ。

●昼夜の寒暖の差が厳しい時節柄、何卒ご自愛専一になさってください。

●今年は秋も駆け足だと申します。風邪などめしませんよう、くれぐれもご自愛ください。

●今年の秋は天候が安定しないようでございます。ご体調をくずされませんよう、くれぐれもお気をつけくださいませ。

●秋雨のみぎり、何卒、お身体を大切になさってください。

●行楽に、読書に、スポーツに、すばらしい季節でございます。どうか実り多い秋を過ごされますよう。

●好季節となりました。ますますのご活躍をお祈り申し上げます。

●今年も展覧会出品でお忙しいことと拝察いたします。くれぐれもお身体を大切になさってください。

●そろそろ当地も紅葉の見ごろを迎えます。ご家族様お揃いで、ぜひお運びくださいませ。

見頃を迎えられたことでしょう。

●絶好の行楽シーズンですね。今年はどこかにお出かけになりますか。

●柿の実も色づき、秋らしい風情になってきました。お庭の柿も豊作でしょうか。

●体育の日に体力測定をし、体力は二十歳代と言われて気をよくしています。

●スポーツの秋本番ですね。青空のもと、楽しんでいらっしゃることと思います。

●菊の花が美しい季節になりました。今年も菊花展にご出品なさいますか。

●読書の秋となりました。今年のおすすめはなにかありますか。

●展覧会、もうすぐですね。準備は着々と進んでいますか。楽しみにしています。

●展覧会、おめでとうございます。先日拝見させていただきました。圧倒的な大作に、しばし言葉も忘れて見入ってしまいました。

●秋らしい柿の絵手紙、ありがとうございました。見ていたら食べたくなって、早速買いに行きました。

●コンサートにお誘いいただき、ありがとうございます。楽しみにしています。

●そろそろ厚手のコートがほしくなってきましたね。

●行楽シーズンでございます。ぜひ一度、当地へもお立ち寄りくださいませ。
●お身体にご留意なさって、実り多い秋を満喫されますよう、お祈りいたします。
●来月にはお嬢様がいよいよご結婚なさいますね。ご家族お揃いで、行く秋を満喫なさってください。
●ご子息様のご婚礼の準備でなにかとお忙しい毎日と拝察いたします。くれぐれもご自愛の上、ご家族お揃いの時間を楽しまれますように。

十月の風物詩

共同募金、赤い羽根、ボランティア、運動会、体育の日、きのこ狩り、栗拾い、稲刈り、かかし、秋祭り、菊人形、紅葉狩り、長崎・くんち（七～九日）、奈良・鹿の角切り（初旬～中旬）、ハロウィーン、新聞週間、読書週間、芸術の秋、スポーツの秋、行楽の秋、読書の秋
まつたけ、しめじ、まいたけ、きぬかつぎ、栗、栗ご飯、栗ようかん、新蕎麦、新米、新酒、さつまいも、やまいも、梨、ぶどう、柿、干し柿、ざくろ、いちじく、カリン、すだち、ゆず、きんかん、だいだい、オリーブ、落花生、さんま、秋さば、はたはた
いなご、ばった、もず、うずら、むくどり、つぐみ、めじろ、きつつき、鹿、イノシシ

結びの言葉

◆季節に合わせて／行事を織り込んで

●朝晩は冷え込む毎日です。風邪をひかないようにお気をつけください。
●過ごしやすい季節ですが、かえって無理をしてしまうことも多いでしょう。ご自愛ください。
●健康には十分留意して、お互いに実り多い秋を満喫しましょうね。
●スポーツに、行楽に、読書に、秋を存分に楽しまれますように。
●紅葉前線も近くまで来ています。来週くらいに、ご一緒に紅葉狩りに出かけませんか。
●そろそろ熱燗がおいしくなってきました。季節の味と美酒を味わいに行きませんか。
●知人が展覧会を開きます。すてきな作品なので、ご一緒にいかがですか。
●○○ちゃんの結婚式ももうすぐですね。秋の夜長、ご家族の時間を大切にお過ごしください。
●ついつい宵っぱりになってしまう時節です。お互い、睡眠不足には注意いたしましょう。
●今年は例年になく雨の多い十月ですね。でもせっかくの秋ですから、どこかに出かけませんか。

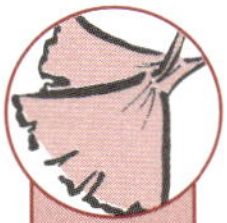

十一月

覚えておきたい十一月の暦

三日　文化の日
七日頃　立冬
十五日　七五三祝い
第三木曜日　ボジョレー・ヌーボー解禁
二十二日頃　小雪（雪がちらつき始める頃）
二十三日　勤労感謝の日

あらたまった相手に

書き出しの言葉

◆季節感を表わす言葉／行事を織り込んで

- 晩秋の候、皆様にはお変わりなくご健勝のこととお喜び申し上げます。
- 秋も深まり、日が短くなってまいりました。お元気でいらっしゃいますでしょうか。
- 立冬とは申せ、今年は暖かい晩秋でございます。皆様、お変わりなくお過ごしのことと存じます。
- 落葉の季節となってまいりました。ご家族の皆様、お元気でご活躍のことと拝察いたします。

親しい相手に

書き出しの言葉

◆季節感を表わす言葉

- 菊の花が今を盛りと咲いています。お元気ですか。
- 日ごとに秋が深まってきました。お変わりなくお過ごしですか。
- 暦の上ではもう立冬です。こちらは暖かい毎日ですが、御地はいかがですか。
- うららかな小春日和が続いています。ご機嫌いかがですか。
- 朝夕は暖房を入れる毎日となりましたが、皆様、風邪なんかひいていませんか。
- 今年は例年になく、朝夕の冷え込みが厳しいようです。皆様、お元気でご活躍ですか。
- 当地では初雪が降りました。冬の訪れも早いようです。そちらはいかがですか。
- 日だまりの恋しい時節となりました。
- 例年になく不安定な秋ですね。体調をくずしていませんか。

●初霜の便りも聞かれる今日この頃、朝夕の冷え込みの厳しさもひとしおでございます。お元気でお過ごしのことと存じます。
●今年は例年になく冷え込む秋になりました。皆様、お健やかにお過ごしでいらっしゃいますか。
●深秋の候、当地では初雪が降りました。御地の秋はいかがでございますか。
●例年になく、曇り空の暮秋でございます。皆様、ご健勝でいらっしゃいますか。
●御地ではもう雪が降っておりますでしょうか。お見舞い申し上げます。
●おだやかな小春日和が続き、例年になく美しい秋のような気がいたします。
●季秋の候、お嬢様の七五三をお迎えの由、おめでとうございます。
●菊花薫る季節、ご子息様の七五三、おめでとうございます。皆様お揃いで、賑やかにお祝いなされたことと存じます。
●深秋の候、ご子息様のご婚礼の儀がととのわれたと伺いました。まことにおめでとうございます。
●菊花薫る時節となりました。このたびの叙勲、まことにおめでとうございます。
☆**季節の言葉には、晩秋の候（折、みぎり。以下も同じ）、**

◆行事を織り込んで
●今年も、文化勲章のニュースを聞く時節となりました。朝夕、冷え込むはずですね。
●街路樹が秋色に染まっています。
●落葉のじゅうたんを踏んで歩く季節となりましたね。
●あちこちに熟した柿の実を見かけるようになりました。お庭の柿は今年は豊作ですか。
●我が家の狭い庭でも、落葉の掃除に大わらわです。
●町中に、ぎんなんの香りが満ちています。
●子どもたちは毎朝、公園でぎんなん拾いをしてから登校しています。
●さざんかの咲く季節になりました。いかがお過ごしですか。
●初霜の便りも聞かれる時節となりました。そちらではもうストーブを出しましたか。
●ここ二、三日の冷え込みに、こたつを出してしまいました。そちらはもう、初雪ですか。
●御地では例年に増して、冬の訪れが早いとか、お見舞い申し上げます。
●山はもう、白い帽子を被っています。冬支度を始める時節になりましたね。
●厚手のコートが手放せない季節になってきました。
●今年もコンサートや展覧会にたくさんお出かけですか。

季秋の候、暮秋の候、深秋の候、深冷の候、向寒の候、夜寒の候、初霜の候、初雪の候、冷雨の候、落葉の候、菊花の候、残菊の候などがある。

結びの言葉

◆季節に合わせて

- 日に日に寒さがつのってまいります。お風邪などめしませんように。
- 向寒のみぎり、くれぐれもご自愛くださいませ。
- ご自愛専一に、お健やかに冬を迎えられますよう。
- 朝夕は冬のような冷え込みでございます。何卒、お身体ご大切になさってください。
- 季節の変わり目でございます。体調をおくずしになりませんよう、お祈り申し上げます。
- 師走に向けて、お忙しい時期を迎えられることと存じます。ご自愛ください。
- 深冷の候、ご家族の皆様のご健勝とご活躍をお祈り申し上げます。
- ご子息様の受験もいよいよせまってまいりましたね。何卒、お風邪などひかれませんよう、ご自愛ください。
- ご子息様のご婚礼をひかえられてなにかとお忙しい霜月でございましょう。お身体ご大切に、実りある晩秋をお過ごしください。

- ○○ちゃんは今年、七五三ですね。おめでとうございます。
- いよいよボジョレー・ヌーボーの季節ですね。ご主人とお二人で心待ちにされていたのでは。
- 馥郁《ふくいく》たるワインに生ガキ、贅沢な季節の到来です。
- 今年のお酉様は三の酉まであるとか。火の元に気をつけましょうね。
- 今年も酉の市にお出かけになりましたか。我が家でも小さな熊手を買ってきました。
- 寒くなった秋の夜長に、読書を楽しんでおられることと思います。
- 熱燗になべ物の恋しい季節になりましたね。
- 来週からはいよいよ師走。なんだか追い立てられているような気がしますね。

結びの言葉

◆季節に合わせて／行事を織り込んで

- めっきり冷え込むようになりました。くれぐれもご自愛くださいね。
- 日を追うごとに寒さが厳しくなってきます。お風邪をひかれませんよう、お気をつけください。
- 今年の秋は駆け足で通り過ぎるみたいです。体調をくずさないようにお気をつけて。

- お嬢様のご婚礼も間近と伺っております。ご家族お揃いのお時間を大切になさってください。
- 御地ではもう初雪が降ったと伺いました。油断なさらず、お身体をおいといください。
- 例年になく冷たい雨の続く秋でございます。体調をくずされませんように。
- 今年は冬の訪れが早いと聞きます。皆様、ご健勝で年末を迎えられますよう、お祈りいたします。

十一月の風物詩

文化の日、文化勲章、秋の叙勲、七五三、お宮参り、千歳飴、菊花展、酉の市（お酉さま）、熊手、立冬、佐賀・唐津くんち（二～四日）、狩猟解禁（十五日頃）、新嘗祭（二十三日、現在の勤労感謝の日）、小春日和、初しぐれ、木枯らし、木枯らし一号、初霜、霜枯れ、初雪、雪囲い、雪吊り（雪の重みで折れるのを防ぐために、庭木の枝に、縄や針金で枝を吊り上げる。金沢の兼六園などが有名）、暖房、こたつ、ストーブ、冬装束、落ち葉、行楽の秋、読書の秋、芸術の秋、スポーツの秋

なべ物、おでん、湯豆腐、白菜、きのこ、ぎんなん、牡蠣《かき》、たら、ふぐ、ししゃも、漬物、みかん、りんご、ボジョレー・ヌーボー、熱燗

いちょう、プラタナス、枯れ尾花（枯れ果てたすすき）、菊、さざんか

- 師走、クリスマス、年末と、これから忙しくなりますね。お身体にお気をつけください。
- 来週には初雪が降りそうとのこと。油断大敵です！
- そちらではもう、厳しい冬の毎日でしょう。風邪などめしませんように。
- ○○ちゃんの七五三のお写真、ぜひ拝見させてください。今度、ランチでもご一緒に。
- 我が家の柿が豊作です。少しお裾分けしたいのですが、お時間おありの時に、お顔を見せていただけますか。
- ボジョレー・ヌーボー、予約済み！　来週末、いらしてください。
- 秋も深まり、ますますいろいろなものがおいしくなってきましたね。お互い、カロリーの摂り過ぎには注意しましょう。
- いよいよ日本酒の季節到来。湯豆腐、おでん、たらちり、ふぐちり…飲み過ぎに注意しましょう、お互いに。
- 深まる秋に、映画かお芝居を見たくなりました。何かおすすめがありましたら、お誘いください。
- ○○君の受験生活も追い込みになってきましたね。もうひとがんばりです。風邪に気をつけて。
- ○○ちゃんのピアノの発表会、楽しみにしています。その時にお目にかかりましょう。

十二月

覚えておきたい十二月の暦

一日　歳末助け合い運動始まる
七日頃　大雪
二十二日頃　冬至
二十四日　クリスマスイブ
二十五日　クリスマス
三十一日　大みそか

あらたまった相手に

書き出しの言葉

◆季節感を表わす言葉／行事を織り込んで

● 師走の候、皆様にはお元気でお過ごしのこととお喜び申し上げます。
● 初冬の候、寒さも本格的になってまいりました。皆様、お風邪をめしていらっしゃいませんか。
● 初冬のみぎり、皆様には、ますますご清祥でご活躍のこととお喜び申し上げます。
● 木枯らしの冷たさが身にしみる季節になりました。ご家族の皆様にはお健やかにお過ごしですか。

親しい相手に

書き出しの言葉

◆季節感を表わす言葉

● 寒さが身にしみる季節になりました。お変わりありませんか。
● こちらでも初雪が降りました。そちらの様子はいかがでしょうか。
● 歳末の空に、雪片が舞っています。ご機嫌いかがですか。
● 十二月ともなると、さすがに厳しい寒さですね。風邪なんかひいていませんか。
● なかなかふとんから出られない時節になりました。皆様、お元気でお過ごしですか。
● 今年は例年にない暖かい年の瀬となっています。いかがお過ごしですか。
● 年の瀬とともに、大寒波襲来、追い立てるように本格的な冬がやってきました。
● 今年も暖冬ですね。この様子では、ホワイトクリスマスは望めそうにありません。

◆行事を織り込んで／年末を表わす言葉

●例年にない、暖かい師走となっております。皆様、お変わりございませんか。
●師走に入り、ますますご活躍のことと拝察いたします。
●クリスマスをひかえ、街が華やいでおります。ご家族の皆様、おだやかに冬の日をお過ごしのことと存じます。
●御用納めまで残すところあとわずかとなりました。さぞかしご多忙のこととお見舞い申し上げます。

☆季節の言葉には、師走の候（折、みぎり。以下も同じ）、歳末の候、年末の候、歳晩の候、初冬の候、寒冷の候、初雪の候、新雪の候、孟冬の候、寒気の候などがある。

◆年末を表わす言葉

●今年ももう数えるほどになりました。お元気で年末をお迎えのことと存じます。
●なにかと慌ただしい年の暮れになりました。ご健勝でご活躍のことと存じます。
●年の瀬も迫ってまいりました。ご壮健でいらっしゃいますか。
●はや一年の締めくくりの時節となりました。諸事ご多用のことと拝察いたします。
●迎春のご準備にご多忙な毎日と拝察いたします。
●皆様お揃いで、お健やかな年の暮れをお迎えのこととお喜び申し上げます。

☆年末を表わす言葉には、年の瀬、年の暮れ、暮れ、年

●師走とはよくいったもの、本当に気ぜわしい毎日ですね。
●クリスマスのイルミネーションで、街が美しく輝く季節となりました。
●クリスマスプレゼントに頭を悩ませる毎日です。
●今年も忘年会シーズンがやってきました。お身体の方は大丈夫ですか。
●街に出れば、クリスマス、歳末商戦で賑やかです。なんだか追い立てられている気分ですね。
●年賀状の準備はすまされましたか。
●師走の街は行く人々もどこか気ぜわしげです。
●子どもたちも冬休みに入って、我が家は毎日戦争のようです。
●今年も残すところ、あと○日となりました。迎春の準備は進んでいますか。
●心落ち着かない年の暮れとなりました。今年はお正月の準備はいかがですか。
●暮れも押し詰まり、お忙しい毎日をお過ごしのことと存じます。
●しめ飾りやおせち、おもちの準備は、なさいましたか。
●今年は某レストランの高級おせちを注文。ちょっとリッチな気分になっています。
●今年の年末年始はどこで過ごされますか。
●○○ちゃんの風邪の具合はいかがですか。

末、歳末、師走、越年、年始をひかえ、などがある。

結びの言葉

◆季節に合わせて

- 寒さ厳しき折から、くれぐれもご自愛ください。
- 年末に向けてご多忙のことと存じます。お風邪などめしませんように。
- 気ぜわしい毎日ですが、体調をくずされませんよう、お祈り申し上げます。
- 例年になく早くから雪が多くなっております。くれぐれもお身体、ご大切に。
- 御地では記録的な大雪と伺いました。何卒、ご自愛くださいませ。
- 冬になって空気が乾燥しております。お風邪をひかれませんよう、ご留意ください。

◆年末の挨拶

- 本年中はいろいろとお世話になりました。ありがとうございました。明年もどうかよろしくお願い申し上げます。
- 皆様お揃いで、おだやかなよい新年をお迎えになられますよう、お祈り申し上げます。
- 今年一年の心からの感謝を込めて、一筆申し上げました。お元気で新春を迎えられますように。
- 本年中はたいへんご迷惑をおかけいたしました。明年

- ○○ちゃんは受験で年末年始もありませんね。たいへんそうだけれど、もう少しだから、がんばって!
- あっと言う間に一年が経ちました。街には第九のメロディーが流れています。
- 今年も恒例の年末ジャンボ宝くじを三十枚、買いました。一度も当たったためしなし!

結びの言葉

◆季節に合わせて／行事を織り込んで

- ますます寒さが厳しくなってきます。年末に向けて、体調をととのえてがんばりましょう。
- 日が短く、寒さも身にしみる時節です。くれぐれもお身体を大切に。
- 例年になく冬が駆け足でやって来るようです。どうかご自愛専一に。
- 今年は雪の当たり年みたいですね。雪かきや、足元に、十分お気をつけてくださいね。
- 今年はクリスマスコンサートはどうしますか。何か候補があったら、お知らせください。
- 帰省のスケジュールがわかりましたら、お知らせください。お正月には会いましょう。
- 忘年会のシーズン、体調は大丈夫ですか。くれぐれも気をつけてね。

はもっとがんばる所存でございます。何卒、変わらぬご支援のほど、お願いいいたします。

十二月の風物詩

歳末助け合い運動、社会なべ、救世軍、お歳暮、ボーナス、冬休み、クリスマスイブ、クリスマス、ミサ、プレゼント、ツリー、サンタクロース、トナカイ、そり、靴下、クリスマスカード、イルミネーション、年賀ハガキ、冬至、ゆず湯、忘年会、ベートーベン・第九、クリスマスコンサート、年末帰省ラッシュ、年末ジャンボ宝くじ、人権週間（四～十日）、針供養（八日、二月八日のところも多い）、忠臣蔵・討ち入り（十四日）、東京／浅草羽子板市（十七～十九日）、官庁御用納め（二十八日）、秋田／男鹿／なまはげ（三十一日）、大みそか、紅白歌合戦、レコード大賞、除夜の鐘、年越し蕎麦、大掃除、しめ飾り、おせち料理、もちつき、年の市、歳末大売り出し、雪囲い、暖房、こたつ、ストーブ、スキー、スケート、スノーボード、木枯らし、初雪、空気の乾燥、風邪なべ物、おでん、湯豆腐、大根、里芋、白菜、かぶ、きのこ、かぼちゃ（冬至カボチャ）、牡蠣、たら、ふぐ、あんこう、寒ぶり、新巻きざけ、かずのこ、いくら、七面鳥、ローストチキン、みかん、りんご、熱帯シクラメン、福寿草、葉牡丹、寒椿、ひいらぎ、ポインセチア、ビオラ、千両、万両うさぎ、雷鳥、キタキツネ、白鳥

●忘年会を計画中。ホームパーティーにするつもりです。決まったらご連絡しますので、ぜひご参加ください。

●年末に向けてこれからお忙しくなると思いますが、何卒、健康にはご留意ください。

●○○ちゃんには初めてのクリスマス、初めてのお正月ですね。お健やかに迎えられますように。

●今年も実家からおもちを送ってきました。来週は家にいますので、お立ち寄りください。

◆年末の挨拶

●年末年始、ご家族お揃いでおだやかに過ごされますように。

●来年もどうぞよろしくお願いいいたします。

●今年はいろいろとありがとうございました。来る新年も楽しくお付き合いくださいね。

●新春が皆様にとりまして、すばらしい一年になりますように、お祈りしております。

●明年も幸多き充実した一年になりますよう、お祈りいたします。

●お互い、来年こそは飛躍の年にしましょう。がんばろう！

●来年もどうかよろしく。飽きずにお付き合いください。

頭語と結語の組み合わせ

ごく一般的には「謹啓―謹言」「拝啓―敬具」「前略―草々」などが使われています。そのほかにも手紙の種類に応じて、表のような頭語と結語があります。赤字で示した語は、主に女性が使う言葉です。

「前略」「急啓」を使う場合には、前文を略する、という意味なので、季節の挨拶や先方の健康を尋ねる文章は省きます。

手紙の種類	頭　語	結　語
あらたまった手紙	謹啓　謹呈　恭啓　粛啓 謹んで申し上げます	謹言　謹白　敬白　頓首　再拝　かしこ ごめんください　略儀ながら書中をもって申し上げます
一般的な手紙	拝啓　拝呈　啓上　一筆啓上　一筆申し上げます 一筆啓上いたします　こんにちは　ハガキで失礼します	敬具　拝具　敬白　不一　かしこ さようなら　ごめんくださいませ
初めて手紙を出す時	初めてお便り差し上げます 突然お手紙を差し上げますご無礼をお許しください ○○様よりご紹介を受けお手紙を差し上げます	
返事が来ないうちに再度送る手紙	再啓　再呈　追啓　重ねて申し上げます 失礼ながら再度お便り申し上げます	
返事の手紙	拝復　復啓　御状拝見　謹答　芳簡拝読いたしました お手紙拝見しました　お手紙ありがとうございました ご返事申し上げます　取り急ぎお返事申し上げます	
前文を省略する手紙	前略　冠省　略啓　前略ごめんください 前文お許しください　取り急ぎ前文ご容赦ください	草々　匆々　不一　不備　不尽 かしこ　さようなら
急用の手紙	急啓　急白　急呈　取り急ぎ申し上げます 走り書きでお許しください　略儀ながら申し上げます 早速ですが　突然で恐縮ですが	急白　不一　草々　匆々　不備　不尽 かしこ　さようなら

第三章

いろいろな手紙・状況別実例集

◆「祝う」お祝いの手紙
◆「お礼をのべる」お礼の手紙
◆「贈る」贈り物に添える手紙
◆「報せる」通知、報告の手紙
◆「誘う」招待、案内の手紙
◆「頼む」紹介、依頼、相談の手紙
◆「答える」相談事に答える手紙
◆「尋ねる」問い合わせの手紙
◆「見舞う」お見舞いの手紙
◆「断る」断りの手紙
◆「引き受ける」承諾の手紙
◆「わびる」おわびの手紙
◆「催促する」「抗議する」催促、苦情、抗議の手紙

「祝う」お祝いの手紙

相手の喜び事を知ったらすぐに出そう

合格、就職、結婚、出産、新築など、人生にはいくつもの喜び事が訪れます。そんな相手の喜び事を知った時は、すぐに手紙を送りましょう。タイミングを逃すと、高まった気持ちも落ち着いてしまい、手紙を出す方ももらった方も感激が薄れてしまいます。

なにもかしこまって美辞麗句を並べる必要はありません。お祝い事は人生の一つの節目でもありますから、それまでの相手との思い出を述べるのもいいでしょう。合格や就職のお祝いでは新たな門出を祝って、アドバイスや励ましの言葉を入れるのもよいでしょう。それまでの苦労をねぎらってくれて、喜びを分かち合ってくれる人がいるということは、なによりも嬉しいものです。

親しい人には形式よりも、素直な気持ちで

目上の人に出す場合は、形式にのっとった書き方に従うと無難です。頭語や時候の挨拶などもきちんと書き、敬語や敬称の用い方に気をつけながら、丁寧な文面にします。

一方、友人や後輩に出す場合は、「ご結婚おめでとう」と、お祝いの言葉から始めるなどして、率直に喜びを表現します。

ただし、昔からタブーとされている「忌み言葉」がありますので、それだけは使わないようにしましょう。（→P・196）

たとえお祝いの品を贈らなくても、手紙で一緒に祝ってあげることが大切です。

point

お祝いの手紙

①頭語・時候の挨拶
②主文・本題
　a お祝いの言葉
　b お祝いの内容についての感想
　　［出産］出産の無事を喜ぶなど［入学・合格・就職］子どもの成長への感慨など［結婚］成長への感慨、相手をほめるなど［昇進など］これまで世話になった礼など［新築］新居をほめるなど［退院］いたわりの言葉など
　c ねぎらいの言葉
　d 今後の活躍を期待する言葉
　e 今後の健康、発展を祈る言葉
③今後の交誼を願う
④結びの言葉
⑤結語

☆相手によっては①は省いた方が気持ちが伝わりやすい。
☆bの入学、就職、新築などのお祝いでは、自分の立場と比べるような表現をしないこと。
☆d、eは今後の健闘、発展などを期待する言葉でまとめる。

出産祝い

新しい生命の誕生は、まず手紙で祝福しよう

喜びにあふれている相手には、時候の挨拶は省いて、冒頭から「おめでとう」と書いて、気持ちを伝えましょう。家族の喜びを思いやる言葉も忘れずに。

産後は育児も始まっている上に休養も必要です。電話や直接の訪問は、親しい仲でも迷惑になることがありますから、一日も早い回復を祈って、手紙を送るのが最良のお祝いです。

CASE 1 あらたまった相手に

ご出産おめでとうございます。安産と伺い、私もほっとしております。元気な女の子ということで、ご主人様やご両親様もさぞかしお喜びでしょう。

★ご主人様に伺ったところでは、奥様似の優しい顔立ちとのこと、将来が楽しみですね。産後の養生が肝心と申しますから、どうぞお身体第一に、早いご回復をお祈り申し上げます。赤ちゃんにお目にかかれる日を心待ちにしております。

ささやかながらお祝いの品をお送りいたしました。どうぞお納めくださいませ。

気候不順の折、くれぐれもご自愛ください。ご主人様にもどうぞよろしくお伝えください。

P.46～93

★あらたまった相手の場合は、母子についての情報が少ないこともあるが、聞いたことについての感想はできるだけ具体的に述べる。

☆母親をねぎらうのはいいが、産後の養生のたいへんさや育児の難しさなど、相手を不安がらせるようなことは書かない。

POINT 出産祝い

①主文・本題
a お祝いの言葉
b 家族の喜びを思いやる
c 母子の状態への感想
d 産後の回復や赤ちゃんの発育を願う
e お祝いの品について
②結びの言葉／結語

CASE 2 夫の上司の妻へ

奥様には無事ご出産とのこと、心よりお祝い申し上げます。一姫二太郎といいますから、理想的ですね。

★会社では、ふだんご家族のことをあまり口にされないご主人様にはめずらしく、今回のご出産に関してはお話をなさるそうで、主人もお喜びのおすそ分けにあずかっているような気がすると申しております。

産後は何と申しましても無理は禁物ですから、どうぞお大事になさってください。また、何かお手伝いできることがありましたら、遠慮なくお申し付けください。

お子様の健やかなご成長と、ご家族のお幸せをお祈り申し上げます。

まずはお祝いまで。

☆主人ともども喜んでいることを伝える。

★できるだけくわしいエピソードを織り込むと、喜びの気持ちが伝わりやすい。

CASE 3 会社の同僚へ

元気な女の赤ちゃんが誕生された由、お喜び申し上げます。★なかなか授からないと悩んでおられただけに、そのお喜びと赤ちゃんの可愛さはたとえようもないことと思います。

お祝いに可愛いベビー服を見つけましたので、さっそくお送りしました。落ち着きましたら、★未来の「ミス・横浜」のお顔を拝見しに伺いたいと思っていますので、ご一報ください。

がんばりやのあなたですが、くれぐれも無理をなさらぬよう、ご自愛くださいね。

かしこ

★親しい人には、出産に至るまでの経緯などにもふれ、気にかけていたことを伝えるとよい。

★子どもの将来について、明るい話題を述べる。

言い換え集

●男の子の場合
- ●元気いっぱいの男の子
- ●玉のような男の子
- ●一姫二太郎（第一子が女児、第二子が男児の場合）
- ●ハンサムくんのご誕生
- ●頼りになる男の子のご誕生で、先が楽しみですね。
- ●ご主人様もご自分の分身のようにお喜びでしょう。
- ●ご両親のお喜びもひとしおでしょう。

●女の子の場合
- ●愛らしい（可愛らしい）女の子（お嬢様）
- ●お姫さまのご誕生
- ●女の子ということで、ご主人様も狂喜乱舞ではありませんか。
- ●ご両親も目の中に入れても痛くないほどのお喜びではないでしょうか。
- ●初めてのお子さんで女の子は、育てやすいといいます。

●男児女児どちらか聞いていない場合
- ●初めてのお子様に、ご家族の皆様もお喜びのことと存じます。
- ●三人目のお子様のご誕生、お兄ちゃんお姉ちゃんもさぞお喜びでしょう。
- ●元気な赤ちゃんがご誕生…
- ●二世のご誕生、おめでとうございます。

CASE 4 仲人のお嬢さんが出産

拝啓　光と風に恵まれた美しい季節になりました。三井様もますますお元気でご活躍のことと存じます。

さて、このたびはめでたくお嬢様が男児をご出産されたとのこと、謹んでお喜び申し上げます。初孫でしかもご希望の男子ご誕生で、三井様ご夫妻のお喜びも格別なものと拝察いたします。

ご出産の経過も順調とのこと、なによりのことと安堵しております。くれぐれも産後の養生専一にと念じております。

別便にて、お祝いの印をお送りしました。お納めいただければ幸いです。

敬具

P.46~93

☆待望の男子誕生でも「お世継ぎ」「跡継ぎ」などの時代遅れの表現はしない。

☆「男の子でよかった」「女の子でよかった」という表現はしない。

CASE 5 友人へ

CARD

朝晩はずいぶんしのぎやすくなりました。このたびは元気な男の子が生まれたとのこと、おめでとうございます。赤ちゃんは、みんなにたくさんの笑顔と幸福を運んでくれたことと思います。

美枝ちゃんがママなんて、なんだかピンときませんが、自分ではどう？　近いうちにお産見舞いに伺います。実家にいる間くらいはゆっくり身体をいたわってくださいね。

☆心から喜び、安堵している気持ちを伝える。

☆とりあえずお祝いの気持ちを伝えるには、友人にはハガキやカードでよい。

入園、入学、卒業、合格、就職祝い

子どもの成長をともに喜ぶ文面を心がけよう

子どもの入園、入学は、親にとっても子どもにとっても大きな節目です。ここまで成長したという喜びを思いやり、これまでの育児の苦労もねぎらい、お祝いを述べましょう。

入試や合格を祝う手紙は、本人の努力をたたえ、家族の苦労をねぎらう言葉も忘れずに入れましょう。合格の感激が薄れないうちに早めに出すことも大切です。

卒業、就職祝いは社会に出る相手にエールを送る

卒業して就職する、あるいは大学に入学するお祝いの手紙は、本人に出すことが望ましいでしょう。しかし、本人と面識がない場合は、両親にあてて書くことになります。

事情を知っている親しい間柄の場合は、難関を突破したとか、長い間がんばったとか、見事目標達成などの言葉を書いてもいいでしょう。

本人に出す場合、これからの生活へのエールを送ります。ただし、あまり説教くさくならないように注意します。

CASE 1 あらたまった相手に

三月になって、さすがに寒さもゆるみ、春の気配が感じられます。

この四月にはお嬢様が小学校へご入学とのこと、おめでとうございます。★一度、家族会でお母様に抱かれていらしたのをお見かけしたことがあります。月日の経つのは早いものですね。ご家族の皆様のお喜びと感慨はたとえようもないものでしょう。

お嬢様も入学を楽しみにしておいででしょうね。たくさんお友だちができて、元気に通学されることをお祈りしています。

気持ちばかりのお祝いの印を送らせていただきました。学用品の準備にでも使っていただけたら幸いです。

末筆ながら皆様のご健康とご多幸をお祈りいたします。まずはお祝い申し上げます。

P.46〜93
P.46〜93

☆名前を知っている場合は、必ず、○○ちゃん、○○くん、と名前を書く。
★子どもの名前を知らない場合でも、できれば何か一つくらい、エピソードを入れたい。

POINT 入学、合格、就職祝い

①頭語／時候の挨拶
②主文・本題
a入園、入学、卒業、合格、就職を祝う言葉
b成長への感慨
c育てた親へのねぎらい(入園、入学)
d子どものこれからへの感想
eお祝いの品について
③相手の健康、繁栄を祈る言葉
④結びの言葉／結語

CASE 2 ご子息が大学合格した会社の上司へ

☆合格した本人や入学が決まった学校を、あまりオーバーにほめるのは好印象を与えないので注意する。
☆本人が入学する学校が第一志望ではないケースもあり得るので、事情がわからない場合は「難関突破」「見事合格」などの表現はさけた方がよい。

拝啓　桜花爛漫のみぎり、皆様にはお健やかにお過ごしのこととお喜び申し上げます。

このたびはご長男の光君が○○大学の法学部に入学されるとのこと、まことにおめでとうございます。現役でしかも難関を突破しての合格、ご家族の皆様のお喜びもひとしおでしょう。

高校入学の頃にお目にかかった際に「将来は弁護士になりたい」ときっぱりおっしゃっていました。夢の実現に着々と向かっていらっしゃるのですね。これからが楽しみです。

ご入学のお祝いに心ばかりの品を送らせていただきます。どうか実りある大学生活を送られますように。まずは心からお祝い申し上げます。

敬具

P.46～93

CASE 3 甥の卒業祝い・本人へ

☆学生生活の修了を祝い、これまでの努力や苦労をねぎらう言葉を入れる。
☆新社会人になる人へのアドバイスも添えるとよい。

CARD

直樹君、ご卒業おめでとう。それに就職も決まったそうで、ご両親もさぞかしお喜びのことでしょう。私も心からお祝い申し上げます。

お母さんと一緒に受験のために上京されたのが昨日のことのように思い出されます。

自覚をもってすてきなビジネスマンになってください。

伯父さんも一度ゆっくり杯を酌み交わしたいと申しています。日曜日にでも遊びに来てください。まずは取り急ぎお祝いとお誘いまで。

CASE 4 恩師の子息の就職祝い

☆実際には「卒業祝い」と「就職祝い」の両方をする必要はないので、学校を卒業してから会社に入社する場合は「就職祝い」の名目で行う。
☆本人をあまり知らない場合は、親宛てに送る。具体的なエピソードを書くのは、本人はもちろん、親への親密感を増すことになるので大切。

　高木先生、このたびはご子息の秀次君が大学を卒業され、○○旅行社へのご就職を決められたとのこと、おめでとうございます。

かねてより志望されていた会社で、晴れがましく人生の門出を飾ることができるのは、まことに喜ばしい限りです。学生時代もアルバイトで資金を貯めてはいろいろな国に出かけられていたようですから、今度は仕事で海外を飛び回りたいという希望がかなうのですね。これまでの体験を十分に活かし、大活躍されることを期待しております。

お祝いの寸志として、ささやかな品を別便にてお送りいたしました。春からの新生活に役立てていただければ幸いです。

末筆ながら、ご家族の皆様のご健康とご多幸をお祈りいたします。

まずは右お祝いまで。

敬具

CASE 5 後輩へ

CARD

由美さん、ご就職、おめでとうございます。しかも希望どおりの出版社勤務！　喜びもひとしおでしょう。

高校時代、あなたの作った同人誌を見せてもらって感心したことが思い出されます。本当にあなたにはぴったりの職場だと思います。持ち前の明るさとファイトでがんばってください。

私もまだ社会人三年生で大した経験もありませんが、何でも相談してくださいね。今度飲みにいきましょう。

☆新社会人に向けてのメッセージは、説教調にならないように。

入学、合格、就職祝いでよく使われる言葉

●入園、小学校入学

- 制服姿をぜひ一度、拝見したく存じます。
- すっかりお姉ちゃん（お兄ちゃん）になったでしょう。
- 幼稚園（小学校）でいろいろな事を学ばれて、ますますご成長なさることでしょう。
- さぞかし、毎日楽しくご登校されていることでしょう。
- 私立の小学校にご入学とのこと、感服いたしております。
- あの小さかった○○ちゃんが一年生！　時の経つのは早いですね。

●中学、高校入学した本人に

- 中学（高校）進学、おめでとうございます。
- いち早く春満開ですね。おめでとうございます。
- これから貴重な三年間が始まりますね。勉強だけではなく、いろいろなことで活躍してください。
- お父様お母様にもよろしくお伝えください。
- 受験勉強、よくがんばりましたね。
- 狭き門をよく突破されました。叔母さんも鼻高々です。
- 小学校とはちがって、勉強に運動に忙しくなると思いますが、○○君のことだから大丈夫ね。
- 好きな勉強を見つけて、学園生活を楽しんでくださいね。

●大学合格、就職した本人に

- 希望の大学（企業）に合格（就職）、おめでとうございます。
- 夢に向かって一歩前進ですね。これからもがんばって！
- 目標に向かって着実に歩まれている感じがします。
- 努力家の○○さんだから、きっとすばらしい未来が待ち受けていることでしょう。
- 若い柔軟な頭脳で、いろいろなことにチャレンジしていってください。
- これまで勉強されたことをしっかり、実社会でも活かしてください。
- 学生時代からの夢を形にしましたね。本当におめでとう。
- スポーツで培ったガッツで、前進していってください。

●家族をねぎらって

- ご両親様も感慨深くていらっしゃるでしょう。
- 受験準備でさぞかしお忙しかったことでしょう。本当におめでとうございます。
- 難関突破はご家族揃っての勲章と拝察いたします。
- 受験という試練を乗り越えられたこと、ご家族の皆様に心からお祝い申し上げます。
- おつかれさまでした。ほっとひと安心ですね。
- ○○さんも、お父様もお母様も、本当におつかれさまでした。心からお祝い申し上げます。

結婚祝い

人生最大のイベント、礼儀正しくお祝いを伝えよう

出産と並んで、結婚は文句なしにおめでたい事柄です。どんな相手にも、心からのお祝いの気持ちを伝えたいもの。

一口に結婚祝いといっても、披露宴に招かれているか、出席するか欠席するか、披露宴に招かれていないがお祝いを贈る、結婚を後で知ってお祝いするなど、いろいろな状況があります。それぞれの状況に合った手紙を出すことが大切です。

披露宴に出席する場合は、出席の旨を伝える返信にお祝いのメッセージを添えます。その他のケースでもお祝いの金品だけを贈るのは相手に失礼ですから、必ず手紙を書きましょう。

本人へのお祝い状は、時候の挨拶など省いて、お祝いの言葉から始める方が心情がより伝わるでしょう。

CASE 1 夫の上司の息子の結婚を祝う

一筆申し上げます。

錦秋の候、ご尊家ご一同様にはいよいよご清祥のこととお喜び申し上げます。

平素は格別のご厚誼にあずかり厚くお礼申し上げます。

A さて、ご令息亮一様にはこのたびめでたく華燭の典をお挙げになる由、まことにおめでとうございます。

B ご一同様のお喜びはいかばかりかと拝察し、心からお祝い申し上げます。

つきましては、まことにささやかですが本日別便にてお祝いの品をお送りいたしましたので、C ご受納賜れば幸いに存じます。

まずは略儀ながら書中をもちまして謹んでお祝いのご挨拶を申し上げます。

敬具

令和○年十月吉日

P.46~93

POINT

結婚祝い

①頭語／時候の挨拶
②主文・本題
a結婚を祝う言葉
b結婚に関する感慨、感想
cお祝いの品について
③相手の健康、繁栄を祈る言葉
④結びの言葉／結語

☆結婚のお祝いの場合、上司や目上宛てのあらたまったお祝いの手紙を書く場合は、ある程度、決まり文句を書く方がよい。お祝いの手紙自体も儀式の一部ととらえる人も多いので。

☆忌み言葉に注意する。（→P・196）

言い換え集

A このたびは、ご子息様のご結婚がお決まりになったとのこと、心よりお祝い申し上げます。

A ご子息様ご婚儀という新しい人生の門出に際し、心よりお祝い申し上げます。

A 承りますればご息女○○様には、○○様とのご良縁相整われ、めでたく華燭の典を挙げられますこと、深い喜びに存じ上げます。

B お祝いは何がよろしゅうございましょう。遠慮なくご希望をお聞かせくださいませ。

C 快くお納めください。

C お二人の日々のご生活に少しでもお役に立てば幸いです。

CASE 2

夫の上司へ・夫婦揃って出席

拝啓　緑樹をわたる薫風とともに届いた百合子様ご結婚のお知らせ、まことに嬉しく、心からお祝い申し上げます。★私どもまでご招待いただき、たいへん光栄に存じます。ご返信用のはがきを同封させていただきましたが、喜んで出席させていただきます。

★掌中の珠といつくしまれたお嬢様だけに、神村様の感慨もひとしおのことと拝察いたします。しかし、ご両親様にとって新しくご子息がお一人ふえることになるのですから、きっと賑やかで、さらに楽しいご家庭になるに相違ございません。

なおささやかながらお祝いを同封させていただきますので、どうかお納めください。

まずは書中にてお祝い申し上げます。

敬具

P.46～93

★招待してもらったことへのお礼も必ず書く。
★結婚を祝う言葉に添えて、相手の状況・心情（娘を嫁がせる一抹の寂しさ）を思いやることを忘れない。

返信用ハガキでの返事の書き方→P.29、245

CASE 3 友人へ・招待されたが欠席する

☆披露宴に招待されながら、よんどころのない事情で欠席する場合は、必ずお祝いを贈る。とりあえず欠席の返信を出し、別便でお祝いの手紙と品を送る。

☆入院や不幸などで欠席する場合は、くわしい理由は述べない方がよい。

さと子さん、結婚されるとのこと、おめでとうございます。心からお祝い申し上げます。

また、披露宴に招待してくださってありがとう。近ければ飛んでいって、かっこいいダンナさまを紹介してもらいたいのですが、主人の都合ではるか遠いタイに滞在中です。出席は難しいので常夏の国から、新カップルのご多幸と健康を祈っています。せっかくご招待いただきながら、まことに申し訳なく思っています。二年くらいたったら帰国の予定ですので、帰ったら必ず、おじゃまさせてくださいね。その頃にはもう、三人家族になってるかしら。

こちらの名産・ベンジャロン焼きのティーカップのセットをお祝いに送ります。いつまでもお幸せに。

まずは不参のおわびとお祝いまで。

CASE 4 披露宴を行わない友人へ

このたびはご結婚おめでとうございます。お相手は幼なじみだそうですね。ちょっとめずらしい、でもすばらしいご縁ではないでしょうか。

式や披露宴は行わないと伺いました。地味婚こそ、二人にとって心に残るスタートになると思います。幸せいっぱいの家庭を築いてくださいね。

気持ちばかりのお祝いを送らせていただきます。

まずはお祝いまで。

☆披露宴を行わない結婚にはさまざまな事情があるので、前向きな新生活のスタートという形でとらえ、評価しながらお祝いを述べる。「ご両親ががっかりされているのでは」などの否定的は表現はしないこと。

CASE 5 結婚通知で結婚を知って

☆年賀状や、転居の通知などで初めて結婚を知ることがある。お祝いの金品を贈らないにしても、このようなカードだけでも送ると喜ばれる。

CARD

ご結婚のお知らせ、ありがとうございました。本当におめでとうございます。

仕事一筋で、ずっと独身を通すと話していた真美さんでしたから、びっくりしました。お二人とも楽しそうな笑顔で、さまざまなお似合いのカップルですね。さぞかしすてきなだんなさまなのでしょう。ぜひ今度、お目にかからせてくださいね。

お二人のお幸せとご結婚を祈り、まずはお祝いまで。

CASE 6 再婚を祝って

CARD

佐織さん、嬉しいお便りをありがとうございました。すてきなご決意をされたのですね。心よりお祝い申し上げます。
○○ちゃんのためにも早くよいお父さんが見つかればよいと、ずっと願っておりました。今までご苦労なさった分、たくさんの幸せを味わってください。
大学時代からの長いお知り合いだったんですって？　理解のあるご伴侶と未来を見つめてお二人で歩んでいってください。

ささやかですが、お祝いにワインを贈ります。これからも幸せな時間をたくさん演出してください。

末永いお幸せをお祈りし、お祝いまで。

☆「今度こそは」「前の結婚は」「再スタート」など、再婚を強調する言葉はさける。

結婚祝いによく使われる言い回し

●相手をほめる言葉

- お嬢様の心を射止められた方ですから、すばらしい男性なのでしょう。
- 理想のお似合いのカップルですね。
- お相手はバリバリのビジネスマン、将来を嘱望されているそうですね。
- ご子息様にふさわしい、好ましいご縁ですね。
- こんな素敵な女性を、どこで見つけたのでしょうか。
- とうとう理想の男性（女性）が現れたのですね。
- 今まで待っていたのは、この人のためでしたか。
- ○○が選んだ人だから、きっと○○のことを幸せにしてくれるでしょう。

●両家を祝って

- ご両親様もさぞかし喜ばれた（ご安心なさった）ことでしょう。
- ご両家にとりましてはまことに喜ばしい限りと拝察申し上げます。
- このうえない吉報に、心からお祝い申し上げます。
- 申し分ないご良縁と、謹んでご祝詞を申し上げます。

●お祝いの金品について

- ささやかな（心ばかりの、気持ちばかりの）品を、別便にて送らせていただきました（お届けいたしました）。
- お二人に何がよいかと迷いましたが、十分にご用意もされていらっしゃるでしょうから、失礼ながらお祝いを同封させていただきました。（現金や商品券を贈る）
- 新生活の何かの足しにしていただければと思います。（現金や商品券を贈る）
- お祝いをお贈りしたいのですが、できるだけ新生活の役に立つものをと思い、後日、ご希望を聞かせていただきたく存じます。
- 前々からリクエストいただいておりました○○を、お祝いとしてお送りいたしました。もうすぐお手元に届くと思いますので、今しばらくお待ちください。

●今後の生活について

- 優しいパートナーとともに、力を合わせて明るい家庭を築いてください。
- 手を取り合って理想の家庭をめざしてくださいね。
- 末長くお幸せに。
- 幸せな家庭を築いてください。
- お二人に幸多かれと祈ります。
- 人生山アリ谷アリ。二人三脚で乗り越えていってください。

●披露宴に出席できない時

- 遠い○○の地から、お二人のお幸せを願っております。
- その日は前々からどうしてもはずせない用向きがあり、欠席させていただきます。お二人の晴れ姿を拝見できないのが残念です。
- 何をさておいても駆けつけてお祝い申し上げたいところなのですが、よんどころない事情で、どうしても参列できません。

長寿のお祝い

CASE
恩師の古希に

☆「これからも元気で長生きしてください」という気持ちをこめて書く。相手の若々しさを具体的な例を用いて表現するとよい。
☆枯れる、終わる、朽ちる、衰える、しなびる、死、病気、弱る、ぼけるなどの忌み言葉は使用をさける。（→P・196）
★文末には必ず健康を祈る言葉を添える。

謹啓　新緑の候、先生にはこのたびご壮健にて古希のお祝いをお迎えになられるとのこと、心よりお祝い申し上げます。

P.46〜93

今も母校にてお元気に教鞭をとっておられるとのことで、まだまだお祝いは先のことと思っておりました。私ども教え子にとっては驚嘆と尊敬の的でございます。

また先生の賀宴にご招待いただき、身に余る光栄と感激しております。当日はぜひ参上させていただきますが、とりあえず書面にてご祝詞を申し上げます。

どうぞ今後も、私ども教え子をご教導くださいますようお願い申し上げますとともに、★いつまでもお元気でまたお祝いを重ねられますようお祈り申し上げます。

敬白

よく使われる言い回し

●長寿を祝って

- 謹んで還暦のお祝いを申し上げます。
- このたび古希の賀寿を迎えられましたことを、心よりお祝い申し上げます。
- 米寿の寿をお迎えになられるとのこと、まことにおめでたき事と衷心よりお喜び申し上げます。
- 今日のご長寿は日頃のご鍛錬とご摂生の賜《たまもの》と敬服いたしております。
- ご壮健の秘訣をぜひご伝授いただきたく思います。

●今後の活躍・健康を祈って

- 末長くご長寿を重ねられますようお祈り申し上げます。
- いつまでもお元気で、私たちの理想であっていただけるよう祈念しております。
- これを機会にますます若返られ、お元気でご活躍くださいますようお祈り申し上げます。

昇進、栄転祝い

人生の嬉しい節目にはお祝いの品とメッセージを送る

職場での人事異動は、働く者全てにとって大きな関心事です。本人にとって、昇進や栄転は大きな喜び事。ニュースを聞いたらなるべく早く、お祝いの手紙を出しましょう。心から喜ぶ気持ちとともに、これまでお世話になったお礼を述べることも忘れずに。
今後の活躍や健康を祈る言葉も必ず書きます。

しかし、大切なのは相手と自分の関係をよく見極めることです。表現に気をつけて、お祝いにケチをつけないようにしましょう。

CASE 1
取引先の役職者の昇進を祝って

★謹啓　陽春の候、ますますご清栄のこととお喜び申し上げます。平素は格別のご高配を賜り、厚く御礼申し上げます。

さて、このたびは◯◯支社の支社長にご昇進されました由、まことにおめでとうございます。今回のご抜擢は、日頃のご精進の結果かと拝察いたしております。

今後は一層の重責を担われると存じますが、どうかお身体を大切になさって存分の活躍をされますようお祈り申し上げます。

なお、お祝いの印にささやかなものを別送いたしましたので、ご笑納いただければ幸いです。

まずは書中にて心からお祝い申し上げます。

敬具

P.46~93

★取引先の役職者や目上の人に出す場合は頭語に「謹啓」なども用いる。
☆自分の立場をわきまえた表現を心がけることが第一。

POINT
昇進、栄転の祝い

①頭語／時候の挨拶
②主文・本題
a昇進、栄転を祝う言葉
bお世話になったお礼
cこれからの健康と活躍を祈る言葉
dお祝いの品について
③結びの言葉／結語

CASE 2

会社の先輩の栄転を祝って

このたびは大阪本社へのご栄転、本当におめでとうございます。

南先輩には、大学時代から公私にわたっていろいろなことを教えていただき、感謝するばかりです。先輩のご栄転は私にとっても、たいへん嬉しいことであり、これからの仕事の励みにもなります。

どうかご健康だけには留意され、本社でますますご活躍されることを祈っております。

私が大阪に出張する際には、ぜひ大阪をご案内くださいね。

☆それぞれの立場に応じた祝福と今後の励ましを明るくまとめよう。
☆職場が離れても変わらずお世話になることを、ひと言、入れておく。
☆親しくしている先輩には「拝啓」「敬具」は不要。

CASE 3

友人の栄転に

CARD

永田さん、本社経理課長への昇進、本当におめでとうございます。経理部へのパソコン導入など、苦労が報われた気がして私も嬉しく思います。

今日までたいへんお世話になり、ありがとうございました。本社でのご活躍をお祈りいたします。

名古屋へ帰省の折には顔を見せてくださいね。

☆今後の活躍を祈りながらも、転勤で離れてしまう寂しさなども添える。率直な表現は心をとらえる。
☆友人には、まずハガキでお祝いを。その後、会って祝うのがよい。

昇進、栄転祝いでよく使われる言い回し

- ○○様、このたびは東京本社の総務部へのご栄転、まことにおめでとうございます。
- 前職ご在任中はひとかたならぬご高配を賜り、厚く御礼申し上げます。
- 新任地でのご健康とご活躍をお祈りいたします。
- このたびのご栄転は○○様のこれまでの実績と人望を考えますと、当然の結果かと思います。
- ご心労も多いかと存じますが、くれぐれもご自愛されますようお祈り申し上げます。

新築、引っ越し祝い

CASE 1 あらたまった相手に

☆相手の満足を分かち合うつもりで、お祝いの気持ちを素直に表現しよう。
☆「豪邸」「お屋敷」などの表現はかえって嫌みになるので、用いないこと。

拝啓　新秋の候、ご一家の皆様にはますますご清祥のこととお喜び申し上げます。

P.46〜93

さて、このたびはかねてよりご建築中の貴宅のご新築が相成った由、まことにおめでとうございます。

新鮮な木の香りの漂うご新居で、奥様やお子様方もさぞかしお喜びのことと存じます。また駅から徒歩十分という交通至便の地とのこと、絶好の環境と拝察いたします。

皆様が落ち着かれました頃、ぜひ一度、新居を拝見しに伺いたいと存じます。

別便にて心ばかりのお祝いの印を送らせていただきました。ご新居に合う調度品などをお見立ていただければ幸いです。

とりあえずは書面にて、ご新邸完成のお祝いまで。

敬具

よく使われる言い回し

●新築

☆ほめるポイントは、環境、交通の便、設計、インテリア、近隣の公的施設の充実（学校が近いなど）、人生設計の実現、家族への思いやり（二世帯同居など）などがある。

- さぞかし住み心地のよいご新居でご満足のことと拝察いたします。
- 待望のご自宅の竣工、まことにおめでとうございます。
- 自然に恵まれた環境でお子様たちには理想的なお住まいですね。
- ご子息様は、ご両親と同居のためにご新築なさったと伺いました。○○様もお幸せですね。

●転居

- こちらとはずいぶん気候も異なりますので、お身体には十分にお気をつけください。
- 不慣れな土地での生活でお身体を壊されませんように。
- 新天地での活躍を心よりお祈り申し上げます。

CASE 2 新居に招いてくれた恩師へ、お礼もこめて

☆招かれてからの祝いの手紙は、招いてもらったお礼を主文にもってくる方がよい。新居の感想は環境のよさ、家のすばらしさなど、具体的に述べる。
★またぜひ伺いたいと、ひと言添える。

先生、先日はご新居にお招きいただき、ありがとうございました。ご長男様の設計は純和風の外観がなんといってもすばらしかったです。先生の書斎は収納たっぷりの書棚が作り付けで、そこにパソコン、デスクなどが便利に配置されており、たいへん感心いたしました。書き物をされることの多い先生にはぴったりのお部屋ですね。

まずこの目で新居を拝見させていただいてから、と思っておりましたが、新築のお祝いに、書斎に合いそうな額を見つけました。先生のお好きな絵か写真でも飾っていただけたらと思い、お送りさせていただきました。どうかご笑納ください。

これから夏も本番、お近くの河原で夕涼み、というのも羨ましい限りです。★またおじゃまさせてくださいね。

かしこ

CASE 3 引っ越す友人に

☆転居先の環境を考えつつ、そこでスタートする暮らしを思いやる内容を盛り込むとよい。
★最後は新天地での活躍を祈る言葉でまとめる。

CARD

容子さん、引っ越しも間近に迫り、なにかと忙しい時期と思いますが、お元気でしょうか。

OL時代から十年あまり、親しくさせていただいたあなたがご主人の郷里の愛媛県に行ってしまうなんて、とても残念です。でも今はメールもあるものね。今後も変わらぬお付き合いをよろしくお願いします。

★新しい土地の水に早く慣れて、より一層活躍されますように。四国に行く時には、ぜひおじゃまさせてくださいね。

ご主人様にもよろしくお伝えください。

叙勲、受賞、受章、当選祝い

CASE

県会議員に初当選の知人へ

☆当選した地位・役職は重要なので、正確に記す。同様に受賞、受章、当選などの名称、内訳も省略しないで、正確に記す。誤った表記は相手に失礼にあたるし、不快感を与えるので注意したい。

☆相手の栄誉をたたえ、形式にのっとってまとめると書きやすい。

拝啓　春陽うららかに花の季節が訪れましたが、いよいよご隆盛にお過ごしのこととお喜び申し上げます。

このたびは県会議員改選に際しまして、めでたくご当選あそばされました由、謹んでお祝い申し上げます。

近年にない激戦といわれておりました今回の選挙で見事に初勝利、お喜びは格別のものと拝察いたします。これもひとえにあなた様の県政に対するご熱意が県民に高く評価された結果と存じます。

この上はご健康には十分に留意され、存分に社会のためにお力を発揮してくださいますよう、お祈りしております。

まずは書中をもちましてお祝い申し上げます。

敬具

P.46~93

よく使われる言い回し

- このたびは○○賞ご受賞とのこと、まことにおめでとうございます。
- ○○様におかれましては、このたび勲四等旭日小綬章ご受章とのこと、心よりお喜び申し上げます。
- 日頃のご活動が実を結ばれましたものと存じます。
- 長きにわたり○○界の発展に尽力されたご功績とご努力が大きく花開いたこと、私どももまことに嬉しく存じます。
- これからも○○界のリーダーとしてさらなるご活躍をされますよう、お祈り申し上げます。
- 今後のご健闘をお祈り申し上げます。
- ○○さん、○○賞の受賞おめでとう。これからもすばらしい作品をどんどん描いてください。
- これからはいよいよプロの道を進まれるのですね。大いにがんばってください。
- いつかこんな栄冠を手にされる日が来ると信じておりました。わが事のように感激しております。

開業、開店祝い

CASE 知人の独立を祝って

☆祝福と激励の気持ちをこめて、本文では開業、開店にいたるまでの苦労をねぎらう。今後の成功を祈る言葉で締めくくるとよい。

☆取引関係者など公的なケースは前文の挨拶を入れるが、ある程度親しい人には祝福の言葉から書き出してもよい。

関口様

このたびはデザイン会社のご開設、まことにおめでとうございます。三十代で念願の独立を果たされ、ご両親もさぞかしお喜びのことでしょう。ご苦労も多かったことと存じ、頭が下がります。誠実で人望の厚い関口さんですから、事務所の経営もほどなく軌道にのるものと拝察いたします。

今後もますます才能を伸ばし、すばらしい仕事を展開されることを期待しております。晴れの門出をお祝いし、胡蝶蘭を贈らせていただきます。事務所に飾っていただければ幸いです。

関口事務所のご繁栄をお祈りいたします。

よく使われる言い回し

- このたびは○○店のオープン、まことにおめでとうございます。
- 満を持しての（機が熟されて）いよいよご開業の由、まことにおめでとうございます。
- 貴社（貴店）のますますのご繁昌（発展、躍進、成功、隆盛）を、心よりお祈り申し上げます。
- これまでの努力と熱意の賜と拝察いたします。
- 夢は叶うものだと教えられた思いです。
- オープンに先立ち、○○をお贈りしますので、お店に飾っていただければ幸いです。
- 末永いご繁栄をお祈り申し上げます。
- バイタリティあふれる行動力でますます発展されることを期待しています。
- 私もできる限りの応援をさせていただきます。
- 近いうちにお祝いかたがたお伺いいたします。
- 新たな船出を祝って○○部一同よりお花を贈らせていただきます。
- オープニングパーティーには、喜んで出席させていただきます。

退院、快気祝い

ストレートに、シンプルに「おめでとう」を

快気祝いの手紙では、前文の挨拶を省いて、シンプルに思い切り喜んで、病気を克服したお祝いを伝えましょう。

闘病生活、入院生活の辛さや苦労を思いやり、今後の生活を励ましながら本復を祈る言葉でまとめます。そして相手の気持ちを引き立てるように、明るい文面を心がけます。

しかし、職場復帰を促したりするのはさけましょう。あくまでも相手を焦らせるような表現はしないこと。

家族へのねぎらいの言葉も忘れないように。

「繰り返す、重ねる、再び、追って、続いて、たびたび」などといった病気の再発を連想させるような言葉は使わないように心がけましょう。（→P・196）

CASE 1 退院した会社の上司に

ご退院、おめでとうございます。ご家族の皆様も、さぞお喜びのことと存じます。

胃潰瘍と伺い、営業部一同、一日も早い全快をお祈り申し上げておりました。野田部長ご不在の間はぽっかり穴があいたようで、改めて部長の存在の大きさを実感している次第です。

部長のことですから、お気持ちは早くも職場復帰に向いているのではないかと拝察いたします。とはいえ、しばらくはお身体第一でご静養なさってください。

一日も早く、元気なお姿を拝見できることを祈念しております。

まずは退院のお祝いを申し上げます。

敬具

☆本復までは、身体をいたわってほしいと書く。その上で、全快、職場復帰を祈る言葉を添える。

☆「再発のおそれ」「慢性化する」など、悪い予測は書かない。

POINT

退院、快気祝い

①主文・本題

a退院、全快を祝う言葉

b家族へのねぎらい、いたわりの言葉

c今後を励ます言葉

d今後をいたわる言葉

②結びの言葉／結語

☆相手の安否を尋ねる必要はないので、用件を中心としたシンプルな構成にする。

CASE 2 上司の奥様へ・上司のケガの全快を祝って

☆看病に専念した家族の苦労や心痛をいたわる言葉を中心にまとめる。
☆「リハビリが辛そうですが」などマイナスの表現はしない。

ご主人様におかれましては、このたびめでたくご退院とのこと、まことにおめでとうございます。ご家族の皆様も、さぞ安堵されたことでしょう。

交通事故で全治三か月の重傷とお聞きしました時は、私も心臓が止まる思いでした。身近にこういう事が起きて、本当に交通事故とは恐ろしいものだと改めて実感いたしました。奥様にはご退院を迎える日まで、お心の休まる時はなかったのではないでしょうか。退院が決まり、そのお喜びはいかばかりかとお察し申し上げます。

ご退院後も、しばらくはリハビリに通われるとか。くれぐれも無理をなさいませんように。そして奥様もおつかれの出ませんよう、どうぞご自愛ください。

まずは取り急ぎお祝いまで。

かしこ

CASE 3 会社の同僚へ・病気の全快を祝って

★元気になって喜んでいるであろう相手に、一緒に喜んでいる気持ちを伝えるために、前置き抜きで「おめでとう」と呼びかけるのがよい。

CARD

★病気全快おめでとう。あなたの元気な姿を見ることができるのがなにより嬉しく思います。行動派のあなたが病院のベッドにいる姿はどうも不釣り合いな感じですね。

とはいえ、当分はじっくり静養し、体力の回復に努めてください。

無事社会復帰したあかつきには、お祝いのパーティを開きましょう。また一緒に仕事ができるのを楽しみにしています。

それまではがんばってください。

退院、快気祝いでよく使われる言い回し

- このほどご快癒の上ご退院という朗報に接し、まことにおめでとうございます。
- ご主人様、ご退院の由、ほっとなさったことでしょうね。
- ご自宅で療養できるようになったそうですね。体力は順調に回復していますか。
- ご看護に専念されましたご家族様にもお祝いを申し上げます。
- 当面は、ご静養専一にお過ごしくださいませ。
- ご病後の摂生がなにより肝心と存じます。
- 闘病生活を貴重な体験となされて、これからもご活躍ください。
- 近いうちに全快のお祝いに伺いたいと思います。

「お礼を述べる」お礼の手紙

礼状は鮮度が命、できるだけ早く出そう

人にお世話になったり、思いがけない贈り物をいただいたりした時は、嬉しさや感謝の気持ちでいっぱいになるものです。そんな時のお礼、感謝の手紙は、時期を逸せずに出すことが大切です。

その日のうちに書くのがベストですが、遅くとも三日以内には書くようにしたいものです。

「うまく書かなくては」と考えていると時間ばかりが過ぎてしまいます。簡潔でよいので、とにかく早くに感謝の気持ちを文字にしましょう。

就職先や人を紹介してもらった時など、結果がわかる場合にはその報告も忘れずに書き添えます。うまく行った時はもちろんのこと、おもわしくない結果に終わった場合にも必ず、力添えしてもらったことに対して礼状を書きます。

形式にのっとるが、主文は自分の言葉で

仕事上の関係者や目上の人には、頭語や時候の挨拶をきちんと述べ、形式にのっとった文面にするのが一般的です。しかし「決まり文句」で終始した文では真心や誠意が伝わりにくいもの。感謝の気持ちを述べる主文の部分だけは、自分自身の言葉で表現しましょう。

一方、親しい相手への礼状は形式にこだわらなくてよいでしょう。前文の挨拶も省いてもいいくらいです。他人行儀な表現はさけ、精一杯の謝意を表わしましょう。

ただし、難しい頼み事をした場合などの礼状は、きちんと形式にのっとって書くようにします。

point

お礼の手紙

①頭語／時候の挨拶
②相手の健康、安否を尋ねる
③主文・本題
a例えば、お祝いへのお礼、いただいた品のお礼、お中元・お歳暮のお礼、お世話になったお礼など
bお祝いの品や世話になったことについての感想。相手の厚意や恩恵がいかに嬉しく、役に立ったかを具体的に述べて感謝の気持ちを表わす
（c喜び事、祝い事への感想）
④結びの言葉
⑤結語

お祝いへのお礼

☆前文に続けて、お祝いをいただいたお礼を述べ、今後の抱負や決意を述べ、指導をお願いする言葉でまとめる。
☆お祝いの品をいただいた場合は、「結構な品をいただき」ではなく、なるべく具体的に述べる。
☆栄転の場合でも、具体的に「○○支店長に就任」「○○支社長として転任」などとは書かずに、「○○支店に転任」とするのがマナー。

CASE 1 主人の栄転を祝ってくれた主人の元上司へ

拝啓　春光うららかな日が続いておりますが、深江様には、ますますご清祥のこととお喜び申し上げます。

A このたびの後藤の○○支店への転任に際しましては、過分なご芳志をいただき、まことにありがとうございました。恐縮の極みでございます。

深江様には以前、後藤が直接にお世話になり、奥様やお子様たちとも親しくさせていただいて、私たち家族も本当に心強く思っておりました。ここ三年ばかりは部署も変わってお目にかかることも少なくなり、残念に思っておりましたが、○○支店へ転任となると、深江様や奥様とますます遠くなってしまいます。距離的には離れてしまいますが、どうか変わらぬお付き合いをくださいますよう、お願い申し上げます。

B 後藤本人も、これまで同様に、社業の発展に向けて誠心誠意努力していく所存でございます。

まずはとりあえず、御礼申し上げます。

敬具

P.46~93

言い換え集

A このたびの夫の営業企画部への転任に際しましては、心温まるお祝いの品をいただき、まことにありがとうございました。

A 温かいはなむけの言葉と、心のこもった記念品を頂戴し、感謝しております。

A お祝いの宴席を開いていただいた上に、過分な芳志を頂戴し、感謝に堪えません。

B 新任務は身に余る重責ではございますが、皆様のご期待にお応えできるよう、精一杯の努力をしていく所存でございます。

B 責任のある役職をいただいての転勤で、不安もありますが、前任者にできて自分にできないはずはないという気概で、懸命の努力をしていくつもりです。

B 皆様の期待に添えるよう、精一杯がんばりますので、今後とも見守ってください。

CASE 2 息子の中学進学を祝ってくれた仲人へ

☆高校進学、大学進学では「幸いにも現役で」「本人の志望校に」くらいの、控えめな言葉にとどめる。

★本人と家族の、進学をめぐる近況を伝えるのがベスト。

拝啓　穏やかな春らしい日が続いていますが、いかがお過ごしですか。

このたびは、息子俊一の中学校入学にあたりまして、お祝いをいただき、まことにありがとうございます。

いただきました図書券で、早速、英語の辞書を買い求め、本人も新しい勉強にやる気まんまんの様子をみせてくれます。なによりのお祝いと、お心遣いに感謝しております。

★中学校の制服もできてきて、着せてみますと、急に大人びて見え、少し驚きました。今後とも俊一の成長を見守ってくださるよう、お願い申し上げます。

なお、俊一本人からのお礼の手紙も同封させていただきます。

まずはお礼のみにて、失礼させていただきます。

敬具

P.46~93

CASE 3 母親の長寿を祝ってくれた友人へ

☆祝ってもらった本人の体調が思わしくなくても、相手を心配させるような近況は書かない。

★本人がどう感謝しているかを必ず述べる。

CARD

千晴さん、先日は、母の古希を私ども家族と一緒に祝っていただき、ありがとうございました。

久しぶりにあなたにお目にかかり、楽しいひとときを過ごすことができました。★心のこもったお手製のバッグには、母もたいへんな喜びようで、「米寿まで大切に使わせていただくわ」と申しております。

母が今日まで元気でやってこられたのも、皆様のお心遣いと励ましのおかげと感謝しております。

あなたもお身体に気をつけて、時々は元気な姿を見せに寄ってくださいね。

CASE 4

就職を祝ってくれた伯父へ

☆ふだんから気にかけてくれる目上の親戚には、形式にのっとりながら、自分の正直な気持ちを伝えるなどして、よそよそしくならないようにする。「拝啓」「敬具」「かしこ」はこのように省略してもよい。

★これからの指導を乞う一文を必ず入れる。

桜前線の便りが聞かれる今日この頃ですが、稔伯父さんにはお元気でお過ごしのご様子、お喜び申し上げます。

先日は過分な就職祝いをいただき、ありがとうございました。頂戴したお祝いをどのように使わせていただこうかと、あれこれ考えた結果、すぐに役立つ電子手帳を購入しました。お心遣い、深く感謝しております。両親からもくれぐれもよろしくとのことです。

四月から始まる社会人としての生活に、期待と不安で胸が高鳴ります。★人生の先輩として、今後ともご指導くださいますよう、お願いいたします。

恵子伯母さんにもよろしくお伝えください。

まずは取り急ぎ、心よりお礼申し上げます。

P.46~93

お祝いへのお礼でよく使われる言い回し

- 身に余るお心遣いをいただき、恐縮いたしております。
- かえって恐縮いたしております。
- 過分のご配慮をいただき、感謝しております。
- 日頃よりご交誼を賜り、ありがとうございます。またこのたびも、ご丁寧にお祝いをいただき、恐縮しております。
- いつもお心にかけていただき、本当に感謝しております。
- いろいろご心配いただきましたが、無事入学(卒業)でき、安堵しております。
- 念願を果たすことができ、ほっと、ひと安心しております。(合格、新築など)
- これからが本番と、心を新たにしております。
- 今後ともご交誼を賜りますよう、心よりお願い申し上げます。
- 何卒、変わりませぬご指導ご鞭撻のほど、お願いいたします。

CASE 5

娘の初節句を祝ってくれた夫の両親へ

☆両親への礼状はおろそかになりがちだが、きちんと送りたいもの。形式にのっとりつつ、孫の様子、家族の様子をいきいきと伝える。

★必ず、今度会える予定を入れる。お礼状と一緒にビデオテープや写真を同封するのが望ましい。

★主人からもよろしく、とのひと言を忘れないように。

☆「拝啓」「敬具」「かしこ」は省略してもよい。

CARD

お父様　お母様

このたびは、彰子の初節句にすばらしいお雛さまをお贈りいただき、ありがとうございました。

なにぶんにもマンションが手狭なので、お雛飾りには頭を痛めておりました。内裏さまお雛さま二人だけのお飾りで、こんな上品なものを飾れるなんて、彰子にはなによりでございます。私の目も楽しませてもらえて、私自身も本当にうれしくなりました。

おかげさまで比較的おとなしく、すくすくと成長しております。お節句のお祝いの時のビデオを同封しました。撮る私が笑ったりして、少し手ぶれして見にくいのですが、彰子の様子を見てやってください。★お盆にはそちらに帰らせていただきますので、どうぞ、楽しみになさってください。★純一さんからも、くれぐれもよろしくお伝えするようにとのことでございました。

春とはいえ、まだまだ朝夕は冷え込みます。何卒ご自愛くださいませ。

かしこ

P.46〜93

こんな礼状にはこの言葉

受賞のお祝いのお礼

- このたび思いがけない受賞に際しましては、過分なお言葉やお祝いを賜り、厚く御礼申し上げます。
- これまで苦労のかけ通しであった家族に、この賞を捧げたいと思います。
- 賞をいただいたといっても、これからがプロとしての真価が問われる時です。この受賞をきっかけにますます、気を引き締め、努力していく所存です。

長寿祝いへのお礼

- 私の喜寿に際し、お心のこもったお祝いの品をお贈りいただきありがとうございました。
- 皆様からの励ましのお言葉を支えに、これからはのんびりと余生を楽しみたいと思います。
- 私の還暦に際し、祝賀の宴を催していただき、まことにありがとうございました。

内祝い、内祝いの品物への添え状

「お返しとして」はタブー、添え状には近況報告も

内祝いは、結婚、出産、新築、受賞、開店、退院など、自分に関わる祝い事を記念して、祝ってくれた人に贈り物をすることです。最近では、礼状をかねて、内祝いの品(添え状をつける)を贈ることが多くなりました。

添え状には「お祝いいただいたお返しとして」という表現はしません。あくまでも内々の喜びの気持ちをおすそ分けする、というつもりで書きましょう。その後の近況報告も必ず書き添えます。

CASE 1

出産内祝いへの添え状

拝啓　ようやく夏も終わり、涼しい風が心地よい今日この頃です。皆様には、お健やかにお過ごしのことと、お喜び申し上げます。

さて、このたび、私どもの長男誕生に際しましては、早速お祝いをお届けくださいまして、まことにありがとうございました。

A おかげさまで、母子ともに元気でおります。長男には健康でたくましくとの願いをこめて「健太（けんた）」と命名いたしました。

B 初めての育児で戸惑うことも多いのですが、なんとか二人力を合わせて育児に励んでいこうと思っています。これからもご教示をよろしくお願いします。

なお、ささやかな内祝いの印をお届けいたしますので、ご笑納ください。

末筆ながら、皆様のますますのご健勝とご多幸をお祈り申し上げます。

敬具

P.46〜93

POINT 内祝いの添え状

①頭語／時候の挨拶
②相手の健康、安否を尋ねる
③主文・本題
a お祝いへのお礼
b 近況報告
④今後の交誼を願う
⑤内祝いの品に関して
⑥結びの言葉／結語

言い換え集

A 幸い母乳の出もよく、赤ちゃんは丸まる太ってきました。

A 待望の第一子なので、双方の両親もたいへん喜んでおります。

B 夫婦二人三脚で楽しく育児に邁進していこうと思っています。

B 不慣れな親ですので、今後ともよろしくご指導ください。

CASE 2 新築内祝いへの添え状

★いただいた品が、新居での新生活にどう活かされているかを具体的に述べる。
☆新居の自慢話などは絶対に書かない。
☆新しい環境がどうか、第一印象などを述べる。
★「お立ち寄りください」の言葉は、必ず入れる。
☆親しい人には「拝啓」「敬具」は不要。

拝啓　秋も深まってまいりましたが、皆様、お変わりなくお過ごしのことと存じます。

A さて、このたびの小宅の新築にあたりましては、すばらしい益子焼の花瓶をお贈りくださいまして、まことにありがとうございました。★早速和室に置き、大輪の菊の花を生けてみました。花瓶の重厚感、落ち着いた色合いは品があり、来客からいつもおほめの言葉をいただくほどです。ご丁寧なご配慮に深く感謝申し上げます。

B 新居での生活もようやく慣れ、落ち着いたところです。★ぜひ一度、ご家族の皆様でお遊びにいらしてください。

なお、気持ちばかりの内祝いを別便にてお送りいたしました。どうかご笑納くださいませ。

まずはお礼かたがたご挨拶まで。

敬具

P.46~93

言い換え集

A 引っ越しに際してはいろいろお心遣いをいただき、ありがとうございました。また、新居にすばらしい壁掛けをお贈りいただき、たいへん喜んでおります。

A このたびの拙宅の新築にあたりまして、過分なお心遣いをいただき、ありがとうございました。

A 引っ越しに際しましてはせっかくの休日にお手伝いをいただき、本当にありがとうございました。のみならず、置き時計をお贈りいただき、たいへん喜んでおります。

B 子どもたちも新しい学校に慣れ、ようやく新生活も軌道にのってきた感じがいたします。お近くにいらっしゃる際には、ぜひお立ち寄りくださいませ。

B ようやくお客様にも泊まっていただける家になりました。大したおもてなしもできませんが、ぜひ一度、いらしてください。

B リビングの窓から○○連峰がのぞめて、贅沢な借景です。ぜひこの景色を見にいらしてください。

CASE 3 開店内祝いの添え状

★応援や助言、励まし、あるいは具体的な援助をもらったなど、周囲の心遣いがあってのこと、とお礼を述べる。
☆これをスタートに、新たに努力していく旨を述べる。

CARD

拝啓　盛夏のみぎり、皆様にはいよいよご清栄のこととお喜び申し上げます。
さて、このたびの私どものコーヒーショップ「カフェテリア」オープンにつきましては、たくさんのご祝詞とお祝いの品をいただき、本当にありがとうございました。
★皆様の温かな心配り、応援のおかげで順調なスタートを切ることができました。スタッフ一同精一杯努力して、お店を盛り上げていく所存です。
今後ともご指導ご愛顧を賜りますよう、よろしくお願いいたします。

なお、心ばかりの内祝いをお送りいたしましたので、お納めください。

略儀ながら、書中にてお礼とお願いを申し上げます。

敬具

P.46〜93

CASE 4 出産祝いをしてくれた同僚へ添え状

☆初出産などで、手の離せない状況であることを知ってくれている親しい人には、ハガキでもOK。ただし、形式にとらわれず、いきいきとした表現で。

CARD

良子さま
先日は長女誕生のお祝いをいただき、ありがとうございました。子どもの表情が変わるのが楽しくて、毎日のようにシャッターを切っています。いただいたアルバムが大活躍です。

良子さんも来年にはママですね。先輩ママとして少しはアドバイスできるよう、がんばります。

なお、心ばかりの内祝いをお送りしました。ご笑納ください。

慣れない育児に追われてハガキでごめんなさい。

まずは御礼まで。

内祝いの添え状でよく使われる言い回し

- ささやかな内祝いの印（品、記念品）をお届けいたしますので、お納めください。
- 内祝いを同封させていただきます。
- 内祝いの品を別便にてお送りいたしました。
- 心ばかりの（気持ちばかりの、形ばかりの）品
- どうかお納め（ご笑納、ご受納）ください。
- 内祝いとして、○○をお送りいたしました。お使いいただけると嬉しいです（幸いです、幸甚です）。

お中元、お歳暮へのお礼

恒例の行事と考えず、感謝の気持ちを込めて

お中元とお歳暮の品がデパートから送られてくるのが一般的になってきた現代では、お礼状は「確かに拝受いたしました」という報告もかねています。

それだけに、受け取ってすぐに出すことが大切です。

通りいっぺんに「結構な品を」とお礼を言うのではなく、贈られた品物についての感想は、できるだけ具体的な表現で、素直な感謝の気持ちを伝えましょう。

親しい人や親戚へは、電話で感謝の声を聞いてもらった方がいいかもしれません。また、生鮮食料品やクール便で届く品物については、まず無事に届いたという電話を入れてから、二、三日以内に改めて礼状を出すのがいいでしょう。

CASE 1 目上の人へ・お歳暮のお礼

拝啓　年の瀬も押し詰まり、あわただしい毎日でございますが、ご家族ご一同様にはますますご清祥のこととお喜び申し上げます。

P.46〜93

A さて、このたびは結構なお品を頂戴し、まことにありがとうございました。いつもながらのお心遣いに恐縮いたしております。

B 早速、家族一同賞味させていただき、その本場の味に感激いたしました。おいしいものをいただいて幸せな気持ちでいっぱいになりました。本当にごちそうさまでした。

どうぞ、よいお年をお迎えくださいませ。

取り急ぎお礼申し上げます。

敬具

言い換え集

A このたびは私どもの大好物の御品をいただき、まことにありがとうございました。

A このたびはたいへんめずらしい御品をいただき、ありがとうございました。

B 早速、季節の味を堪能させていただきました。

B 家族揃って、おいしくいただきました。食卓が一層なごむ思いでございました。

B 主人も子どもも大喜びで、皆で舌鼓を打ちました。ごちそうさまでございました。

（品物別の言い回し↓P・130）

CASE 2 親しい間柄の人へお中元のお礼

連日暑い毎日ですが、お変わりありませんか。

本日、御地特産のそうめんが届きました。まことにありがとうございます。「夏はそうめんに限る」と、日頃から唱えている我が家としては、伝統ある御地の手延べそうめんの味に一同うなってしまいました。やはり格別の美味しさですね。

お心遣い感謝いたします。

とりあえず、書面にて御礼申し上げます。

P.46〜93

☆親しい相手なら、「今年の夏も遊びに来ませんか」とか「仕事の方はどうですか」「○○君の志望校は決まりましたか」「母もおかげさまでリハビリに励んでいます」など、近況を尋ねたり、報告したりする文章をひと言加えてもよい。

☆「○○デパートからそうめんが届きました」と、品物を送ってきた先を書いてもよい。

☆親しい人なので、「拝啓」「敬具」は不要。

CASE 3 夫の職場の部下へ・お中元のお礼

拝啓　秋風が恋しい季節ですが、村田様にはお変わりなくご活躍の由、なによりと存じます。

このたびは、お心尽くしのお中元の品をいただき、ありがとうございました。地ビールの詰め合わせ、毎晩楽しませていただいております。

いつも主人の方こそ、お世話になっておりますのに、このようにご配慮いただき、恐縮しております。暑さもいよいよ厳しくなりますので、どうかご自愛くださいませ。

敬具

P.46〜93

POINT お中元・お歳暮のお礼

①頭語／時候の挨拶
②相手の健康、安否を尋ねる
③主文・本題
a お中元（お歳暮）を受け取ったお礼
b 品物についての感想
④今後の交誼を願う
⑤結びの言葉／結語

品物別の言い回し→P.130

CASE 4

主人がお世話になっている人へ・お歳暮のお礼

☆品物をもらったことのお礼に終始するのではなく、送り主の心遣いへの感謝を具体的に述べる。
☆相手の健康を気遣うひと言も添えるとよい。

謹啓　いよいよ押し迫ってまいりましたが、ご健勝にお過ごしのことと存じます。平素は主人がなにかとお世話になり、厚くお礼申し上げます。

さて、本日は見事なカニを頂戴し、ありがとうございました。札幌は奥様のご郷里だそうですが、おかげさまでお正月には北国の味覚を堪能できます。子どもたちも大喜びしております。

奥様によろしくお伝えくださいませ。

年末ご多忙の折、くれぐれもご自愛の上、よいお年をお迎えくださいますようお祈り申し上げます。

まずはお礼のみにて失礼いたします。来年も、どうぞよろしくお願い申し上げます。

かしこ

P.46〜93
P.46〜93

CASE 5

親戚へ・お中元のお礼

今年は猛暑ですが、お元気とのことで安心しました。

本日は結構なお品を贈ってくださり、ありがとうございました。さくらんぼは子どもたちの大好物で、たいへんな喜びようです。冷蔵庫で冷やして大事にいただきます。

まだまだ暑い日が続きますので、ご自愛くださいね。

P.48〜93
P.46〜93

CASE 6

知り合いへ・お中元のお礼

☆親しい人には率直に感謝を伝えるために、このように、いきなりお礼の言葉から始めても効果的。

本日、お中元のご挨拶をいただきました。

みずみずしいマスカットのさわやかな甘さを楽しみながら、家族全員で美味しくいただきました。いつも、やさしいお心遣い、ありがとう存じます。○○様から絶好の涼風を運んでいただいたので、夏バテも忘れそうです。

これからの季節、お仕事もますます忙しいかと思います。くれぐれもお身体、ご自愛ください。

とりあえずお礼まで。

かしこ

P.46〜93

いろいろな贈答品へのお礼

CASE 1
銀婚式旅行のみやげをもらって

叔父様、叔母様　銀婚式おめでとうございます。先日まで、銀婚式記念のイタリア旅行をされていたそうですね。季節もよいし、さぞかし思い出深いよい旅になったことでしょうね。

本日、おみやげのティーカップと銀製のスプーンセットをいただきました。このカップで早速、美味しい紅茶をいただいています。叔父様たちのすばらしい二十五年にあやかって、私どもも夫婦仲良く暮らしたいものだと話しております。素敵なおみやげをありがとうございました。

子育ても一段落し、これからは夫婦のゆったりした時間が大切になりますね。ますますお元気で、豊かな人生を送られますようお祈りしています。

CASE 2
姪から初月給記念のプレゼントをもらって

CARD

あゆみちゃん、今日は香水をありがとう。あなたが初月給でこんな素敵なプレゼントをしてくださるなんて、思ってもみませんでした。うれしさで胸がいっぱいです。

ついこの間まで、制服でテニスラケットを抱えて通学していたあなたの姿が目に浮かぶようです。今はもう立派な社会人になったのですね。改めて感慨深く思います。

記念の品として、この香水は大事に使わせていただきます。そしてゴールデンウイークの休日には、おばさんにご馳走させてくださいね。会社の話などいろいろ聞かせてくださいね。楽しみにしています。

今日は本当にありがとう。

☆お礼の気持ちもさることながら、相手を気遣う気持ちを表現したい。
☆もらったいきさつに応じて、相手と自分にまつわる思い出話やこれからのことを述べるとよい。

品物別の言い回し→P.130

いただき物のお礼で、よく使われる言い回し

食品をいただいた場合
旬の味や好物のありがたさを表現する

●いただいたフルーツはビタミンも豊富で、夏場にはこのうえないものです。

●口いっぱいに広がる旬の味覚に舌鼓を打ちました。

●夏の暑さも忘れさせてくれるような涼味あふれる○○をいただき、早速賞味させていただきました。

●遠慮なく家族一同で堪能させていただきます。

●いただいた珍味で、夫婦で毎晩のように晩酌を楽しんでおります。

●新年のおせちに、ぜひ使わせていただきます。

●甘いものには目がない私どもには、なによりのプレゼントです。

●カキ鍋にして、家中でにぎやかにいただきました。

●○○は主人の大好物です。

●家族で争うようにして、いただいております。

●同居の父母のこともお考えいただだいて、滋養のあるものをお贈りいただき、恐縮しております。

●私の健康を考えて品選びをしてくださったとのこと、心から感謝いたしております。

地域の名産品やめずらしいものをいただいた場合
わざわざ気にかけて贈ってくれたことへの感謝を

●さすがに本場のものはひと味もふた味も違うと、驚いております。

●こちらではなかなか手に入らないめずらしい○○をお送りいただきまして感激しております。

●久々になつかしい郷里の味を楽しむことができました。

●わざわざ産地にご手配いただいたそうで、恐縮するばかりです。

●味にはうるさい主人も相好をくずして喜んでおります。

●当地で求めるものとは風味も鮮度も格段の違いですね。

シーツや洗剤などの消耗品をいただいた場合
ちょうど欲しかった、と礼を述べる

●いただいた羽毛ケットは、ちょうど新しいものが欲しいと、話していたところでした。

●盛夏に向かって、新しいシーツを早速使わせていただきます。

●健康が気になると言いながら、てんぷらやフライが大好物の我が家です。食用油のいただきものは、なによりです。

●毎日使うものなので、本当にありがたいです。

●主人に子ども二人、汚し屋揃いなので、洗剤は本当に助かります。

●かわいい刺繍のあるバスタオルは、長女が持ったら放さなくなりました。ちょうど新しいのをほしがっていたの

で、大助かりです。

おみやげをいただいた場合
忙しい旅先での手配にお礼を述べる

●思いがけないおみやげに歓声をあげました。

●お忙しいビジネス旅行にもかかわらず、数々のおみやげを頂戴しまして恐縮です。

●楽しい旅行の最中に、私どもにもお心遣いいただき、感謝しております。

●いくらスーツケースに入るとはいえ、重かったことでしょう。本当にありがとうございます。

●以前にお話しした、かの国の名産品のことを覚えていてくださったんですね。嬉しいです。

●今度お目にかかった時には、おみやげ話の方もぜひお聞かせください。

インテリアや小物、花などをいただいた場合
相手の趣味の良さを称賛する

●早速使わせていただきました。

●いっぺんに部屋が明るく華やかになりました。

●私の大好きな花を覚えていてくださったのですか。

●たいへん便利なグッズで、重宝しております。（アイデア商品など）

●来客にも必ず「センスがよいですね」とほめられております。

●洗練されたデザインがすばらしく、眺めて飽きることを知りません。

●花の香りがそこはかとなくただよい、部屋の空気までが華やぐように感じられます。

●インテリア雑誌で見たことのある品物で、たいへん感激しています。

現金や商品券をいただいた場合
「お祝い金を」と直接の表現はさける

●お祝いをいただきありがとうございました。以前から欲しかった○○を買わせていただきます。

●結構なものをいただき、ありがとうございました。これから、よく考えて使わせていただきます。

●過分なご芳志に、恐縮しております。長く使えるものを買わせていただきます。

丁重に今後お断りしたい場合
失礼にあたらないよう、きっぱりと

●いつもいただくばかりでお礼の申し上げようもありません。今後、このようなお心遣いはなさらぬよう願います。

●せっかくのご配慮いただきながら恐縮ですが、今後このようなお気遣いは一切なさらぬようにお願いいたします。

●当校の規則では、私的に贈り物をいただくことは禁止されております。失礼とは存じますが、ご返送申し上げることにいたします。何卒、事情をご賢察いただきまして、今後、お気遣いはなさらぬようお願い申し上げます。

●お中元をいただくのはまことに嬉しいのですが、あまり無理をなさらないでください。

●家内も私一人となり、いただきものをするのも心苦しくなっております。どうか、今後は、このようなお気遣いはなさいませんように。お気を悪くなさらないでくださいませ。

お世話になったお礼

★自分だけでなく、家族も喜んでいることを述べる。
☆これから力添えに応えるべく、努力していくことを述べるが、あまり生意気なことやオーバーな抱負は書かない。
★お伺いしてお礼申し上げる、その前段階の手紙、という書き方にする。

CASE 1

就職の紹介で世話になった人へ

P.46〜93

拝啓　落ち葉の舞い散る季節になりましたが、川上様におかれましてはご清栄にお過ごしのことと拝察いたします。

A さて、このたびは、私の就職のためにお骨折りいただき、まことにありがとうございました。先日、お電話でご報告申し上げましたが、おかげさまで○○保険の内勤部員として採用が決まりました。明日より出社せよとのことで、★家族ともども喜びでいっぱいです。

なにぶんにも厳しい採用状況のなかでの就職とあり、B ひとえに川上様のご尽力とご高配の賜と感謝申し上げます。

C 今後は、ご恩に報いるよう精一杯努力していく所存です。引き続きご指導ご助言のほど、よろしくお願いいたします。★なお両親も非常に喜んでおり、くれぐれもよろしくと申しております。

★近々改めてご挨拶に伺う所存でございますが、まずは書中にて心より御礼申し上げます。

敬具

言い換え集

A 先日はたいへん面倒なお願いをいたしまして、恐縮しております。おかげさまで第一志望の○○会社から内定通知をいただくことができました。

A かねてよりご心配をおかけしていましたが、希望どおりの○○関係に就職が決まりました。

B これもひとえに○○様のお力添え（お口添え、ご配慮、ご厚情、ご指導、お骨折り、ご奔走）の賜と、感謝申し上げます。

C ご期待に応えられるよう、一日も早く仕事を覚えて一人前になりたいと思います。

C ○○様のご信頼を裏切ることのないよう、仕事に精進してまいります。

C 憧れていた○○の職種につくことができ、夢のようです。

C 社会人として一生懸命職務に励みます。

厚意に感謝し、尽力の内容に感謝する

就職、転職、結婚、病院の紹介、人の紹介など、人生の転機で知り合いのお世話になることはよくあります。また、もてなしや接待、頼み事を引き受けてもらうなど、日常生活でもお礼を述べることはたくさんあります。

お世話になったお礼は、「あなたのおかげでうまくいった」「お力添えがなければ成就しなかった」と、尽力に感謝する気持ちと、好意を具体的に表現することが大切です。そして、せっかくの力添えを無駄にしないという心意気を表現することが不可欠です。

しかし、決まり文句を無理して使うと、不自然な印象を与えかねません。相手との関係を考慮して自分の年齢にふさわしい言葉を使うのが大事です。

また、就職の依頼などで結果がわかった場合には、とりあえず結果を電話で知らせ、改めてお礼状を送ります。たとえ結果が思わしくなくても、尽力いただいたお礼はきちんと述べ、期待に添えなかったことをおわびします。

★親しい間柄でも、形式を守って書くのがポイント。あくまでも自分に非があるということを伝える。
☆骨折りが無駄になったおわびを丁寧に書くこと。

★たとえ結果は思わしくなくても、力添えによって途中までは希望がかなった（人事部長に会えた、スムーズに話が進んだなど）ことを報告する。

CASE 2 不成立の時

永田先生　私の就職のことではたいへんお世話になり、ありがとうございました。
せっかくご推薦いただきましたが、☆私の実力不足のために不採用になりました。しかし、★あのような大会社の人事部長様に面接願えたのは、ひとえに先生のお力添えあってのことと感謝いたしております。先生にご迷惑をおかけすることとなり、本当に申し訳ございません。
このような結果になってしまいましたが、貴重な体験をさせていただいたと思います。心より感謝しております。
今後ともご指導くださいますよう、よろしくお願い申し上げます。

POINT お世話になったお礼

①頭語／時候の挨拶
②主文・本題
a お世話になったお礼
b 相手の厚意、支援へのお礼
c 自分の気持ち、今後の抱負
③今後の交誼を願う
④相手の健康、繁栄を祈る
⑤結びの言葉／結語

CARD

CASE 3

夫の同僚の妻へ・食事に招いてもらったお礼

拝啓　先日は久々にお二人にお目にかかれて楽しい時間を過ごすことができました。まことにありがとうございました。

奥様手作りのお料理での晩餐は、本当に美味しゅうございました。主人もいまだに「美味しかった」と繰り返しております。できますれば、今度、あの時のお料理のレシピを教えていただきたいと思います。

今度はぜひ我が家にもおいでください。改めてご連絡させていただきます。

とりあえず、お礼申し上げます。

かしこ

☆歓待を受けたら、できるだけ早くに出す。
☆何が嬉しかったのか、料理の何がどのように美味しかったか具体的に述べると喜ばれる。

CASE 4

子ども会の催しに協力してもらったお礼

夏本番を思わせる今日この頃ですが、お変わりなくお過ごしのことと存じます。

先日は若葉子ども会の夏祭りにご協力いただきまして、まことにありがとうございました。おかげさまで無事終了することができました。子どもたちはとても楽しかったと大喜びでございます。これもひとえに準備、当日の作業、後かたづけにご協力くださった皆様のおかげと厚く感謝申し上げます。

今後もなにかとご協力を仰ぐことが多いかと思いますが、どうかよろしくお願いいたします。改めて、ありがとうございました。

P.46〜93

☆タイミングを外さず、形式にのっとって丁寧にお礼を述べる。
☆今後につなげる言葉で結ぶとよい。

CASE 5

遠い親戚へ・旅先で世話になったお礼

☆相手の厚意や親切が、どれほど嬉しく役に立ったかを具体的に表現するとよい。
★無事に帰宅したことを伝える。

CARD

もう九月というのに、連日真夏並の暑さが続いていますが、皆様お変わりございませんでしょうか。

P.46〜93

先日は、旅行の途中に突然おじゃましたにもかかわらず、ご歓待してくださり、しかも二晩も泊めていただき、まことにありがとうございました。おかげさまで旅行は数倍も楽しいものになりました。★昨日、無事帰宅しました。ご親切感謝しております。

別便にて、ほんのお礼の印までに、少しですがお菓子をお送りいたしました。ご家族でお茶請けにでもおめしあがりください。

まずは、右御礼のご挨拶まで。

お世話になったお礼でよく使われる言い回し

●不首尾に終わった場合の報告

- せっかくお力添えをいただきましたのに私の力不足で、今回は不採用（不首尾、不調）に終わりました。
- あいにくスケジュールが折り合わず、今回はお引き受けいただけませんでしたが、次のチャンスをと考えております。
- ご紹介状がありましたため、快く会っていただけましたが、私の力が及ばず、不採用との通知をいただきました。
- 結果的には不首尾に終わりましたが、○○様のご紹介をいただきましたおかげで、先方には快く会っていただき、面接の場でも、なごやかにお話をさせていただくことができました。ありがとうございました。

●旅先、出張先などでお世話になったお礼

- 過日の御地でのご親切、身にしみてありがたく存じます。
- 御地を初めて訪れましたが、ご親切な案内のおかげで、たいへんスムーズに仕事を進めることができました。
- 家族の一員になったような温かなおもてなしに、感激いたしました。
- お忙しいところを、終日御地をご案内いただき、感謝いたしております。
- 御地の見どころ、酒どころをご案内いただいたおかげで、最高の旅になりました。今度は、こちらにお出かけください。

●歓待を受けたお礼

- 温かいおもてなしにすっかり長居してしまいました。
- 夜分遅くまでおじゃましました上に、お心尽くしのご馳走までいただいてありがとうございました。

●子どもが世話になったお礼

- おかげさまでこんな有意義な夏休みは初めてだと、たいへんな喜びようでございます。
- 御地での楽しい思い出を目を輝かせて話してくれます。

頼み事を引き受けてもらったお礼

感謝と恐縮の気持ちを精一杯表わす

身元保証人になってもらったり、借金の申し入れを承諾してもらったりした時には、感謝と恐縮の気持ちをこめて、お礼の手紙を出しましょう。

面倒な頼み事の場合、多くは引き受けてくれた相手にもリスクが伴うものです。その点を肝に銘じて便箋に向かいましょう。また、とくに借金の承諾のお礼などでは、前文や末文を省略してしまった方がよいでしょう。

ちょっとした頼み事や、お世話になったお礼は、最近は電話ですませることが多いようです。しかし、一筆、礼状を差し上げることで、感謝の気持ちがより一層伝わることがあります。

いずれも、時期を逸することなく、丁寧な文面でお礼申し上げましょう。

☆相手にとってはたいへん面倒なことを引き受けてもらうのだから、誠心誠意恐縮の気持ちをこめて書く。

★保証人には迷惑をかけない旨をきちんと伝えること。

CASE 1 身元保証人を引き受けてもらったお礼

拝啓　春とは名ばかりの寒い日が続きますが、叔父様にはますますお元気でご活躍のこととお喜び申し上げます。

P.46〜93

さて、このたびの私の就職につきまして、身元保証人という大役をお引き受けくださいまして、ありがとうございました。おかげさまで入社時の必要書類が整い、一安心しております。

入社後は叔父様に決してご迷惑をかけぬよう、誠心誠意仕事に精励する所存です。

なにぶんにも未熟者ですので、今後ともご指導のほど、よろしくお願い申し上げます。

後日、改めまして父とともにご挨拶にお伺いいたしますが、まずは書中にて御礼申し上げます。

敬具

CASE 2

借金を承知してもらったお礼

☆金銭の貸し借りは人間関係に悪影響を及ぼすことも少なくない。お礼は丁寧にし、借りた直後と返礼時の両方に礼状を書くとよい。

★返却の日時は明確に記し、きちんと守ることは言うまでもない。

☆前文や末文を省略して、ストレートにお礼の用件だけ述べる方が、気持ちが伝わりやすい。

先日は突然の借金の申し出に対して、快くご承諾いただき、援助してくださったこと、まことにありがたく、厚く御礼申し上げます。

おかげさまをもちまして、急場をしのぐことができました。家族一同安堵しております。

このご恩は一生忘れません。★先日お渡しした借用書のとおり、来月二十日より毎月きちんとご返済いたしますので、よろしくお願いします。決してご迷惑をおかけするようなことはいたしません。

右、取り急ぎ、御礼まで。

POINT 頼み事のお礼

①頭語／時候の挨拶
②相手の健康、安否を尋ねる
③主文・本題
a頼み事を引き受けてくれたお礼
b感謝の言葉、感想
c依頼事に関しての状況
④今後の交誼を願う
⑤相手の健康、繁栄を祈る言葉
⑥結びの言葉／結語
☆①②は省略することも多い。

言い換え集

A 厚かましい（勝手な、無理な、ぶしつけな、身勝手な、ご面倒な）お願い（依頼、お願い事、申し入れ、頼み事）

B ご快諾（お引き受け、お聞き届け、ご承引）いただき…

C おかげさまで、なんとか支払いを済ませる（乗り越える、解決する、危機を脱する、年を越す、入院費を支払う）ことができました。

D ひとえに○○様のご厚情（お心遣い、ご配慮、ご親切、ご厚志、ご尽力、お力添え、お取り計らい）のおかげでございます。

CASE 3 品物を返す時のお礼

☆大事なものを借りたということを認識し、感謝の気持ちをしっかり書く。
☆どのように役に立ったのか具体的に書くとよい。
★すぐに、あるいは近いうちに返却する予定を書く。

拝啓
残暑厳しい毎日が続いておりますが、林様にはご壮健にてお過ごしのことと存じます。

P.46~93

このたびは、大事なデジタルカメラをお貸しいただきまして、本当に助かりました。おかげで海外旅行のすばらしい思い出を残すことができました。

★近日中に、お電話を差し上げた上で、お返しにあがります。

まずは書中にて御礼まで。

敬具

CASE 4 PTAの役員を引き継いでもらったお礼

☆形式ばらずに自分の思いを率直にしたためるのがよい。
☆忙しいところを無理に引き受けてもらった場合などとくに、今後も協力を惜しまないことを述べる。

鈴木様

先日のPTA総会ではお疲れさまでした。突然のPTA役員指名という厚かましいお願いにもかかわらず、快くお引き受けくださいまして、感謝の気持ちでいっぱいです。おかげさまで、私も安心して任期を終え、鈴木様に引き継ぐことができました。

この節はいろいろな理由をつけて、役員を辞退する方も多いようです。しかし、私自身一年間つとめてみまして、たいへん貴重なよい経験をさせていただいたと考えています。おそらく鈴木様も同じように思われるのではないかと拝察いたします。

どうかこの一年間、よろしくお願いします。私でできることでしたら、なんでもお手伝いさせていただきますので、なんなりとお申し付けください。

お礼の気持ちを伝えたくて一筆したためました。

CASE 5

パソコンの使い方をアドバイスしてくれた知り合いへ

☆一度は会って、お互いに好印象を持ったような場合は、ある程度、くだけた文章のほうがかえって気持ちが伝わりやすい。

★頼み事の内容や、相手との感触によっては、これからもよろしくと、都合のよい時だけの付き合いではないことをアピールしてもよい。

吉浦様

先日は突然、面倒なことをお願いして、失礼いたしました。

おかげさまで無事に表作成もでき、なんとかPTAの方に報告書も提出することができました。それもこれも、吉浦さんが懇切丁寧にエクセルの使い方を教えてくださったおかげです。

パソコンを使っている、といっても、ふだんはインターネットとメール、文章作成や宛名の印刷くらいにしか使用しないので、エクセルで表を作るのは至難の業でした。敏子に吉浦さんを紹介してもらわなかったら、今頃はギブアップしていると思います。

お忙しい中を、わざわざご足労いただき、本当に恐縮しております。

あの時のお話では、お芝居がお好きとか。私も敏子と一緒に年に四、五回は劇場に足を運んでおります。★これをご縁に、お近づきになれたら、と思います。

本当にありがとうございました。

秋も深まってまいりました。お風邪など、ひかれませんように。

P.46〜93

頼み事のお礼でよく使われる言い回し

- 勝手なお願いをお聞き届けいただき、本当にありがとうございました。
- 突然の身勝手なお願い事ですのに、ご承諾いただき、感謝いたしております。
- ぶしつけな頼み事をお引き受けいただき、まことにお礼の申し上げようもございません。
- 厚かましいことをご依頼申し上げましたのに、ご承引いただき、恐縮いたしております。ありがとうございました。
- 早速にご承諾いただき…
- ご多忙のところをお引き受けいただき…
- ご多用中にたいへんお手数をおかけいたしますが…
- 面倒なお願いにもかかわらず、ご協力いただき…
- お忙しいのにお時間を割いていただき…

快気内祝い、お見舞いへのお礼

まず簡略にお礼状、落ち着いてから丁寧に

退院したらまず、お見舞いをくれた人に退院報告をかねて、ハガキや印刷した挨拶状で、簡略に礼状を出します。先方も、たいへんな時期とわかっているので、失礼にはあたりません。そのあと、体調が落ち着いてきたら、一人ひとりに丁寧なお礼状を差し上げるとよいでしょう。

災害見舞いの場合も同じように、罹災後一か月くらい経ったら、報告をかねて、ハガキや印刷した挨拶状で簡単な礼状を出します。

いずれの場合も、まず落ち着いた、ということを相手に知らせる意味合いが強いものです。

なお、災害見舞いのお返し（内祝い）は不要です。

CASE 1 病気見舞いの礼（快気内祝い）

拝啓　皆様にはますますご健勝のこととお喜び申し上げます。

★さて、私こと○月○日より××病院に入院しておりましたが、おかげさまで順調に回復し、△月△日に退院いたしました。

入院中は、温かいお心遣いをいただき、まことにありがとうございました。辛い時期を乗り越えられたのは、皆様の励ましのお言葉があったからこそと、厚く御礼申し上げます。

皆様から賜ったご厚情への感謝の気持ちをこめ、心ばかりの快気内祝いの品をお送りしました。ご笑納いただければ幸いです。

今後は無理な生活を改め、皆様にご心配をかけぬよう自らを戒めてまいりますので、変わらぬご厚誼のほどをお願い申し上げます。

まずはとりあえずご報告かたがた御礼まで。

敬具

P.46~93

★感謝の気持ちとともにその後の経過についても必ず触れること。
☆入院などで仕事を休んだりして迷惑をかけているのであれば、その旨もわびる。
☆今後の見通しは、健康に留意しながらがんばる、というニュアンスにする。

POINT お見舞いのお礼

①頭語／時候の挨拶
②相手の健康、安否を尋ねる
③主文・本題
a お見舞いへのお礼
b 退院の報告と現在の状況、今後の見通し、あるいは罹災後の状況と復興の見通しなど
c 現在の心境
d 内祝いについて（災害見舞いのお礼の場合は不要）
④結びの言葉／結語

CASE 2 台風水害見舞いへのお礼

☆経過報告や復興の見通しについて、ありのままを知らせるのがよい。
☆「平気です」「大丈夫です」と強がりすぎない。しかし悲嘆にくれている、落胆しているというのも心配をかけるので、現状を受け止めて、復興に努める、という前向きの文面にする。

早速のご丁寧なお見舞い、ありがとう存じます。まことにありがたく、心よりお礼申し上げます。

このたびの大型台風は、すさまじいもので、一時は家が吹き倒されるのではないかと思ったほどです。ご心配いただいた江戸川は、青年団の必死の作業で、どうにか氾濫を免れました。

いずれまたくわしくお手紙差し上げますが、家族全員、けがもなく元気でおりますので、どうぞご安心ください。

まずはお礼まで。

CASE 3 主人の両親へ地震見舞いのお礼

☆とにかく落ち着いたら無事を伝える。地震の場合は電話が不通になっていることもあるので、ぜひ手紙を書こう。
☆両親には心配させない範囲で現状をくわしく述べる。ただし悲惨な状況にあっても、前向きでいる、というニュアンスで。

お父様　お母様　このたびはご心配をおかけしました。励ましのお言葉とお見舞い金、嬉しかったです。

あのような大きな地震は体験したことがなかったので本当にびっくりしました。私などおろおろしてしまって、いちばんしっかりしていたのが次女の明代でした。幸い、日頃から防災グッズを揃えていたので、それがなにかと役に立ってくれました。お母様のお言葉に従っていてよかったと思います。

ご心配いただいた火災も起きず、だれもけがをしなかったのは不幸中の幸いでした。本当にありがとうございました。

落ち着きましたらそちらにおじゃまさせていただこうと思っています。それまでお元気で。

CASE 4

友人へ病気見舞いのお礼

房枝様
先日はご丁寧なお見舞いをいただき、ありがとうございました。思いがけず入院が長引いて、いろいろとご迷惑をおかけしていると思います。すみません。

手術をしたらすっきり治るのだと思っていたのですが、なかなかそうはいかないようで、これも三十年以上、身体を酷使してきたツケがまわってきたのかなあ、などと思っています。どうあがいてもまな板の上のコイなので、腰を据えて治療に専念しようと思っています。

病院なんてあんまり来たくないかもしれないけれど、また顔を見せてくださいね。外の話を聞かせてください。

では、またね。退院したら九州にも四国にも北海道にも行くぞ!

☆友人にはある程度、正直な心情を伝えてもよい。しかし、心配させるような事柄は極力書かないようにする。

よく使われる言い回し

●快気祝い

- このたびの入院中にはお心遣いをいただき、感謝いたしております。
- 思いがけない入院闘病で戸惑いましたが、皆様の温かい激励をいただき、無事、退院の日を迎えることができました。
- お見舞いの節は、家族にまでお気遣いいただき、恐縮しております。
- 予期せぬ大手術でしたが、経過は順調で、無事退院することができました。
- 退院したとはいえ、まだ本調子とは言いかねます。焦らずに気長に職場復帰を目指そうと思っております。
- 今さらながら、健康第一と身にしみた次第です。
- 改めて退院のご挨拶に伺いますが、本日は書状にて失礼いたします。

●災害見舞いへの礼状

- このたびの火災（類焼、台風被害、水害、地震による被害）に際しましては、早々にご丁重なるお見舞いをいただき、厚く御礼申し上げます。
- 頂戴しましたお見舞いは、ありがたく復興のために使わせていただきました。
- お心のこもったお見舞いに本当に力づけられました。
- 家族が全員無事に避難できましたことは、不幸中の幸いと考えております。
- しばらくは不自由な状態が続きましたが、現在は無事に復旧いたしましたので、ご安心ください。
- 皆様の温かい激励に、復興への気力がわいてきます。
- 幸い、○○保険に加入していましたので、損害はそう大したことにはならない見通しです。

手紙で使う敬語の基本

尊敬語（相手に敬意を表わす言葉）

三つの法則

(1)「お」「ご」を名詞の頭につける

お身体、おかげん、お悲しみ、お幸せ、ご家族、ご面倒、ご意見、ご了承、ご都合　など

(2)「お」を形容詞の頭につける

お美しい、お懐かしい、お優しい　など

(3) 動詞の尊敬形を使う

a お＋動詞＋「になる」、「くださる」

お会いになる、お食べになる、お読みになる、お受け取りくださる　など

b 動詞＋「れる」、「られる」

会われる、食べられる、読まれる、受け取られる　など

c そのほかの特別な尊敬形を使う

いらっしゃる、おっしゃる、めしあがる、ご覧になる　など

謙譲語（自分をへりくだる言葉）

二つの法則

(1) 謙譲を表わす言葉を名詞の頭につける

小生、拙宅、粗品、弊社、拝読　など

(2) 動詞の謙譲形を使う

a 動詞＋「いたす」、「申し上げる」

お尋ねいたします、お願い申し上げます、お祈り申し上げます　など

b そのほかの特別な謙譲形を使う

申す、参る、存ずる、伺う　など

丁寧語（相手を敬う気持ちで使う丁寧な言葉）

二つの法則

(1)「お」「ご」を名詞の頭につける

お手紙、お仕事、お電話、お祝い、お礼、ご報告、ご通知、ご挨拶　など

(2) です、ます、ございますを動詞につける

基本	尊敬語	謙譲語
会う	お会いになる、会われる	お目にかかる、お会いする、拝顔する
与える	お与えになる、くださる、賜う、賜わる	差し上げる、奉る
言う	おっしゃる、言われる	申し上げる、申す
行く	いらっしゃる、行かれる、おいでになる	参る、伺う、参上する、上がる
いる	いらっしゃる、おいでになる、おられる	おる
受け取る・もらう	お納めになる、お受け取りになる、ご入手される	いただく、賜わる、拝受する、入手する、受領する
送る	お送りになる、送られる、ご恵送いただく	お送りする、ご送付する、送らせていただく、拝送する
贈る	お贈りになる、お贈りくださる、ご恵贈くださる	お贈りする、贈らせていただく
思う	お思いになる、おぼしめす	存ずる、存じ上げる、拝察する
買う	お買いになる、買われる	買わせていただく、頂戴する
書く	お書きになる、書かれる	したためる、書かせていただく
考える	お考えになる、ご高察くださる、ご賢察くださる	考えておる、拝察する
聞く	お聞きになる、聞かれる	お聞きする、お伺いする、承る、拝聴する
着る	お召しになる、召される、着られる	着させていただく
来る	おいでになる、いらっしゃる、お越しになる、来られる、見える	参る、あがる
くれる	くださる、賜わる	差し上げる、奉る（「くれる」を「与える」と同意語とした場合）
知る	お知りになる、知られる	存じ上げる、存ずる、承る

する	される、なさる、あそばす	いたす、させていただく
尋ねる	お尋ねになる、尋ねられる	お尋ねする、お伺いする
食べる	めしあがる、あがる、お食べになる	いただく、頂戴する
見る	ご覧になる、見られる	拝見する、見せていただく
読む	お読みになる、読まれる	読ませていただく、拝読する

基本	尊敬表現（相手の方の物）	謙譲表現（自分の方の物）
家	お宅、貴宅、貴邸、貴家、尊宅	宅、拙宅、住まい、我が家
気持ち	お気持ち、お心、ご厚志、ご厚情、ご芳志、ご芳情	私意、微意
手紙	お手紙、お便り、おハガキ、ご書状、ご書面、ご書簡、ご芳書、貴信、貴書	手紙、ハガキ、書面、書状、書中 拙文、卑書、寸書、一筆
品物・贈り物	お心尽くしの品、結構な品、ご厚志、ご芳志、ご高配、佳品、美果（果物を指す）、美菓（菓子を指す）、美酒（お酒を指す）	心ばかりの品、気持ちばかりの品、ささやかな品、粗品、粗菓、粗酒、寸志（目下の人にあげる場合）
意見	お考え、貴意、ご意見、ご卓見、ご高見、ご高説、ご卓説、ご賢察	考え、私見、所見、見解、愚見、私意、卑見
名前	お名前、ご芳名、ご尊名	名前、氏名
居住地・場所	ご住所、御地、貴地、そちら	住所、当地、こちら
会社・店	貴社、御社、貴店、貴支店	小社、弊社、当社、我が社、小店、弊店、当店
学校	貴校、御校、貴学	当校、本校、本学、我が校

「贈る」贈り物に添える手紙

デパート直送でも送り状を出すのがマナー

人に物を贈ることはけっこうあるものです。毎年のお中元・お歳暮はもちろん、結婚祝い、就職祝い、快気祝い、お見舞い品、お礼の品、記念品、おみやげ…。お祝いやお見舞いの品の送り状はそれぞれの項目、「祝う」「見舞う」で述べることにして、ここでは、お中元・お歳暮、おみやげ、お礼の品、餞別の品、記念品の送り状について見てみましょう。

最近ではほとんどがデパートや産地から、直接先方に届けられるようになっています。しかし、本来は自分で先方のお宅に伺って手渡ししたもの。せめて、「先日、手配しましたので、もうすぐお手元に届くと思います」という主旨の手紙を送りましょう。

何の印の贈り物なのか、はっきりと述べることが大切

送り状には、何の目的で贈ったのかを書くようにします。とくに、お中元・お歳暮以外に物を贈る場合には、きちんとその理由を書きましょう。なにに対するお礼なのか、またはおみやげなのかわからないのでは、受け取った相手も戸惑います。

また、できれば○○デパートから×日中にお手元に、とくわしく書いて送る方が親切でしょう。

かつては「粗末な品」「つまらない物」「粗菓」などの表現をしましたが、最近ではあまり卑下した表現はしなくなりました。「心ばかりの品」「お好きだと伺ったので」「旅先でふと目にとまったので」などのさりげない表現にする方がよいでしょう。

point

贈り物に添える手紙

①頭語／時候の挨拶
②相手の健康、安否を尋ねる
③主文・本題
a無沙汰をわびる
b日頃の感謝の気持ちを述べる
c贈り物を送ったことを述べる。何の印なのかをはっきり名言する
d今後の交誼を願う
④結びの言葉／結語

☆cでは、いつ、どこから、何を、どのように送ったのかも書き添える。
☆①時候の挨拶もお中元、お歳暮では季節柄重要なので、省略しないこと。

お中元、お歳暮の添え状

品物より二、三日前に届くように送る

送り状を出す機会がいちばん多いのがお中元、お歳暮です。日頃からお世話になっている人に感謝の気持ちをこめて、七月と年末に贈ります。贈る相手は、仲人、恩師、職場の上司、両親や親戚など、自分から見て目上にあたる人々がほとんどです。

最近はデパートや産地などから「お中元」「お歳暮」とのしを付けて、直接先方に配送されるのが一般的です。しかし、送り主からひと言の挨拶もなく、いきなりそういった品物が送られてくるのは失礼なことです。

お中元、お歳暮は慣例の行事のようになりがちですが、こちらの感謝の気持ちを品物に託して差し上げるわけですから、どういう件でお世話になったとか、何のために贈るのかなどの趣旨をわかりやすく書きましょう。品物より二、三日前に挨拶状が届くようにするとベストです。

親しい人には堅苦しい表現はさけよう

ビジネス上の付き合いや目上の人に出す場合は、礼を尽くします。手紙の形式にのっとって書く定型的なスタイルは格調高く、まとめやすいものです。しかし、親しい間柄なら、形式にとらわれず温かさに満ちたメッセージを送りましょう。

POINT

お中元、お歳暮に添える手紙

①頭語／時候の挨拶
②相手の健康、安否を尋ねる
③主文・本題
a無沙汰をわびる
b日頃の感謝の気持ちを述べる
c感謝の気持ちとして物を贈る
d今後の交誼を願う
④結びの言葉／結語

CASE 1 あらたまった相手に

拝啓　暑さ（寒さ）が厳しくなってまいりましたが、皆様にはお元気でお過ごしのこととお喜び申し上げます。

平素はひとかたならぬご厚情を賜り、心より御礼申し上げます。

さて、本日は夏の（暮れの）ご挨拶のお印までに、ささやかな品をご送付申し上げましたので、お納めくだされば幸いに存じます。

ますます暑さ（寒さ）がつのりますので、お身体をおいといください。

敬具

P.46～93
P.46～93

☆挨拶文は品物に添えるのが実際的だが、品物が相手に届く前に着くように、このようにシンプルなハガキを出しておくのもよい方法だ。

CASE 2 仲人へ・お歳暮を贈る

☆日頃お世話になっていることへの感謝の気持ちを礼儀正しくまとめる。お中元、お歳暮などの送り状はきちんと挨拶を述べること自体に意味がある。
☆喜んでもらえるような近況報告も併せてするとよい。

拝啓　木枯らしの季節となりましたが、川田様にはますますご清栄のこととお喜び申し上げます。

今春には川田様ご夫婦のご媒酌によりすばらしい結婚式を挙げることができました。おかげさまで新家庭を築くことができ、夫婦ともども幸せで充実した毎日を過ごしております。まことにありがとうございました。

先日もお知らせいたしましたが、来春には家族が増える予定です。五月初旬が出産予定です。このような喜びに浸れるのも川田様ご夫婦のおかげと心から感謝しております。

つきましては、お礼の印にささやかなお歳暮の品をお送りいたしました。お納めいただければ幸いです。

未熟な私どもですので、今後ともご指導ご支援のほど、心からお願い申し上げます。

敬具

P.46〜93

CASE 3 友人に・お歳暮を贈る

☆親しい相手には親しみをこめた文面でよいが、日頃の感謝の気持ちはきちんと伝えること。

めぐみさん　いつもクラブのことではお世話になっています。ありがとうございます。

また今年も、恒例のめんたいこを、別便で送らせていただきました。めしあがっていただけると嬉しいです。

お言葉に甘えてばかりですが、これからもよろしくお願い申し上げます。

まずはお歳暮のお知らせまで。

多佳子

CASE 4 夫の両親へ・お中元を贈る

☆お中元を贈る時期は、七月上旬から半ば頃までが適当。それを過ぎたら「暑中見舞い」とする。なお、お歳暮は十二月上旬から年内に贈る。それを過ぎると「寒中見舞い」「お年賀」となるので注意しよう。
★品物に関しては、調理法、保存法、食べ方などを書き添えよう。

CARD

厳しい暑さが続いていますが、お父様お母様、お変わりございませんか。

P.46〜93

いつもなにかにつけて心配をおかけして申し訳ありません。主人の夏風邪もすっかり回復し、家族一同元気に暮らしていますので、ご安心ください。

日頃のお礼の印までに、こちら愛媛のオレンジジュースを贈ります。★三倍に薄めて飲んでください。ビタミンCたっぷりで甘さもほどよい加減です。お口に合えばよいのですが。

これからが夏本番、お身体には十分気をつけてお過ごしください。

P.46〜93

お中元のご挨拶まで。

草々

お中元、お歳暮の添え状によく使われる言い回し

●贈る品物に関して

- お中元（お歳暮）というほどのものではありませんが、○○をお送りいたします。お口汚し程度ですがご賞味ください。
- 形ばかりの（気持ちばかりの、ささやかな、心ばかりの）お中元（お歳暮）のご挨拶までに…
- ○○がお好きと伺いました。
- 幸い、旬の○○が手に入りましたので…
- めずらしくもありませんが、当地特産の○○を…
- お正月の祝い膳にお加えいただければ幸いに存じまして…

●そのほか

- お休みの○月○日に届くよう、手配させていただきました。
- ○月○日の日曜日に配達を指定いたしました。
- 本日○○デパートよりお送りさせていただきました。
- 別便にてお送りしました。
- ご受納いただければ幸甚でございます。
- 職場の皆様でご笑味ください。

お礼の印、おみやげの添え状

CASE 1 父親の入院先を紹介してもらったお礼に品物を贈る

☆まずはお世話になったお礼をきちんと述べること。

☆お礼のあと、贈る理由がわかるように、さりげなく書き添えるとよい。相手の精神的な負担にならないようにする気遣いが大事だ。

拝啓　日ごとに秋も深まってまいりましたが、お元気でご活躍のことと存じます。

先日はお電話で、あわただしくお礼を申し上げただけで失礼をいたしました。水戸様のご紹介で先週末、父は◯◯病院に入院することができました。家からもそう遠くなく、また専門医の方々も何人もいらっしゃる病院で、父も私ども家族も安堵しております。水戸様に改めて感謝申し上げます。

心ばかりのお礼といたしまして、当地の桃を少々、別便にてお送りいたしました。ちょうど今が旬でございますので、ご賞味くだされば幸いです。

まずは取り急ぎ、御礼とご連絡まで。

敬具

P.46〜93

CASE 2 あらたまった相手に・旅先から贈り物をする

拝啓　晩秋の候、皆様にはご健勝のこととお喜び申し上げます。

雪の降る前にと、山形を旅しております。何年かぶりのゆっくりしたスケジュールで、身も心もリフレッシュしております。こちらで旬のラ・フランスを見かけました。ご好物と伺っておりますので、少しですが送らせていただきました。どうかご家族の皆様でおめしあがりください。

向寒の折、体調などくずされませぬよう。

かしこ

P.46〜93

P.46〜93

☆あらたまった相手には、「名産品」という言葉は品物に対するほめ言葉、自分が送る品物に対しては使わない。

☆旅先からの贈り物は受け取る方にしたら嬉しいもの。しかし、負担に感じさせないよう、さりげない文面にする。

CASE 3 友人に・到来物をおすそ分け

☆おすそ分けという言葉は上から下へ分けてやるという印象があるので、贈る側は使わないこと。受け取る側が使うのはかまわない。

☆この場合は自分で品物を梱包して送るので、品物に添える添え状となる。

CARD

晴子さん　お元気ですか。もう来月は師走ね。頭の痛いことです。

P.46〜93

北海道の親戚から、今年もししゃもをたくさん送ってきました。うちは家内が三人なのでとても食べ切れません。少し、助けていただけるかしら。お福分けします。クール便だから、新鮮なまま届くわよね。

クリスマスには今年もコンサート、ご一緒しましょう。じゃあその時まで風邪なんかひかないで。

P.46〜93

お礼の印、おみやげの添え状でよく使われる言い回し

- 旅先でめずらしいものを見つけましたので、ぜひお目にかけたくお送りいたします。
- 本場の味覚を味わっていただきたくお送りいたします。
- お口汚しとは存じますが、ご笑納ください。
- 当地名産の海の香りをお届けします。
- 軽くゆがいて、ポン酢でおめしあがりください。
- いただきもので失礼ではございますが。
- あなたに似合いそうな◯◯を見つけたので送ります。
- あなたの好物を見かけたので、送ります。
- お好みに合ったものをお選びいただければ幸いです。（カタログギフトなどを贈った時）
- 代わり映えもしませんが、今年も◯◯を送ります。
- これが有名な◯◯だそうです。ご賞味あれ。

餞別、記念品の添え状

CASE 1

栄転する上司に・土地の名産を贈る

★名産品や地域ゆかりのものを贈る時は、ちょっとした解説を加えるとよい。
☆餞別の品の添え状は、あまりセンチメンタルにならないように、これからの活躍を祈る気持ちを述べる。

池谷課長、八戸へ出発する日がいよいよ近づいてきましたね。課長の日頃の実績が認められてのご栄転ですから、業務推進課一同としてもこんな嬉しいことはありません。

今回は単身赴任とのことですが、人一倍パワフルな池谷課長のことですから、きっと八戸でも大きな実績をあげられることと信じております。でも、お身体だけは大事にしてください。

課長の新天地でのご活躍をお祈りして、★西陣織のネクタイをお贈りします。たまには私たちのいる京都支店のことも思い出してください。

どうかお元気で、がんばってきてください。

CASE 2

先生に・受賞の記念品を贈る

☆親しい先生なら、あまり形式を考えずに率直に気持ちを伝える。
★受賞などの場合、お祝いの品とするか、記念品とするか、ケースによって分かれる。あまり重くしたくない場合は、記念の品とする。

CARD

大谷先生
県知事奨励賞受賞、おめでとうございます。先生の実力を考えれば、今回の受賞は遅きに失したくらいだと存じます。

門下生一同で、★受賞の記念に何かと考え、次の作品に使っていただけるように、筆をお贈りすることにしました。お納めください。

これからも不肖の弟子たちですが、よろしくご指導ください。

一同、先生のさらなる飛躍をお祈りしております。

CASE 3
父の日に、主人の父に・プレゼントを贈る

お父様
そろそろ梅雨めいて、蒸し暑い日が続きますが、お元気ですか。私たちは二人とも、元気で過ごしております。
六月○日は父の日ですね。★昌之さんともいろいろ相談して、麻のセーターを選びました。昌之さんからお父様はブルーがお好みだと伺ったので、この色にしました。気に入っていただけると嬉しいのですが。
お盆休みにはそちらに伺えると思います。その時までお身体を大切に。お母様にもくれぐれもよろしくお伝えくださいね。

P.46～93

P.46～93

☆両親には節目ふしめに手紙を送りたいもの。プレゼントの送り状には、次に会えるのはいつ、などという情報も添えると喜ばれる。

★必ず、主人と二人で相談した、二人で選んだ、主人からもよろしく、などというフレーズを入れること。

餞別、記念品の添え状でよく使われる言い回し

- ささやかな（心ばかりの、気持ちばかりの）記念品を（プレゼントを）ご自宅宛てにお送り申し上げました。
- お餞別というほどではありませんが、ほんの気持ちばかり同封しましたので、何かお好きなものをお求めください。
- 今後のご活躍を祈願して、貴兄のお好きな○○をお送りします。
- ○○の記念にささやかな品をお送りします。
- このたびは歌集の自費出版、おめでとうございます。ご上梓の記念に、心ばかりの品を送らせていただきます。
- 私たちを覚えていてもらうために、色紙と記念品をお贈りします。
- 母の日のプレゼントに、歌舞伎のチケットをお送りします。留守番はお任せください。
- 父の日のプレゼントに、お煎餅を送ります。塩分ひかえめのものを探しました。食べ過ぎには注意してね。

「報《しら》せる」通知、報告の手紙

時期を逃さず正確に伝えよう

結婚、転居、転勤、退職、開業など、身辺に起こったできごとを友人、知人に伝えるのが「通知」や「挨拶状」です。

状況にもよりますが、知らせたい内容が生じたら一般に一か月以内に知らせるのが礼儀です。ただ、転居や住所変更を十一月以降に知らせたい場合には、年賀状とかねても失礼にはあたらないでしょう。

また情報伝達がメインになる手紙ですから、情報の正確さを期すのは当然です。誤報は迷惑のもと。数字や固有名詞にはとくに注意しましょう。通知の手紙だということをわかりやすくするために、文頭に「転居のお知らせ」「住所変更のお知らせ」「引っ越しました」などのタイトルをつけて出す場合もあります。

住所変更の通知では旧住所を併記する場合もありますが、まぎらわしいので、変更後の住所を書くだけにします。

感情の起伏は抑えるのが無難

異動、新居を建てた、転職、退職など、人生の大きなターニングポイントになるできごとも、事実のみを淡々と述べるようにします。とくにあらたまった手紙では、喜怒哀楽いずれにせよ、主文では感情の起伏は抑えた方がいいでしょう。

また、最近は文面を印刷してすますことも多いかと思います。サンプルを利用するのは手っ取り早く便利ですが、ひと言自筆でメッセージを書き添えるようにしたいものです。とくにあらたまった相手でなければ、心情を簡単に書き添えてもよいでしょう。

☆結婚通知→P・247
葬儀の通知→P・256
仕事上の関係者への退職通知→P・283
仕事上の関係者への転任・異動通知→P・282

point

通知、報告の手紙

①タイトルあるいは頭語
②時候の挨拶
③主文・本題
a報告する内容
bそれぞれの場合に合わせた事柄（お世話になったお礼、来訪を願う、など）
c今後の抱負など（転居、住所変更には不要）
d今後の交誼を願う
④結びの言葉／結語
☆転居、住所変更、転勤などの場合は④の後に新住所などを入れる。

転居、住所変更の通知

CASE 1

あらたまった相手に・転居通知

☆簡潔な内容にして印刷する場合も多い。印刷した場合は、家族の名前の後にひと言、これまでお世話になった礼や、これからもよろしく、といった内容の言葉を添える。

★日付は「○月吉日」とするのが一般的。
☆「○○支店へ異動により」「子どもの成長に合わせて」「両親と同居のため」など、転居の理由を簡単に書いてもよい。

転居のお知らせ

晩秋の候、皆様にはご健勝のこととお喜び申し上げます。

このたび、福岡市より左記に転居いたしました。こちら方面にお越しの節はぜひお立ち寄りください。

末筆ながら皆様のご健康をお祈り申し上げます。

十一月吉日

新住所　〒***-****
○○県○○市○○町1-2-3
tel △△△(△△)△△△△

山連　秀夫
　　　幸子
　　　さおり

P.46〜93

POINT

転居通知

①タイトル
②時候の挨拶
③転居の報告
④来訪を願う言葉
⑤日付
⑥転居先の郵便番号・住所・電話番号など
⑦家族全員の名前
☆①のタイトルはなくてもよい。
☆③の転居の報告に、転居の理由を入れてもよい。

CASE 2 年賀状で転居を知らせる

☆年賀状とかねての通知は、十一月以降に転居した場合にする。

謹賀新年
昨年中はいろいろとお世話になりました
本年もよろしくお願い申し上げます
皆様のご健勝とご多幸をお祈りいたします

令和○年元旦

なお、昨秋、住み慣れた××市を離れ、左記へ転居しましたので、遅ればせながらお知らせ申し上げます。
これまでのご厚誼ご厚情に深謝するとともに今後も変わらぬご芳情をお願い申し上げます。
お近くにお越しの節はぜひお立ち寄りください。

岩下 有造
美智子

新住所 〒***-**** ○○県○○市○○町1-2-3
tel △△△(△△)△△△△

CASE 3 住居表示が変わる

☆この場合も、十一月以降なら、年賀状とかねてよい。
☆大きな市の合併などはニュースになることもあるが、とくに遠方に住んでいる人には関係のないことなので、知っているだろうと考えずに必ず通知する。

拝啓 秋も深まってまいりましたが、皆様にはご健勝のことと存じます。
さて、このたび当○○市が合併により、新たに○×市と市制施行し、住居表示が左記の通り変更になりました。お手数ながら、お手元の住所録をご訂正くださいますようお願い申し上げます。

敬具

伊東 須美

新住所 〒***-**** △×県○×市○○町1-2-3

P.46~93

よく使われる言い回し

- 貴地ではお世話になりました。ありがとうございました。
- ○○沿線に小さな家を構えまして…
- ようやくのマイホームです。どうぞいらしてください。
- 通勤の便を考えまして…
- 転勤もこれが最後になればいいのですが…。
- ぜひ一度お出かけくださいませ。駅から電話をくだされば、お迎えにあがります。
- このたび、当○×町が△△市に昇格することになりまして…
- お手数をおかけして恐縮ですが、お手元の住所録をご訂正のほど、お願い申し上げます。

転勤、転職、退職、開業などの挨拶

CASE 1 仕事上は関係のない人に・退職通知

☆退職にはさまざまな事情があるが、円満退職であるということを強調する。病気による退職、引責辞任、リストラによる早期退職などは相手も心配するので、「一身上の都合により」とするのが常識だ。

☆仕事上の付き合いのある人宛て→P.283

拝啓

初夏の風がここちよい季節となりました。

P.46〜93

私事で恐縮ですが、六月十日をもちまして○○銀行を退職いたしました。在行十年はあっという間に感じられますが、皆様にはこのうえなくお世話になりました。無事仕事をしてこられましたのも皆様のご指導のおかげと深く感謝しております。

今後は病弱の母を支えながら、家事に専念するつもりです。変わらぬご厚誼をいただければ幸いです。

末筆ながら皆様のご活躍をお祈り申し上げます。

敬具

POINT 転勤・転職・退職通知

①頭語／時候の挨拶
②主文・本題
a転勤、転職、退職を知らせる
bお世話になったお礼
c今後の抱負や予定など
③結びの言葉／結語

●就職を世話してくれた人への退職の報告

●入社時にいろいろとお世話になっておきながら、思うところあって退職を決意いたしました。勝手な決断をお許しください。

●家の都合で(大学に戻りたくて)退職することになりました。入社時にはお骨折りいただきましたのに、申し訳ございません。

●せっかく○○様にご尽力いただいて入社できましたのに、このたび一身上の都合により退職いたしました。在社中の六年間は実り多い毎日でした。何卒身勝手をお許しください。

CASE 2

仕事上は関係のない人に・転勤の通知

☆印刷による儀礼的な文面が一般的。転勤先や仕事の内容を簡潔にまとめ、今後の抱負を書く。自筆のコメントを一筆入れて温かみを添えるとよい。
☆暑中見舞いや寒中見舞いなどの季節の挨拶をかねて送ることも多い。
☆仕事上の付き合いのある人宛て↓P・282

拝啓　皆様方にはますますご清祥のこととお喜び申し上げます。

このたび、大阪本店営業部勤務を命じられ過日転勤いたしました。名古屋支店在勤中は公私ともにひとかたならぬご高配指導にあずかり厚くお礼申し上げます。

今後とも相変わりませずご指導とご厚誼を賜りますようお願い申し上げます。

令和○年五月

深津　美沙

新住所　〒＊＊＊-＊＊＊＊　○○県○○市○○町1-2-3

tel△△△（△△）△△△△

P.46~93

CASE 3

一般的な転職の知らせ

☆これまでの厚誼、世話に感謝し、「これからも、今まで同様よろしく」という表現を忘れずに盛り込む。
☆円満退社を感じさせる文面にする。

拝啓　残暑の候ますますご清栄のこととお喜び申し上げます。

さて私、このたび株式会社西川エージェンシーを退職し、角田デザイン事務所に勤務致すことになりました。株式会社西川エージェンシー在勤中は、ひとかたならぬご芳情を賜り、まことにありがとうございました。心よりお礼申し上げます。

何卒今後ともご指導賜りますようお願い申し上げます。

まずは略儀ながら書中にてお礼かたがたご挨拶申し上げます。

敬具

P.46~93

CASE 4

一般的な独立開業の知らせ

☆これまでお世話になったことを述べ、独立後の様子（開業の目的、業種、日時、場所など）に続けて、新たな抱負を書き、今後の交誼を願う言葉で結ぶ。親会社や支援者がいる場合はその旨も触れておくとよい。

☆簡単な地図を書き添えると親切。

拝啓　寒冷の候　ますますご健勝のこととお喜び申し上げます。

さて、このたび私は、かねてより念願しておりましたラーメン専門店「みちのく」を一月五日午前十一時より、左記に開店させていただく運びとなりましたので、ここにご案内させていただきます。これも皆々様の温かいご支援の賜物と深く感謝いたしております。

ご指導いただきました「もりおか」ののれんをご厚意で分けていただくことができました。その名に恥じぬよう、精一杯の努力をいたす所存でございます。

今後とも格別のお引き立てを賜りますよう、お願い申し上げます。

取り急ぎご挨拶まで。

敬具

住所　〒***-****　○○県○○市○○町1-2-3

tel△△△（△△）△△△△

ラーメン専門店「みちのく」

田畑　ひづる

（地図）

P.46〜93

転勤、転職、退職、開業などの挨拶でよく使われる言い回し

- このたびの定例人事異動で○○支店に転任となりました。
- このたび私は家業を受け継ぐことと相成り、○○株式会社を九月末日をもちまして、退職いたしました。
- このたび、出産・育児のために退社することになりました。
- このたび結婚退職することになりました。
- 思うところあり、前職を辞め…
- いずれ新たなスタートを切るべく、しばらくは充電期間にしたいと思っております。
- 心機一転努力邁進するつもりで…
- 決意も新たに最善の努力を尽くす所存です。
- このたび、自宅の一部を改造しまして、喫茶店○○を開きました。
- お近くにおいでの際はぜひ私どもの店にお立ち寄りくださいますよう、お願い申し上げます。

手紙での人の呼び方

基本	尊敬表現（相手の方の呼び方）	謙譲表現（自分の方の呼び方）
相手・自分	あなた、あなた様、〇〇様、〇〇さん、［男性に］貴兄、貴殿、大兄、貴君［女性に］貴女	私、私ども、当方、［男性］小生、自分、僕
家族	ご家族、ご家族様、ご一同様、ご一家、皆様、ご家族の皆様	私ども、家族、家族一同、家中、家内一同
夫	ご主人様、〇〇様（姓）、だんな様、ご夫君	夫、主人、宅、〇〇（姓）
妻	奥様、奥方（様）、ご令室様、令夫人（様）	妻、家内、女房、愚妻
子ども	お子様（がた）、お子さん	子ども（たち）
息子	ご子息（様）、ご令息（様）、ご愛息（様）、〇〇（名前）様（さん、ちゃん）、ご長男（ご次男）様	息子、長男（次男）、〇〇（名前）、せがれ
娘	お嬢様、ご令嬢（様）、ご息女（様）、〇〇（名前）様（さん、ちゃん）	娘、長女（次女）、〇〇（名前）
父親	お父様、お父上（様）、ご父君、ご尊父様	父、老父、亡父（亡くなっている場合）、［男性］おやじ
母親	お母様、お母上（様）、お母君、ご母堂（様）	母、老母、亡母（亡くなっている場合）
夫の父親	お父様、お父上（様）、お舅様、ご令舅様、ご尊父様	父、舅、義父、主人の父、〇〇（姓）の父
妻の父親	お父様、お父上（様）、ご外父様、ご岳父様	父、外父、岳父、義父、妻の父、〇〇（名前）の父

夫の母親	お母様、お母上(様)、お姑様、ご令姑	母、姑、義母、主人の母、○○(名前)の母
妻の母親	お母様、お母上(様)、ご外母様、ご岳母様	母、外母、岳母、義母、妻の母、○○(名前)の母
両親	ご両親様、お父様お母様、お二方様、ご両所様	父母、両親、老父母、二親
祖父・祖母	おじい様、お祖父様、祖父君、おばあ様、お祖母様、祖母君	祖父、祖母
兄	お兄様、お兄上(様)、兄君、ご令兄(様)、ご尊兄(様)	兄、長兄(次兄)
姉	お姉様、お姉上(様)、姉君、ご令姉(様)、ご尊姉(様)	姉、長姉(次姉)
弟	弟さん、弟様、弟君、ご令弟(様)	弟
妹	妹さん、妹様、妹君、ご令妹(様)	妹
おじ (父母の兄なら伯父、父母の弟なら叔父)	おじ様、おじ上(様)、○○(名前)おじ様(おじさん)	おじ
おば (父母の姉なら伯母、父母の妹なら叔母)	おば様、おば上(様)、○○(名前)おば様(おばさん)	おば
甥	甥御様、ご令甥(様)、○○(名前)様	甥
姪	姪御様、ご令姪(様)、○○(名前)様	姪
親族	ご親族(様)、ご一族(様)、ご一統(様)	親族、親類、一同、一統
友人	お友だち、ご友人、ご朋友、ご学友	友人、友だち、学友、旧友
上司	ご上司、ご上役、貴社長(部長、課長、主任)	上司、社長(部長、課長、主任)

「誘う」招待や案内の手紙

「別記」の形でまとめて、必要事項を正確に伝える

同窓会、忘年会、発表会、結婚披露宴、パーティーなどの開催を知らせ、参加を促したり、招待するのが招待状や案内状です。

「招待」は基本的に会費のいらないもので、参加をお願いする意味合いがあります。「案内」は会費負担の場合もあり、情報を伝達する意味合いの強いものです。

いずれにせよ内容を正確に知らせることが大切で、会の目的、日時、会場の住所、連絡先、会費、地図などはわかりやすく明記します。わかりやすくするために、一般的には「記《き》書《が》き」を用います。また、必要に応じて、服装に関してや駐車場の有無なども書き添えると親切です。

招待や案内の手紙は、相手がスケジュールの調整をしやすいように、早めに出すのがエチケットです。一般的には一か月前、遅くとも二週間前には先方に着くようにします。

「楽しいことがありそう」と参加したくなるような工夫を

勧誘や案内の手紙では、忙しい中、会場まで足を運んでもらうために、著名人が出席する、懐かしい人が参加する、ゲームや抽選会などのイベントがあるなど、楽しげな様子を強調して伝える工夫が必要です。催しの魅力を前面に出してアピールしましょう。

ただし文面では参加を強要せず、「ご都合がつきましたらぜひ」というさりげない誘い方が上品です。

一方、招待状の方は、情報の伝達以上に「ぜひご出席いただきたいのです」という気持ちを表わすことが大切です。結婚披露宴、新築祝い、長寿の祝いなど、来てもらった人にも一緒に祝ってもらうわけですから、イベントの内容や工夫によって参加する気にさせるのとは異なります。相手との人間関係を大事にして、丁寧に出席をお願いしましょう。

出欠を把握したい時は往復ハガキを使う

会場の予約や記念品など、準備のために参加人数を把握する必要がある時は、出欠を返信してもらいます。「恐れ入りますが○月○日までにお送りください」と締め切りを明記し、返信用のハガキを同封するか、往復ハガキを用います。裏面にはご出席、ご欠席、ご住所、ご芳名欄を作っておきます。

☆ポイントは、それぞれの項目を参照。

祝い事への招待

CASE 1

母親の米寿を祝う会への招待

☆少人数のプライベートな集まりなら、普通の手紙の形式で十分。この場合の記書きは本来の形式張ったものではなく、楽しんでいる感じのもの。

☆電話ですませることも可能だが、文書で知らせることは優雅でよいものだ。身内ならハガキでよいが、礼を尽くしたものにする場合は封書にしたためる方がよい。

CARD

拝啓　盛夏の候いよいよご清祥の段、お喜び申し上げます。

さて母佳子こと、おかげさまで本年米寿に達します。ついては心ばかりの祝宴を張り、皆様の永年のご懇情に感謝の意を表わしたく存じます。

きたる九月一日午後十二時より予定しておりますので、遠路のところはなはだ恐縮ではございますが、何卒お繰り合わせの上、拙宅までご来臨くださいますようお願い申し上げます。

敬具

記

日時　九月一日(土)　午後十二時より
会場　拙宅
ご注意事項　何卒、平服で、手ぶらでお越しください。

P.46〜93

POINT

祝い事への招待

①頭語／時候の挨拶
②主文・本題
a祝い事の内容
b会合の日時、場所等
c出席のお願い
d出欠の確認方法
③結びの言葉／結語
④記書き

CASE 2

新築祝いへの招待

☆私的な集いなら「記書き」にしないで、ごく普通の手紙形式でよい。親しみをこめて「いらしてください」という気持ちを伝える。

CARD

拝啓　この間までの酷暑が嘘のように薄れ、朝晩はずいぶん涼しくなってまいりましたが、お元気でお過ごしでしょうか。

拙宅の新築工事もようやく完了し、どうにか落ち着きましたので、一度お目にかけたく思います。十月五日（日）、十五時、お越しいただけますでしょうか。

新潟の地酒、越乃寒梅や八海山などの美酒を用意しております。カラオケも用意万端、お得意の喉を聞かせていただこうと楽しみにしております。

敬具

P.46〜93

祝い事への招待でよく使われる言い回し

- おかげさまで父も元気に数え○歳を迎える運びとなりました。
- 内輪だけの席なのですが…
- 還暦（新築、全快、退院、開店など）の印に、ささやかな（心ばかりの、気の置けない、気軽な、親しい人同士の）席をご用意いたしました。ぜひご出席（ご臨席、ご参加、ご来臨、ご来席、おいで）くださいますよう、お願い申し上げます。
- 日頃ひとかたならぬお世話になっている皆様にお集まりいただき、粗餐を差し上げたく存じます。
- 祖父こと今年をもって七十路の寿を相重ねました。
- 何のおもてなしもできませんが、お運びいただければ幸いです。
- 皆様にお目にかかれるのを、父母もとても楽しみにしております。
- 恐れ入りますが、ご都合のほどをお聞かせください。
- 後日改めましてご返事をお伺いするお電話を差し上げます。
- 同封の返信用ハガキにてご出欠のご返事をお教えください。

新年会、クラス会の案内

CASE 1 同窓会の案内

☆受取人が一目で何の会合かわかるように、「○○会のご案内」のようにタイトルをつける。

☆幹事（発起人）は問い合わせ先となるので、連絡先を必ず明記。既婚女性は旧姓も忘れずに併記すること。

長野県立○○高校五十周年記念同窓会のご案内

若葉が目にしみる季節となりました。皆様にはお変わりなくお過ごしのこととお喜び申し上げます。

本年、母校長野県立○○高等学校は創立五十周年を迎えました。A このめでたい祝賀年を記念して左記の要領で同窓会を開催することとなりましたので、ここにご案内をいたします。

当日は、学校長をはじめたくさんの恩師の方々をお招きしておりますので、皆様お誘い合わせの上、ご来会くださるようお願い申し上げます。B 恩師を囲み、心ゆくまで思い出にひたり、盛り上がりましょう。

記

日時　五月三十日(土)　午前十一時〜午後二時

会場　長野駅南口　□□ホテル　しらゆりの間

会費　八千円（当日ご持参ください）

幹事　第二十五期生　井上○○　tel026-＊＊＊-＊＊＊＊

なお準備の都合上、お手数ですが五月十日までに返信用ハガキにて出欠をお知らせください。

P.46〜93

言い換え集

A 恒例になりました○○中学校の同窓会を左記の要領で開催いたします。

A 久々のクラス会をかねまして○○先生を囲む会を開催したいと存じます。

A 今年も○○高校同窓会のシーズンとなりました。

B 懐かしい先生方を囲んで、美味しい食事をいただきながら近況を交わし合いましょう。

B ○年の時の流れを語り合い、おしゃべりに花を咲かせましょう。

イベント、サークルなどへの誘い

CASE 1
夏祭りイベントへ一緒に模擬店を出すお誘い

拝啓　初めてお便り差し上げますご無礼をお許しください。栄町五丁目の「菜の花子ども会」の世話人をしております細川と申します。

突然ですが、今日は夏祭りイベントのお誘いでペンをとりました。菜の花子ども会は子どもの数も年々少なくなり、夏祭りも盛り上がりに欠けます。あなたが会長をされている栄町二丁目子ども会もやはり小規模と伺っております。そこで、この夏は一緒に模擬店を出したり、ブラスバンドのパレードを行ったりしてはどうかと思い、お誘いする次第です。子どもたちの夏休みにいい思い出ができると思います。

後日改めてご相談のお電話をさせていただきますので、ご検討くだされば幸いです。嬉しいお返事を期待しております。

敬具

★頭語や季節の挨拶を省いて、用件から入ってもかまわないが、この場合のように初めて手紙を出す相手には、「拝啓」を使う。
★あまりよく知らない人に初めて手紙を出す時には、必ず最初に書面で失礼する旨と自己紹介を書く。

☆誘いの用件の魅力、メリットを端的にアピールする。相手をその気にさせるよう、心をこめて説明しよう。
☆しかし強引な勧誘はかえって逆効果。結びには「よろしければ」「ご都合がつけば」とさりげなく添えよう。

POINT
イベントなどへの誘い

①頭語／時候の挨拶
②主文・本題
a用件の内容、説明
b誘う内容をアピールする
c相手を誘う言葉
③結びの言葉／結語

CASE 2

社交ダンスクラブへのお誘い

残暑厳しき折、いかがお暮らしでしょうか。今年はいつまでも暑いですね。

さて早速ですが、先頃、私どもで「社交ダンスクラブ」を結成しましたので、あなたもいかがかと思いお知らせいたします。

現在の会員は近所のお母様方です。どなたも初心者ばかりで気さくな方々なので、あなたもすぐにお友だちになれると思います。健康にもよいし、ストレス発散できますよ。

次回の集まりは来月一日、午後三時からです。場所は市民センターの一階ホールです。★会費は月三千円です。よろしければ一度見学にいらっしゃいませんか。お待ちしています。まずはお誘いまで。

かしこ

P.46〜93

☆本来は直接会って勧誘する方が効果的なことが多いので、手紙での勧誘はあくまでも補助的な手段と考える。簡単明瞭に会の趣旨をまとめ、勧誘するとよい。

☆相手によってどういう誘い方をすると効果的か考えよう。情に訴える、こんなメリットがあると強調する、特典でひきつける、などがある。

★費用のかかる時はあらかじめ知らせておく方が親切。後でトラブルになることもなくなる。

イベントなどへの誘いでよく使われる言い回し

- このたび、○○のサークルを結成することにいたしました。
- 今日は○○のご紹介をさせていただきたく、ペンをとりました。
- 下手の横好きばかりですが、皆楽しんでいます。
- 皆初心者ですので、心配はご無用です。
- もしご興味がおありでしたら、一度体験レッスンかたがたいらしてください。
- 気楽な趣味の会です。
- 指導者は業界でも凄腕の○○さんが来てくださいます。
- 先日お話ししました○○クラブの詳細をお知らせします。
- 有志何人かで集まって、○○愛好会を作ろうと思っています。ぜひあなたにも参加していただきたいのですが、いかがでしょうか。
- ○○のサークルをやっています。一度、見学にいらしてください。お一人では来にくければ、お友だちもお誘いください。

「頼む」紹介、依頼の手紙

依頼する理由と目的を明記しよう

人に何かを頼むのは日常生活でも勇気のいることでしょう。その点、手紙だと気持ちを落ち着けて、伝えたいことを整理できますから、第一報として用いるには最適です。

人物の紹介を依頼する時は、まず、紹介を頼む理由と目的をはっきり相手に伝えます。そして、なぜ手紙の相手に紹介を依頼するのかも明確にします。この三点をはっきりさせないと、相手も不安になるでしょう。

就職先や仕事先の紹介を依頼する場合は、相手の実力や人脈を信頼して頼むということを伝えます。現在までの経緯を述べて、本人が前向きの姿勢でいることを書き添えるのはもちろんです。そして、具体的にはどんなことをお願いしたいのかを明記します。

ただし、頼み事は本来、直接会ってお願いするものです。頼みにくいこと、引き受けにくいことならなおさらです。手紙の結びには、必ず「いずれ改めましてお願いのご挨拶に伺います」という一文を書き添えましょう。

相手をわずらわせることになるので、礼儀を尽くして書く

就職、仕事、人の紹介などは紹介者にかなり大きな責任と負担を負わせることになります。文面に、迷惑はかけないという一文を必ず書き添えるようにします。

また、どんな頼み事であっても相手をわずらわせることになるので、たとえ親しい間柄であっても、礼儀正しく謙虚な文面を心がけましょう。

断り切れないような押し付けがましい表現はさけます。相手の立場に立ってみれば、頼ってこられたのを断るというのも、なかなか勇気のいることです。せっぱ詰まった状況にあっても、相手に断る余裕を与えるような文面にとどめましょう。

たとえ、結果的に断られたとしても、必ず丁寧な礼状を書くのは、最低限のマナーです。

point

頼み事の手紙

①頭語／時候の挨拶
②主文・本題
a依頼をもちかける理由
b依頼内容
c依頼の理由、今までの経緯
d迷惑をかけないという誓い
（e履歴書などの書類について）
③結びの言葉／結語

就職先、転職先紹介の依頼

CASE 1
長男の就職先を紹介してもらう

拝啓　新緑が目にしみる季節となってまいりました。いつもたいへんお世話になっております。

本日は息子のことでお願いがありまして、お便りさせていただきました。

実は長男の真一郎が、来春大学を卒業する予定です。大学では国際経済学を勉強しており、就職は外資系の商社を希望しております。本人も積極的にOB訪問をするなど、精一杯の努力をしているようですが、いかんせんこの就職難で、なかなか難しいようです。
★つきましては、商社の第一線でご活躍の大平様に、お力添えをお願いできないかと思い、勝手ながらお手紙を差し上げる次第です。
ご多忙中恐縮でございますが、一度、真一郎をご引見いただけないでしょうか。★失礼は重々承知でございますが、履歴書を同封させていただきました。ご高覧くださいませ。

いずれ改めましてお願いのご挨拶に伺う所存でございます。

何卒よろしくお願い申し上げます。

敬具

P.46〜93

★お願いする相手は先輩や目上の人が多くなるので、「折り入って」「つきましては」「まことに恐縮ですが」など、謙虚な言葉で書く。
☆漠然と「お力添えをお願いしたい」ではなく、具体的にどういうことを希望しているのかを書く。特定の会社への入社を希望している、本人の持つ資格や能力を活かせる会社を紹介してほしい、特定の役職についている人物を紹介してほしいなど。
★履歴書をいきなり送付するのは失礼だが、相手もこちらを知った方が対応しやすいので、非礼をわびつつ同封する。

POINT
就職先の紹介依頼

①頭語／時候の挨拶
②主文・本題
a依頼の内容
b現状説明
c相手を選んだ理由
d依頼の内容
e履歴書を同封する
③結びの言葉／結語
☆まず最初に「就職の件でお願いがある」と単刀直入に伝える。

CASE 2

自分の転職先を紹介してもらう

☆現状の難しさを伝えることで、相手に問題の困難さをわかってもらうようにする。
★自分も日々努力していることを伝える。

拝啓　師走に入り、頬をなでる風もいちだんと冷たくなってまいりましたが、お元気でいらっしゃいますか。

今回は折り入ってご相談したいことがございます。

実は私の勤める△△株式会社がこの不景気で倒産してしまいました。ローンの返済も残っており、子どもたちも小さいので、まだまだ働いていかなければなりません。★ハローワークに日参しているのですが、なかなか次の仕事が決まらない状態です。

つきましては、広い人脈をお持ちの小村様のお力添えをいただけないかとお願いする次第です。

前職では経理を担当しておりました。失礼とは存じましたが、履歴書を同封いたしました。ご高覧いただければ幸いでございます。

お忙しいところたいへん恐縮でございますが、一度お目にかかって、お話を伺いたく存じます。何卒お聞き入れいただけますよう、お願い申し上げます。

敬具

P.46〜93

就職先、転職先紹介の依頼でよく使われる言い回し

- ぶしつけで恐縮ですが、○○の就職の件でお願いしたいことがございます。
- 突然のお願いで心苦しいのですが、ペンをとらせていただきました。
- 再就職先を探しているのですが、この不況の折なかなか見つからず、途方にくれている次第です。
- できますれば、○○関係の職種につきたいと考えています。
- お心当たりのお取引先がありましたら、お口添え願いたいと存じます。
- ○○の資格を持っており、その方面の仕事を探しています。
- ○○業界におくわしい△△様にお力添えいただけないかと…
- 幅広くご活躍の○○様を頼ってご相談申し上げる次第です。
- 失礼とは存じましたが、履歴書と成績証明書を同封させていただきました。
- ご引見いただけるのでしたら、早速、履歴書を持参申し上げます。
- よろしくご検討のほど、お願い申し上げます。

借金、借用の依頼

差し迫った状況を説明、丁寧にお願いする

借金のお願いは言い出しにくい事柄の最たるものでしょう。相手に対して勝手なことを頼むのですから、形式にのっとって、丁寧な手紙を書く必要があります。①なぜ借金を申し込むのか、②何のためのお金なのか（使い道）、③いつまでにどれくらい借りたいのか、④どのように返すのか、⑤返すめどは立っているのか、の五つははっきりと述べなければなりません。

丁寧な文章にするのは大切ですが、時候の挨拶などに費やしていると、余裕があるかのように誤解されます。シンプルにまとめて、ある程度、差し迫った状況にあることを伝えましょう。

また、たとえ相手から断りの返事をもらっても、必ずお礼状を出します。「面倒なことをお願いして申し訳ありませんでした」「どうかこれに懲りずに変わらぬお付き合いを願います」など、丁寧にお礼を述べます。

CASE 1 あらたまった相手に借金を申し込む

★急啓　突然のことでまことに恐縮ですが、折り入ってご相談したいことがあり、一筆申し上げます。

実は長男の薫が交通事故を起こし、損害賠償をしなければならなくなりました。迂闊なことに任意保険の継続手続きを怠っていたために、自費で全額弁償しなければなりません。我が家では先日母親が入院・手術と出費が重なったため、どうしても必要額を全て工面することができない状況です。

★つきましては五十万円を借用させていただきたく、お願い申し上げます。返済に関しましては、本年八月一日までに、夏のボーナスで全額お返しいたします。

ご承諾いただけましたら、借用証を用意して伺います。

取り急ぎ、右、ご意向のほどをお聞かせください。

★敬具

☆なぜ借金の必要が発生したかを正直に説明する。相手が納得できるように具体的に説明することが大事だ。
★借金の額と返済期日は必ず明記すること。
★この場合のように、時候の挨拶を省いて「急啓」「敬具」でもよい。

POINT 借金の依頼

①頭語
②主文・本題
a借金申し込みの理由
b借金したお金の目的
cいつまでにどれだけ入り用か
d返済方法
e返済の見通し
fお願いする言葉
g勝手な依頼のおわび
h返事のもらい方
③結語

CASE 2

先輩に改めて借金を申し込む

高石様

先日はお電話で失礼しました。突然あのようなお願いを申し上げて、さぞ驚かれたことと思います。

あのあと他にも金策にあたったのですが、やはりめどが立たず、高石先輩に再度お願いする次第です。七十万円全額とは申しません、四十万円をお貸しいただけないでしょうか。母の入院は結局今年いっぱいはかかりそうで、できたら保険対象になっていない治療法も試してやりたいのです。★十二月にはボーナスも支給されるはずなので、お借りする四十万円のうち、半分の二十万円はお返しするつもりです。どうかご検討ください。

いざという時には先輩に頼るほかなく、不甲斐ない限りですが、何卒お力をお貸しください。

☆電話でもしかしたら借金を申し込むかもしれない、と当たりをつけてからの手紙。親しい先輩には、きちんと内情を説明して、協力をあおぐ。

★返却の具体的な方法、金額も明記する。

借金の依頼でよく使われる言い回し

- 突然ですが、○○様にお聞き入れいただきたいことがございまして、ペンをとりました。
- ○○様におすがりするしかなく、お便り差し上げる次第です。
- ○○の資金として○万円が必要なのですが、そのうち○万円がどうしても工面できません。万策尽きて○○様におすがりする次第です。
- 思いがけない主人の病気で、まとまったお金が○○万円入り用になってしまいました。
- どうしても支払いのめどがつかず、○○様にご融通をお願いできないかとお尋ねする次第です。
- 全額が無理なようでしたら、半分でもお力添えいただけないでしょうか。
- 夏冬のボーナスから六回に分けてご返金したいのですが、いかがでしょうか。
- ○月○日までには必ず返済いたします。
- お利息につきましては、ご意向に添うようにご相談させていただく所存です。
- ご内諾いただけましたら改めてお願いに伺います。

CASE 3 返済期日を猶予してもらう

☆ともかく非は自分にあるのだから、事情説明をすると同時に率直にわび、丁寧にお願いする。その際、返済期限については必ず明記すること。

拝啓　急場をお助けいただいた上に、まことに申し上げにくいのですが、今月末にお返しするお約束のお金を、あと一月のご猶予をいただけないでしょうか。おわびと同時にお願い申し上げます。

実はたいへん身勝手な事情ですが、今月末に入金される予定の支払いが、先方の都合で一月遅れることになってしまいました。来月には必ず入金するとの確約を取りましたので、ご猶予のほど、お許しくださるようお願い申し上げます。

敬具

CASE 4 知り合いにキャンプ用品を借りる

☆たとえ親しい間でも、襟を正してお願いするという態度が大切。

★いつからいつまで、どんな物が必要なのかを明記する。

☆「使う予定がなかったら」という言い方にする。

木々の若葉の緑がきれいですね。お元気でお過ごしですか。

P.46~93

さていよいよ行楽のシーズンとなり、子どもたちに、キャンプに行こうとせがまれています。なにしろ子連れのキャンプは未体験で、準備ができておりません。何をどれだけ揃えたらよいのかもわからない状態です。

まことに虫のいいご相談ですが、もしその期間にお使いにならないようなら、★五月二十日から二十二日の三日間、キャンプ用品を我が家にお貸し願えないでしょうか。キャンプベテランの内藤さんなら、必要な物は全てお持ちで、いろいろご存じのことと勝手に期待しつつ…。

次回は我が家でも買い揃えるつもりです。どうかお願いいたします。

後日改めてお電話差し上げます。

右ご相談まで。

借用の依頼でよく使われる言い回し

- 急に入り用になりましたが、どこをさがしても見つかりません。
- こちらで手配する時間がなく、お貸し願えないかとお伺いする次第です。
- 大切になさっていらっしゃるお品とは存じますが、拝借願えないでしょうか。
- もちろん、取り扱いには細心の注意を払います。
- 使用がすみ次第、すみやかにご返却申し上げます。
- 失礼とは存じますが、お貸しいただく協力費として、些少ですがお礼金をご用意させていただきました。

保証人の依頼

CASE

身元保証人を頼む

拝啓　深秋の候、皆様ご健勝の由、お喜び申し上げます。

さて、突然で恐縮でございますが、折り入ってお願いしたいことがございます。私はこの春大学を卒業し、○○不動産への就職が決まっております。入社に際し、都内に身元保証人が必要なのですが、私には当地には親戚がございません。

そこで、城山様にお願いする次第です。まだまだ未熟な私ではありますが、決して城山様にご迷惑が及ぶようなことはいたしません。一方的なお願いで恐縮でございますが、当方の事情をおくみとりの上、何卒お引き受けくださいますよう、お願い申し上げます。

まずは書面にてお伺い申し上げます。

敬具

P.46〜93

☆事情を明確に述べ、決して迷惑をかけない旨を伝える。

☆手紙では相手の意向を問うだけにして、正式には面会してお願いするものだということを認識しておこう。

よく使われる言い回し

- 日頃のご厚意に甘え、このたびはご迷惑もかえりみずお願いする次第です。
- 突然の（ご迷惑な、唐突な、勝手な、あつかましい）お願いで申し訳ないの（心ぐるしいの、恐縮）ですが…
- 定められた規定以上の収入があって社会的地位のある人となっており…
- ○○様にお願いしてみたら、と両親から助言を受けました。
- ○○様にご迷惑をかけるようなことは一切いたしません。
- まことに勝手なお願いではございますが、何卒ご考慮のほど、よろしくお願いします。
- 日を改めましてご挨拶に伺いますので、どうかよろしくご検討ください。
- このようなお願いができるのは○○様のほかにございません。

人の紹介、依頼状

CASE 1　仕事上会いたい人への紹介を頼む

拝啓　花便りの聞かれる頃となりましたが、いよいよご清祥のこととお喜び申し上げます。

さて、まことに突然のことで恐れ入りますが、藤木様は、○○株式会社の営業部長である××様と大学時代のサークルのお仲間で、ご懇意にされていらっしゃると伺っております。実はこのたび、私の仕事の関係で、××様にぜひともお願いいたしたい案件がございます。ご面倒ながら、××様とお引き合わせいただきたく、お便りを差し上げた次第でございます。

本来ならば、直接私から××様にご連絡を差し上げるべきなのですが、○○株式会社と当社にはこれまで取引の実績がなく、藤木様にお口添えをいただければ、交渉も難なく進むのではないかと存じます。★万が一にも藤木様にご迷惑をおかけするような案件ではございませんので、××様へのご紹介の労をとっていただけないでしょうか。

まことに面倒な用件ではございますが、なにとぞご高配のほど、よろしくお願い申し上げます。

敬具

P.46〜93

★依頼事に関して、相手に決して迷惑はかけないという言葉を明記する。

☆差し支えがない範囲で、できるだけ状況を具体的に説明することが望ましい。

POINT　人を紹介してもらう

①頭語／時候の挨拶
②主文・本題
a 依頼したい内容
b なぜ相手に頼むのか
c これまでの経緯
d 迷惑をかけない誓い
e 改めてお願いする言葉
③結びの言葉／結語

よく使われる言い回し

- ○○様は××様とご親交がある(長年のお知り合い、お取引がある、旧知の間柄、ご懇意にされている、ご交流がある)と伺っております。
- 勝手なお願いですが、××様へのご紹介状を賜りたく、お願い申し上げます。

CASE 2 医師を紹介してもらう

拝啓　秋分の日をひかえ、さすがに残暑も落ち着いてきた今日この頃でございます。ご清祥にてお過ごしのこととお喜び申し上げます。

今日は主人の父のことでお願いがあって、一筆申し上げます。

主人の父は六十三歳で、この春、近くの総合病院で「睡眠時無呼吸症候群」との診断を受けました。体重を落とせばよくなるとのことでしたので、十キロ近く落としたのですが、あまりはかばかしくありません。

先日、西口様がご勤務なさっていらっしゃる大学病院に、専門の先生がいらっしゃると側聞いたしました。まことに身勝手なお願いでございますが、西口様からご紹介いただけないでしょうか。なにぶんにも私たちにはわかり辛い病気のことで、どうしていいかわからず、途方にくれています。何卒、お力添えをいただけますよう、お願い申し上げます。

追ってお電話でご連絡を差し上げます。

取り急ぎ、書面にて失礼いたします。

敬具

P.46~93

☆病気などの場合は差し迫った状況にあることがほとんど。しかし礼を尽くして、丁寧にお願いする。
☆たとえせっぱ詰まっていても、相手に断る余地を残しておくことも大切。

CASE 3 長女が入りたがっているバレエ教室の紹介を頼む

CARD

春もうすぐそこまで来ていますね。

先日の恵理ちゃんのバレエの発表会は本当にすてきでした。水の妖精になった恵理ちゃんは、神秘的でかわいらしかったです。

実は、この四月から幼稚園に入る長女のさえ子が、恵理ちゃんのバレエを見て、自分もどうしても習いたいと言い出したのです。なにぶんにもそういう分野のことはよくわからなくて、どこへお願いしてよいやらわかりません。

そこで、できましたら、恵理ちゃんの通っていらっしゃるバレエ教室をご紹介いただけないでしょうか。多少遠くても、私が車で送り迎えして付き添うつもりでいます。

お忙しいところご面倒をおかけしますが、どうぞよろしくお願いします。

後日改めてご連絡させていただきます。

かしこ

P.46~93

☆なぜその人に紹介を依頼するのか、その理由を明確に書く。
☆親しい相手なら丁寧な前文は不要だが、それ以降は形式にのっとって、丁寧に依頼することが大切。

協力の依頼

CASE 1

町内のゴミ収集アンケートに協力をしてもらう

拝啓　初霜の便りが届き、いよいよ冬近しの晩秋となりました。皆様にはお元気でご活躍のことと存じます。

さて、今回も皆様のご協力をお願いしたくお手紙を差し上げます。同封しましたゴミ収集のアンケートにお答えいただきたいのです。環境問題とあいまって、年々ゴミ収集の区分け、収集方法なども改善されておりますが、まだお困りの点などもあるかと思います。町内の皆様の率直な意見を伺い、今後のゴミ収集の方法に反映させていきたいと考えております。

なお十二月四日からアンケート用紙の回収に回りますので、何卒よろしくお願いいたします。

敬具

P.46〜93

☆労力の提供を依頼する場合には、日取りや内容が決まり次第、できるだけ早めに出すのがポイント。
☆相手に対し、一方的なお願いをする訳だから、形式も文章も丁寧に、簡潔にまとめる。

CASE 2

知人の出産祝いを一緒にしてもらう

CARD

前略　塚本さんにお願いがあります。

先月二十日に、私たちフラワーアレンジメントサークルの吉田さんがご長女を出産されましたね。私も心ばかりのお祝いを差し上げたいと考えています。

ついては、あなたが吉田さんに出産祝いをされる時に、私もご一緒させていただけませんか。何人か集まれば豪華なお祝いになるでしょう。一緒に買いに出かけてもかまいませんし、商品券にするのでもけっこうです。どうか、よろしくお願いします。追って、お電話させていただきます。

草々

☆困っている様子を率直に伝える。
☆基本のお願い事さえ聞いてもらえれば、あとはどうでも対処できる、ということを述べる。

CASE 3

子どもたちの発表会の衣装の制作を依頼

CARD

智恵美さん、こんにちは。いつもお世話になっております。

今年もまた、十一月に私の音楽教室の発表会を予定しています。昨年はあなたに発表会の衣装を制作していただき、大好評でした。かわいらしくて子どもたちも大喜び、ビデオ撮影に一生懸命のおじいちゃまやおばあちゃまにも褒めていただきました。それに、あんなに安く作っていただいて、お母様方にもたいそう喜んでいただきました。なんといっても、そう何回も着る機会のない衣装ですものね。

★そこで厚かましいかと思いますが、ご厚意に甘えて、今年もまたお願いしてよろしいでしょうか。制作費は昨年度よりはアップできると思います。生徒は現在二十名です。後日改めてお電話いたしますので、ご検討のほどよろしくお願いいたします。

かしこ

☆依頼事は相手が承諾してくれるかどうかは別として、拘束時間、謝礼などをあらかじめ伝えておくのが礼儀。

★親しい人への依頼は相手が断りにくい事情もあり、命令に近いニュアンスになりがちだ。あくまでも礼儀正しく丁寧に相手の厚意を引き出そう。

協力の依頼でよく使われる言い回し

- 無理を承知のお願いなのですが…
- ご都合が悪ければ、お断りくださって一向に構いませんので…
- お力を貸していただきたいことがございまして…
- ご多忙のところ、厚かましいお願いではございますが…
- ご事情もかえりみず、身勝手なことを申しますが…
- ご都合が悪ければほかを当たりますのでお気になさらないでください。
- ◯◯の件でお手伝い願えないでしょうか。
- 実行力のあるあなたに手伝っていただけたら、鬼に金棒です。
- 助っ人として◯◯さん以上の方はいないと思います。
- ◯◯さんのお力を見込んでの勝手なお願いです。
- どうしても都合がつかなければ、あきらめますので、おっしゃってください。

「答える」相談事に答える

相談に応じるだけで、悩んでいる相手は、ある程度気持ちが落ち着くもの。誠意をもって答えることが肝心です。相談を受けたら、一週間以内には返事を出しましょう。

アドバイスはひかえめを心がける

就職や進学、結婚、退職、離婚など、人生の節目で決断を迫られた人から相談されることは少なくありません。

例えばひと言で「結婚に悩む」といっても、文字どおり百人いたら百通りの状況が考えられるでしょう。相談をされたら、あらゆる方向から検討して自分ならどうするか自問自答し、アドバイスするようにします。答えが出せないなら「強いて言えば賛成（反対）だけれど、私もはっきりとはわかりません」と、素直に自分の限界を示しましょう。相手もよく考えた末のことだとわかって、納得してくれるでしょう。

忠告や助言をする時に気をつけたいことは、差し出がましい印象を与えないこと、相手のプライドを傷つけないことの二点です。

自分の率直な意見を述べるのは大事なことですが、率直になりすぎてもいけません。たとえ相手が間違っていると思っても、「余計なお世話だけど」「私の意見として聞いてください」など、表現をやわらげるための工夫が必要です。

自説をごり押しするのはもってのほかです。決定するのはあくまでも本人なのですから、ほんの助言、ということを肝に銘じておきましょう。

相手の意見、決定をあくまでも尊重して

相談に答えたあとは、どういう結論になっても報告してほしいという一文を書き添えます。そして、たとえ自分のアドバイスを無視されるような結果になっても、相手の決定を尊重して、理解を示す態度が必要です。

point

相談事に答える

①頭語／時候の挨拶
②主文・本題
a相談の主旨を理解したという言葉
b相手の状況を思いやる言葉
c意見、自分なりの結論
dあくまでも参考意見に、という断りの言葉
e今後の健闘、事態の好転を祈る言葉
f結果の連絡を請う言葉
③結びの言葉／結語

CASE 1

転職したいという友人に

あっという間に新緑の季節になりました。その後、職場の雰囲気はいかがですか。

上司が替わってから仕事がやりにくくなったというのはわかるけど、今転職するのはどうなんでしょう。それでなくても失業者も増えているし、転職先といってもおいそれと見つからないのでは？　それとも、もうアテがあるの？　それならそれで、十分検討してよさそうな所なら、そちらに行くということも考えられますね。それに年齢制限もあるので、転職するなら今なのかもしれないけどね。

私としては上司は何年かで替わるはずだから、雪子にはもうしばらくがまんしてほしいな、と思います。だって、自分には合った仕事だって言ってたじゃない。でも、実際に、毎日オフィスに行くのが憂うつという状況では辛い気持ちもわかります。

★なんだかはっきりした意見のないご返事になってしまいました。ごめんなさい、私には適切なことが言えません。力になれない友人の頼りないアドバイスとして聞き流してください。どちらに決めようと、うまくいくように、お祈りしています。結果をまたお知らせください。

克子

P.46〜93

★アドバイスできないような重大な問題もある。自分にはここまでしか言えない、という状況を率直に述べる。

☆ただし、相手のことを思いやって、真剣に考えた結果だということは伝える。

☆他の人の意見を聞くなど、自分なりに相談を受けたことに対して努力をしたということをさりげなくアピールするのもよい。

CASE 2

結婚の約束をなしにしたいという後輩に

ちひろ様

いきなりのお手紙にびっくりしました。結婚を取りやめたいって、一体何が起こったの？

とにかく会ってお話ししましょう。手紙や電話でやりとりしていても、すっきりしません。あなたの携帯電話の番号を知らないので、とりあえずこのハガキを見たらうちに電話をください。

今週末か来週末、だめなら平日の夜でもいいです。軽はずみなことをする前に、私に話してみて。

美保子

☆せっぱ詰まった相談なら、会って話す方がいい場合もある。文章から感じられる相手の状態を敏感に受け止めることも必要。

CASE 3

一人暮らしをしたがる姪に

和美ちゃん　お手紙拝見しました。とうとう東京で大学生になるのですね。まずはおめでとうございます。受験、よくがんばったわね。

和美ちゃんが一人で下宿生活を送りたいと思う気持ちは、叔母さんもよくわかります。でも、ご両親の「寮に入ってほしい」というお気持ちもよくわかります。なんといっても心配ですものね。

叔母さんは一年間は大学の寮で生活し、東京の暮らしに慣れたら一人暮らしをする、というのがいいと思います。安易な折衷案だと思いますか？

実は叔母さんが東京で一人になった時、最初はやはり不安なことがたくさんあったのです。生活自体は一人でもなんとかやっていけますが、東京の暮らしはやっぱり物騒。和美ちゃんはしっかりしていると思うけど、家を遠く離れて一人で暮らすというのは、考えているよりもずっとたいへんなことなのですよ。だから、あまり急がず、とりあえずは寮に入ってゆっくり歩み出す方がいいと思います。一年経ったら、いろいろな情報も得られるでしょう。その時には下宿さがしには叔母さんも協力します。

といろいろ言ったけど、決めるのは和美ちゃん。★和美ちゃんだから、しっかり考えて、自分の決定を話してご両親を納得させてください。★和美ちゃんがきちんと考えて出した結論なら、叔母さんはその後の協力は惜しみませんから。★じゃあどうなったか、また聞かせてね。

☆助言に際して、自分の体験談を入れるとよい。
★たとえ年下であっても、相手の意見や言い分は尊重すること。
★その後どうなったかについての報告を求める。助言しっぱなしでは不誠実。

よく使われる言い回し

- 一つの意見として聞いてください。
- 一般論として聞いてください。
- これは私見なのであなたの場合に当てはまらないかもしれませんが…
- 月並みな言い方かもしれませんが…
- 結論を急がず、しばらく留保しておいて、状況を見たらどうですか。
- 愚痴を聞いてあげるくらいなら私にもできます。いつでも電話してきてください。
- 話しているうちに結論が見えてくることもあるでしょう。一度会っておしゃべりしませんか。
- みんな応援しています、投げやりにならず、じっくり考えてください。
- 言いたいことを述べましたが、どうかお気を悪くなさらないでください。
- 差し出がましい口をききました、お聞き流しください。
- 余計なお世話と思われるでしょうが、私の考えを書いてみました。
- 取り急ぎ、アドバイス申し上げました。

「尋ねる」問い合わせの手紙

問い合わせの内容を明確、かつ具体的にまとめよう

問い合わせの手紙は一般に事務的なものですから、簡単明瞭に問い合わせる内容をまとめます。情緒的になったり、無駄な話が多くなったりしないようにします。何をどの範囲まで答えてほしいのか、質問を絞るとよいでしょう。

忘れ物の問い合わせ、送った物が届いたかどうかの問い合わせ、消息や住所の問い合わせなどはハガキですませられるケースがほとんどです。

しかし多かれ少なかれ、相手に面倒をかけるのですから、礼儀正しく謙虚な文面を心がけます。とくに未知の相手には非礼をわびてから本文に入るようにしましょう。

人物に関する問い合わせは慎重に

結婚、縁談、就職関係などで、人物評価を知りたい場合が往々にしてあります。こういう問い合わせは気軽にハガキですませるというわけにはいきません。プライバシーの侵害にならぬよう、慎重に行いましょう。

まず、なぜその人について問い合わせるのか、その理由をきちんと述べて、尋ねる相手の理解をもらうことが大切です。問い合わせに答える人自身にも責任のかかってくることですから、誠意をもって説明しましょう。これは相手との信頼関係があってはじめて出せる手紙だということを、肝に銘じておきましょう。

答えてもらった内容に関して守秘するのは、当然の義務です。また、その人に尋ねたという事実も口外しないようにします。

point

問い合わせの手紙

①頭語／時候の挨拶
②主文・本題
a問い合わせの内容
b問い合わせる理由
cなぜ手紙の相手に聞くのか
d守秘の確認
③結びの言葉／結語

☆とくに重要な内容の時は「親展扱い」で出すとよい。これは宛名の人本人に開封してほしいという意味。会社宛てに出す場合などは都合がよい。

☆忘れ物や着荷の問い合わせなどでは、cやdは不要。

忘れ物、着荷の問い合わせ

CASE 1 来訪時にコートを忘れたかどうか

冠省　忘れ物のお尋ねをいたします。

二月八日から九日にかけて、そちらのホテルに宿泊した島田徳子と申しますが、部屋にコートを置いてきたようです。確か六一二号室だったと記憶しております。黒のニットのハーフコートですが、拾得物にありませんでしたか。

もしありましたら、★至急着払いにて当方にお送りくださるようお願い申し上げます。

ご面倒をおかけしますが、どうぞよろしくお願いします。

草々

☆たとえ先方がサービス業であっても、忘れ物探しに伴う手間や面倒を考慮して「恐縮ですが」という気持ちを表現すること。
☆このような問い合わせは必ず返事をもらうことになるので、場合によっては返信用のハガキ（こちらの連絡先を明記しておく）か、切手を同封する。
★返却してもらう方法を明記すること。相手に負担をかける方法は決してとらない。

CASE 2 送った航空券が着いたかどうかの確認

前略　ご一緒の旅行まで、いよいよあと三週間となりました。体調は万全ですか。
○月×日に宅配便で航空券をお送りしたのですが、お手元に届いているでしょうか。ちょうど出張に出かける前で、配達指定日などを伺う余裕がなくて、とりあえずお送りしてしまったのですが…。
もしまだでしたら至急ご連絡いただけますでしょうか。ご面倒おかけいたします。よろしくお願いします。

草々

☆こういうケースでは、着いたという連絡をくれないと相手がよくないのだが、丁寧にお願いする姿勢で。

忘れ物・着荷の問い合わせでよく使われる言い回し

- だらしなくもそのあたりで落としたようです。
- うっかりそちらに忘れたようです。
- 泥酔の罰かと反省しております。
- お恥ずかしい話ですが…
- ご厄介をおかけしますが…
- ご多忙中恐縮ですが、左記の件に関してご回答願います。
- 念のため、ご確認いただけますか。
- 見つかりましたら取りに伺いますので、しばらくお預かりいただけますか。
- いらぬ心配だと思いますが、ご返事をお待ちしています。

人物についての問い合わせ

CASE 1 娘の交際相手について問い合わせる

前略　本日は折り入ってお願いしたいことがあり、ペンをとりました。

実は娘の縁談のことでございます。学生時代の先輩の紹介で、娘には現在、結婚を前提にお付き合いを始めた男性がおります。

先日我が家にも遊びに来て、まじめな好青年という印象を持ちました。伺いますれば、なんとあなた様と同じ会社に勤務ということです。笠井秀樹さんという総務部に所属する方をご存じでいらっしゃいますでしょうか。私どもといたしましては、笠井様のお人柄やお仕事ぶり、社内での評判等を知りたく、もしご存じならお教えいただけないかと思った次第です。

娘の将来を案ずるばかりのおろかな親心とお許しください。日頃のご厚誼に甘え、このようなご迷惑なお願いをいたしますことを、おわび申し上げます。差し支えない範囲で結構ですので、どうかよろしくお願いします。

なお、ご内報いただきましたことは必ず秘密を守り、ご迷惑はおかけしません。まずは勝手ながらお願い申し上げます。

草々

☆他者のプライバシーに関する問い合わせは聞きにくい、答えにくいことなので、失礼のないように細心の注意を払う。信頼できるあなただからこそ尋ねたいのだという誠意を伝えることが大切。また内容に関しては絶対に口外しないことを明記する。

☆回答は手紙ではもらわないようにしてもよい。後に残る形では、相手に迷惑をかけることもあるので。

POINT 人物についての問い合わせ

①頭語／時候の挨拶
②主文・本題
a問い合わせる人物と自分との関係、これまでのいきさつ
bその人について教えてほしいというお願い
cなぜ手紙の相手に聞くのか
d守秘の確認
③結びの言葉／結語
☆aとbは逆になってもよい。

CASE 2 塾の先生についての問い合わせ

☆あまり長々書くと相手は読むのがおっくうになるので、くわしくは電話や面談の際に聞くことにして簡潔に要点を伝えよう。
☆回答は手紙ではなく、会って話してもらう。

拝啓　水ぬるむ五月、心地よい季節となりました。いかがお過ごしでしょうか。

P.46〜93

今回お手紙を差し上げたのは他でもなく、息子、彰の塾についての相談です。彰も中一となりました。本人が実力よりワンランク上の高校を希望しているため、そろそろ塾に通わせたいと考えております。

先日、知人に蛍雪塾を紹介されました。なんでも、小林先生という方がすばらしいとか。しかし、少々スパルタの傾向もある、と伺っていますす。彰の友人のほとんどは近所の塾に行っているため、蛍雪塾についての情報を得ることができません。

そこで、窪野さんにぜひお聞きしたいとペンをとった次第です。幹彦くんは彰が望んでいる高校に在学中でいらっしゃいますし、確か、蛍雪塾にも通われていたのでは？　塾の評判、学習方法、実績、とくに小林先生の講義、お人柄はいかがなものでしょうか。率直なご意見を伺えれば、たいへん助かります。

ご面倒なお願いを申し上げますが、後日お電話させていただきますので、どうかよろしくお願いいたします。

敬具

人物についての問い合わせでよく使われる言い回し

- 突然、つかぬことをお伺いしますが、○○さんについてお問い合わせ申し上げます。
- ○○氏の人柄や勤務状況につきまして、ご意見を伺いたいと存じます。
- ほかに頼れる方も存じ上げませんので…
- いろいろな方面からお話を伺って判断したいと存じ…
- ぶしつけなお願いで心苦しいのですが、どうぞよろしくお願いします。
- 忌憚のないところをお聞かせください。
- 率直なご意見をお伺いしたいのです。
- あなた様にご迷惑が及ぶようなことは決してございません。
- お教えいただいた内容は秘密厳守にし、ご迷惑はおかけいたしません。
- 内容はもちろん、お尋ねしたことも口外せぬようにいたします。

消息、日時、場所などの問い合わせ

CASE 1 転居先不明の同級生の住所を尋ねる

☆問い合わせは非礼をわびた上で、自己紹介から始める。問い合わせの事項と、なぜそれが知りたいのかを必ず明記する。
★最近はプライバシー保護の考えが強い。「差し支えなければ」などの言葉を添えること。また、「○○さんから直接私のところに連絡してくださるよう、お願いしてください」という方法をとるのもよい。

拝啓　突然お手紙を差し上げます失礼をお許しください。

私は郁恵さんと高校時代同じ合唱部だった矢野素子と申します。実は今、合唱部のOB会の名簿を作成中です。ところが郁恵さんの連絡先が不明となっております。

郁恵さんはたしか結婚されて浜松にいらっしゃると伺っておりました。郁恵さんから以前いただいた年賀状をもとにご連絡したのですが、住所不明で戻ってきてしまいました。

そこで失礼かと存じますが、ご実家にお尋ねする次第です。

お忙しいところ恐縮ですが、返信用のハガキを同封させていただきましたので、★差し支えがなければどうかご一報くださいますよう、よろしくお願いいします。

敬具

CASE 2 紹介された相手にスケジュールを尋ねる

☆あらかじめ面会の約束ができている場合は、頭語や時候の挨拶は省いてよい。なお、面識がなく初めて面会を求める場合には、頭語、時候の挨拶、自己紹介が必要になる。
☆こちらから頼んで会ってもらうような場合には、相手のスケジュールに合わせる、という姿勢を表わす。

前略　ご引見の件、早速ご承諾いただきましてありがとうございます。

つきましては○月×日、午後一時にお伺いしたいと思いますがいかがでしょうか。会社の方にお伺いするということでよろしいでしょうか。当日、お差し障りがございますようなら、ご都合のよい日時を折り返しご指示いただければ幸甚に存じます。また、場所につきましては、ご指定いただければ、そちらの方に参ります。

近日中にお電話申し上げますので、その節にご返事いただきたく存じます。何卒よろしくお願い申し上げます。

草々

CASE 3
紹介してもらった人の連絡先を紛失

前略　先日はレストランピエールで思いがけずお目にかかり、嬉しかったです。お変わりなくご活躍のご様子、なによりでございます。

ところで、たいへん申し上げにくいのですが、あの時にあなた様からご紹介いただいたエクステリアJの連絡先を紛失してしまいました。間違いなくバッグに入れて帰ったのですが、帰宅後、どこを探してもメモが見つかりません。不注意なことでお恥ずかしい限りです。

もしよろしければもう一度、連絡先をお教えいただけないでしょうか。前にもお話ししましたように、我が庭のことは長い間悩みの種なので、専門家に見ていただいた方がいいと考えているのです。★それほど急いでいるわけではございませんので、お忙しくない時にご連絡いただけると助かります。

ご面倒をおかけしますが、どうかよろしくお願いします。

草々

★相手の負担にならない方法を考えて返事をもらう。
☆こちらの不注意で頼み事をするのだから、丁寧にお願いする。

消息、日時、場所などの問い合わせでよく使われる言い回し

- 取り急ぎ○○の件でお尋ねいたします。
- 現在同期会の名簿を整理中です。○○さんのご連絡先の確認をさせていただきたくお手紙いたします。
- ご本人のご了承をいただき、ご連絡先をお教えいただけますでしょうか。
- 私あてにご連絡くださいますよう、○○さんにお言づけ願えますか。
- ご多忙中恐れ入りますが、ご回答くださいますようお願いいたします。
- まことにお手数ですが、返信用ハガキに必要事項をご記入の上、私までご返送くださいますようお願いいたします。
- ご都合のよい日時と場所を折り返しご指示いただきたく存じます。
- いただいたお名刺を紛失し、ご連絡先がわからなくなってしまいました。

「見舞う」お見舞いの手紙

駆けつけたい気持ちを抑えて手紙に託す

友人、知人などの思いがけない事故や病気などを知ったら、一日も早く見舞いに行き、状況を把握したいもの。しかし、直接訪問したり、病院に駆けつけるのは相手方の検査、手術、治療などの事情もあり、かえって迷惑になることも多いのです。お見舞いに伺うのは、相手が落ち着いてから、治療の見通しがついてから、と覚えておきましょう。

その代わり知らせを聞いたらまず、心をこめて見舞い状を書きましょう。病気見舞いは相手のプライバシーを考えて、原則として封書で出します。

災害見舞いも第一報で驚いてすぐに行動するのではなく、ニュースを聞いて被害状況や原因を確認してからお見舞いしましょう。罹災後一週間くらいなら、まずハガキで、その後は封書で送ります。

病状や被災状況にあまり立ち入らないのがマナー

相手の状況をくわしく知りたいのはやまやまですが、いろいろ聞くことは慎みます。なかにはあまりふれられたくないこともあるからです。

また、相手を励ますことが目的ですが、必要以上に同情したり心配する表現は白々しい印象を与えがちです。軽はずみな激励も逆効果です。病気や事故の回復を祈り、明るく前向きな文面を心がけましょう。

災害見舞いの場合には協力を惜しまない一文を必ず書き添えます。

見舞い状は、病人や事故の当事者、罹災者の気にしそうな言葉を使わないようにしなければなりません。ふだんはどうということがなくても、病気や事故などで神経がデリケートになっているはずです。衰える、倒れる、朽ちる、枯れる、へこたれる、死ぬ、重ね重ね、返す返す、四、九などが忌み言葉です。（→P・196参照）

point

お見舞いの手紙

①主文・本題
- a病気（罹災）を知った驚き
- b経過を思いやる見舞いの言葉
- c回復、復旧を祈る言葉
- dお見舞いの金品について
- eできることは協力するという言葉、あるいは手伝えないことへのおわび（罹災の時）

②結びの言葉／結語

入院見舞い、病気見舞い、事故見舞い

CASE 1

あらたまった相手への入院見舞い

☆闘病中なので、手放しには喜ばず、心より心配している旨を伝えること。
☆緊急時、しかも相手が取り込み中に出す手紙なので、前文は省く。目上の人に出す場合は「取り急ぎお見舞い申し上げます」「急啓」などで始めるとよい。

前略　ご入院、手術のこと伺いました。たいへん驚いております。手術は無事成功と伺い、一応安堵しておりますが、術後の経過はいかがでしょうか。A

日頃からご壮健でいらした町村様が、まさかと思いました。人一倍ご多忙だっただけに、さぞかしご無理なさっていらしたのでしょう。Bどうかこの機会にゆっくりお身体をお休めになりますよう。

奥様、お嬢様、ご家族様にはさぞかしご心配と存じますが、ご看病のおつかれが出ませんように、おいといくださいませ。

Cすぐにもお見舞いに伺いたいところですが、落ち着かれますまで、我慢いたします。

一日も早いご本復をお祈りしつつ、まずは書面にてお見舞い申し上げます。

草々

言い換え集

A大事にはいたらなかったとのこと、安堵の胸をなでおろしております。
A手術も無事に終わり、その後の経過も順調と伺いました。なによりでございます。
A手術も成功し、一か月足らずでご退院と伺っております。

Bご養生に専念されますことが第一かと存じます。
B骨休めのおつもりで、しばらくごゆっくりなさるが肝心と存じます。
Bこの上は、ご加療専一になさってくださいませ。

C遠方ゆえお見舞いもかないません。失礼ですが心ばかりのお見舞いを同封させていただきました。
Cご容体が落ち着かれましたら、改めてお顔を拝見に伺います。
Cお食事の方は何でもめしあがって大丈夫と伺っておりますので、日を改めまして、何かおいしい物でも持参いたします。

CASE 2
夫の上司の妻が入院

☆相手の状況、心情を察しながら、心配や助力の申し出などの誠意を示す。病人だけでなく、家族などへのお見舞いも必ず書く。
☆知らせを聞いたら封書ですぐ出すのがポイント。

奥様が一か月前から入院されているとのこと、昨日主人から聞きました。知らずにおりまして、お見舞いが遅れましたこと、たいへん失礼いたしました。

春に奥様にお目にかかった折にはとてもお元気そうでしたので、正直驚いております。その後奥様のご容体はいかがでしょうか。くれぐれも大事になさって、ご療養に専念くださいますようお伝えください。

ところで毎日のお食事やお子様たちのお世話はどうされていらっしゃいますか。お手伝いできることがありましたら、遠慮なさらずお申し付けください。

宮川様もご心労がたまっておいでかと存じますが、くれぐれもご自愛なさいますように。

近日中に主人ともども奥様のお見舞いにあがるつもりでおります。

まずは取り急ぎ、書中にてお見舞いを申し上げます。

かしこ

CASE 3
知人の息子が交通事故で入院

CARD

篤志君が交通事故に遭われたと聞いて、身が縮む思いをしました。お母さんであるお母さんはなおさらでしょうね。

その後経過はどうですか。骨折だけですんだとはいえ、思いがけないことでなんともお気の毒でなりません。足の骨折ではなにかと不自由で、美紀子さんも看病がたいへんでしょうね。焦る気持ちもわかりますが、じっくり治療に専念するようお伝えください。

近々お見舞いに伺うつもりです。どうぞお大事になさってください。

☆「不幸中の幸いでしたね」「すぐに治りますよ」などの安易な表現はさける。当事者にしてみれば、愉快ではない。
☆親しい人への、とくに交通事故の骨折などのけがのお見舞いのケースでは、ハガキで出してもよい。

CASE 4 重病で入院中の友人へ

CARD

先日、手術をなさったと伺いました。その後お加減はいかがでしょうか。こちらは皆相変わらずです。

医学の進歩は文字どおり日進月歩。あなたの病気も高い確率で全治できるものと、信じています。痛い思いをしたのだもの、ぜったい治るはずです。私も微力ながら、お祈りしています。

長男が先日、中学の修学旅行で日光に行ってきました。あちらは今、紅葉シーズンで、世界遺産の東照宮に感激して帰ってきました。私たちも初めての社員旅行で日光に行きましたね。私たちが買ったのとまったく同じアングルの絵ハガキを買ってきたので、おかしくなってしまいました。同封しますね。

よくなったらまた日光に行くのもいいですね。旅館、いいところ、探しておきましょう。

それではくれぐれもお大事に。しばらくしたら、お伺いします。

かしこ

☆長期入院や、重病の相手にはあまり容体にはふれずに、気分転換になるような内容でまとめるとよい。病状に関しての詮索や質問はしない方がよい。

☆病状が重ければ、家族宛てに出すのもよい方法だ。

☆どこの病院がいいとか、民間療法が効く、などの無責任な情報は書かない。

CASE 5 自宅療養中の恩師へ

CARD

拝啓

★紫陽花が雨に映えてひときわ美しい今日この頃です。その後、ご容体はいかがでしょうか。

P.46~93

先日奥様からお電話いただきました。日一日と快方に向かわれている由、なによりのことと安堵しております。

長期療養となり、さぞお辛いこともあろうと拝察いたしますが、もうあと少しの辛抱と思います。一日も早く全快なさいますようお祈り申し上げます。

今度の日曜日に、お見舞いかたがた、先生のお好きな古寺の写真集をようやく入手しましたので、お持ちします。

末筆ながら、奥様にくれぐれもよろしくお伝えくださいませ。

敬具

☆相手の状況や心情を思いやり、少しでも明るい気持ちになれるような文面にしたい。

★長期療養の相手に宛てる場合は、季節の挨拶から書く。

CASE 6

両親が入院している知人へ・看病見舞い

☆病人の看病は想像以上にたいへんで疲労も蓄積しているもの。やさしく励ます手紙は嬉しいものだ。また手伝えることがあれば、その旨を伝えよう。
☆老人を介護している人にも、お見舞いの手紙を出したい。

CARD

その後、ご両親様のご病状はいかがでしょうか。

先月病院に伺いました時は、お二方とも安定しておられるご様子でした。ただご高齢なだけにご心配もひとしおと拝察いたします。

あなた様もご看病などでお疲れのことと存じますが、くれぐれも無理なさいませんよう、お身体をおいといください。

私も現在は仕事をやめ暇にしておりますので、お手伝いできることがありましたら、なんなりとお申し付けください。

ご両親様の全快を心よりお祈り申し上げます。

病気見舞い、事故見舞いでよく使われる言い回し

- ご入院なさったこと、少しも存じませんで、失礼いたしました。
- 昨日、○○さんからご入院と伺い、たいへん驚きました。
- 元気溌剌のあなたが！　と心底、驚いています。
- 事故に遭われた由、まだ信じられない気持ちです。
- 峠は越したとのこと、ほっと胸をなでおろしております。
- 手術も無事すみ、経過も順調とのこと、なによりでございます。
- 幸い軽いけがだったとのこと、ほっとしました。
- 早期発見・早期治療とのこと、本当によかったですね。
- この機会に十分なご静養をなさり、一日も早く元気になられますようお祈りしております。
- ご家族の皆様におかれましても、さぞかしご心配（ご心痛、ご驚愕）のこととお察し申し上げます。
- 一日も早くお仕事に復帰されることを願っております。
- 早く良くなって、おいしいものでも食べに行きましょう。
- お医者様の言いつけを守って、根気よく治療なさってください。
- 一同、あなたの復帰を首を長くして待っています。
- ご退院、ご全快の吉報をお待ち申し上げます。
- 遠方ゆえお見舞いができませんが、心ばかりの品をお届けいたします。

火事、災害見舞い

CASE 1 地震災害に遭ったあらたまった相手へ

前略　ニュースで、桜田様のお住まいが大きな地震に見舞われた震源地の近くと知り、心配いたしております。桜田様のお家にも被害があったのではないかと、心から案じております。

万一被害に遭われたようでしたら、できる限りのご助力をいたしたく存じます。どうぞご遠慮なくお申し付けください。日曜日には駆けつける所存ですが、まずはお手紙にてお見舞い申し上げます。

草々

CASE 2 実家が津波に遭った同僚へ

津村さん
その後、復興の様子はいかがですか。

津村さんがご実家に駆けつけられてから、はや一週間。こちらではくわしいニュースも流れず、もどかしい思いをしています。

幸い、ご実家はそれほど大きな被害には遭われなかったということですが、なにか必要な物はありませんか。男性社員が、バンで何でも運ぶぞ、と言ってくれています。

私の携帯電話は090-××です。一度元気な声を聞かせてください。

☆先方の事情がわからない場合は心配している旨を伝え、安否を確かめたいという気持ちを率直に表現しよう。
☆災禍を知ったら二、三日のうちに書くのがマナー。ハガキでの見舞いでもよいが、その際は事故の責任など具体的なことは書かない。
☆緊急時に出すものであるから、前文は省き、すぐに見舞いの言葉を。

CASE 3 近所からの出火で火事に遭った、あらたまった相手へ

田所さんから、幸野様のお宅がお隣からのもらい火で被災されたと伺いました。謹んでお見舞い申し上げます。ご心痛いかばかりかとお察し申し上げます。

皆様さぞかしお困りのことと存じます。ご遠慮なくお申し付けくださいませ。ご入り用のものなどございましたら、ご遠慮なくお申し付けください。また力仕事なら息子も二人おりますし、いつでもお使いくださいませ。

あらためてお伺いするつもりでおりますが、まずは取り急ぎお見舞い申し上げます。

☆援助の申し出はできるだけ具体的に書くのが親切だ。

☆火事見舞いは差し障りがある場合があるので、出火の原因にはふれない方が無難。「全焼」「焼失」「倒壊」「類焼」などの語句は、生々しい印象を与えるので使わない方がよい。

CASE 4 盗難に遭った、夫の上司へ

三神様

この度の盗難の件、主人から聞きました。たいへんお気の毒に存じます。

被害少なからぬご様子で、お慰めの言葉もございませんが、ご家族様におけががなかったとのことで、少し安堵の胸をなでおろしました。もしどなたかがご在宅中に、と想像するのも恐ろしい限りです。

さぞかしご不安な毎日と拝察いたします。何卒、お気持ちを切り替えられて、お気を強く持たれますよう、お祈り申し上げます。

まずは書中にてお見舞い申し上げます。

☆被害金額やその状況はプライバシーに関わることなので、詮索しない。落胆を慰め、動揺をいやすことを主眼に置く。

CASE 5 台風の被害に遭った友人へ

☆相手は心細く思っているはず。援助や協力を申し出て役に立ちたいという気持ちを伝え、励まそう。

テレビニュースで知りましたが、そちらは台風の被害がひどかったのですね。お宅は大丈夫ですか。信二さん、理奈ちゃん、信夫くん、皆様おけがはなかったですか。皆でたいへん心配しております。くわしい情報が入らないので想像が悪い方へばかり走ります。

落ち着かれましたら元気な声を聞かせてください。私たちで役に立つことがありましたら、何でもお申し付けくださいね。

差し出がましいとは思いましたが、とりあえず日用品をとりまとめて別送しておきましたので、お受け取りください。

火事、災害見舞いでよく使われる言い回し

- このたびの被災のこと、心よりお見舞い申し上げます。
- 思いのほか、台風の被害が甚大だったとのこと、お見舞いの言葉もありません。
- ご近所からの出火で被災された由、心よりお見舞い申し上げます。
- 被災を知ってぼう然となりました。被害はいかがですか。
- 皆様にお障りがなければとひたすらご無事を念じております。
- ご落胆の心中、お察ししてなお、あまりあるものがあります。
- おけがが軽くすみましたことが、せめてもの慰めです。
- 断水や停電などで、ご不自由をなさっていらっしゃることでしょう。
- 遠方のことでご様子もわからず、気をもむばかりです。
- どうかあまり失望なさらずお気を強くお持ちください。
- ご入り用の物があれば、なんなりとお申し出ください。
- 心ばかりのお見舞いの品ですので、どうかお納めください。

言葉使いのタブー　忌み言葉を覚えよう

常識的に考えれば自然とさけられる

結婚式のスピーチで「わかれる」「こわれる」などの言葉を使ってはいけないということはご存じでしょう。これと同じように、手紙でも縁起をかついで、いろいろなシチュエーションで「忌み言葉」があります。

とくに結婚、縁談や葬儀の慶弔での手紙、出産や新築などのおめでたい場面での手紙、お見舞いの手紙などにそれぞれ忌み言葉があります。

しかしあまり神経質になることはありません。一般的に、出産祝いの手紙に「失う」「死」などの不吉な言葉を書く人はいないでしょう。堅苦しく考えないで、常識的に判断すればだいたい間違っていないものです。

結婚に関する忌み言葉

☆わかれる、こわれる、だめになる、破れる、去る、終わるなどの意味合いの言葉がタブー。また、重ね重ねなどの、「もう一度」を連想させる言葉もさける。

別れる、分かれる、離れる、別々になる、切れる、割れる、飽きる、壊れる、破れる、終わる、去る、消える、解ける、流れる、枯れる、冷える、戻る、帰る、返る、滅びる、断つ、だめになる、繰り返す
短い、苦しい、寂しい、悲しい、薄い
重ね重ね、返す返す、再び、再度、再々、またまた、皆々様、近々　など

出産に関する忌み言葉

☆失う、死ぬなどを連想させる言葉はタブー。

失う、消える、落ちる、流れる、衰える、死ぬ、苦しむ、破れる、くずれる、四(=死)　など

開店・開業・新築などに関する忌み言葉

☆つぶれる、負ける、だめになるなどに関連した言葉はさける。また、火事に関連して、火に関する言葉もタブー。

つぶれる、倒れる、崩れる、壊れる、閉じる、朽ちる、落ちる、失う、さびれる、衰える、行き詰まる、負ける、敗れる、破れる、傾く、揺れる、焼ける、燃える、焼く、火、煙、赤い(＝赤字につながる) など

長寿などに関する忌み言葉

☆死ぬ、終わる、枯れるなどの言葉はタブー。

終わる、枯れる、衰える、倒れる、寝る、死ぬ、病む、寝つく、折れる、途切れる、朽ちる、やめる、ぼける、四（＝死）、九（＝苦） など

病気・けがのお見舞いの忌み言葉

☆長引く、悪いなどに関連した言葉はタブー。

死、苦しむ、苦、四(＝死)、九(＝苦)、寝る、寝つく、悪い、長い、長引く、繰り返す、再び、またまた、再々、滅びる、枯れる、衰える、力尽きる、落ちる、折れるなど

災害見舞いの手紙の忌み言葉

☆再び、ばらばらになるなどを連想させる言葉はさける。

再び、再々、再度、重ね重ね、返す返す、たびたび、皆々様、繰り返す、重なる、続く、長引く、長い、離れ離れ、離れる、ばらばらになる、苦しい、失う、見失うなど

葬儀に関する手紙の忌み言葉

☆たびたび、などの重ね言葉はタブー。生死に関する直接的な言葉はさける。

重なる、重ね重ね、再度、再々、再三、くれぐれも、また、たびたび、しばしば、ときどき、返す返す、皆々様、続く、長引く、死、苦、死亡、死去、生存、四(＝死)、九(＝苦)、浮かばれない、迷う など

「断る」断りの手紙

相手の申し出を断る時は、早めに伝えるのが誠意

困っている時の援助の依頼や、相手の好意を断る時は、早めにその気持ちを伝えるのが最も大切です。

断りの手紙を書くのは気が重いものですが、返事を引き延ばしていてはかえって期待を募らせることになるからです。時機を逸すと相手に迷惑をかける結果になります。

あいまいな表現はせず、きっぱりと断る

断ると決めたらあいまいな表現はさけ、きっぱりと意志を伝えます。

たとえば借金の申し込みなどで、全面的には応じられなくても少しなら協力できるという場合もあるでしょう。そういう時には、どれくらいなら応じられるのか、その範囲をはっきり示します。返済期限などの条件も、こちらの要望をはっきりと示します。

ただし、相手の立場や気持ちを思いやることも忘れてはいけません。「力になれず残念です」「ほかにできることがありましたら、なんなりと」など、相手を思いやる言葉を添えましょう。

断りの理由は、相手が納得できるように具体的に書きましょう。「時間の都合がつかないので」「宗派がちがいますので」「お金の貸し借りは家訓でできないので」「子どもの進学でお金に余裕がないので」などと、極力相手を傷つけない表現を選びます。書けるような理由がない場合には、無難な嘘を考えて伝えることも必要です。

また、相手に失望を与えるわけですから、こちらに落ち度がなくてもおわびの言葉を必ず入れましょう。

断り＝関係の終わりにしないために、「今後もこれに懲りずにお付き合いを」「ご希望に添えずに申し訳ありませんが、これからもよろしく」という一文を添えるようにしたいものです。

point

断りの手紙

①頭語／時候の挨拶
②主文・本題
a 相手の事情を了解したという言葉
b 相手の窮状を思いやる言葉
c 断りの言葉
d 断る理由、事情説明
e 条件付きで協力できるならその旨を知らせる
f 期待に添えないことをわびる、理解・許しを求める
g 相手の健闘を祈る
h 今後につなげる言葉
③結びの言葉／結語
☆時候の挨拶は省いてもよい。
☆勧誘を断る場合にはb、gは省く。

借金、借用申し込みの断り

CASE 1　あらたまった相手に借金を断る

☆プライバシーに関わることなので、必ず封書で出す。

☆相手の窮状をよく理解し、援助できないことに対するおわびをこめて、思いやりをもって書こう。

☆時候の挨拶や結びの言葉などを省いた方が、相手の窮状を思いやる気持ちが表われる。

拝復　お手紙読ませていただきました。有賀様がそのような状況になっていらっしゃるとは露ほども知らず、驚きました。ご苦境のほど、お察し申し上げます。私にご依頼があるとは、よくよくのことと存じます。

A なんとかご用立てしたいのはやまやまなのですが、こちらも長男長女揃って、大学・高校進学と物いりで、わが家の家計は火の車です。まことに恐縮ですが、お申し越しの金額を工面することはできそうにありません。

B ご期待を裏切る結果となり、まことに心苦しい限りではございますが、なにとぞ当方の事情をおくみとりの上、ご容赦願いたく存じます。

またこれに懲りず、今後ともお付き合いのほど、よろしくお願い申し上げます。

敬具

POINT　借金の断りの手紙

①頭語
②主文・本題
a 相手の窮状を思いやる
b 断りの言葉
c 断りの理由、事情説明
d 力になれないことをわびる言葉
e 今後につなげる言葉
③結語

☆時候の挨拶は省いてもよい。

☆相手の窮状に同情する→力になりたいができない→許してほしい→がんばってほしいという流れでまとめるとよい。

言い換え集

A ほかならぬ○○様のご依頼ですのでなんとかお力になりたいとは存じますが…

A いろいろ検討いたしましたが…

A 日頃のご厚情にお応えしたいと検討いたしましたが…

B ご期待には添いかねますが、どうかご理解ください。

B 事情をご賢察いただいて、何卒ご容赦のほど。

B まことにお恥ずかしい（情けない、申し訳ない、ふがいない）限りですが、ご期待には添えません。

B これまでお世話になりながら申し訳ございませんが、ご賢察ください。

CASE 2 借金の再度の依頼を断る

前略　お手紙拝見しました。先日お申し越しの件でまだお困りとのこと、ご苦境のほど、お察し申し上げます。

ほかならぬ○○様の再度のご依頼ですのでいろいろ検討してみたのですが、やはり先般のお手紙でも申し上げましたように、とてもご融通するゆとりがございません。これまでいろいろお世話になっておきながら、肝心の時にお役に立てず、本当に心苦しい限りです。申し訳ございません。

事態が好転されることを心よりお祈り申し上げます。

まずは不本意ながらご返事まで。

草々

☆再度の依頼への返事はさらに辛いものだが、はっきり断る。
☆相手をさらに思いやる気持ちを忘れずに。

CASE 3 スキー一式を貸せない断り

拝復　ますますご活躍のご様子、なによりと存じます。

さて、来月の札幌へのスキー旅行、さぞ楽しみにされていることと思います。

ところで、お申し出の件ですが、折悪しく、その時期にちょうど私ども家族は里帰りかたがたスキーに行く予定なのです。長野も今年は雪が多く、子どもたちもたいへん楽しみにしております。そういう事情ですので、申し訳ありませんが、スキーはお貸しできません。何卒ご了承ください。

札幌旅行、十分に楽しんできてください。

敬具

☆率直に断りの理由を伝える。
☆おわびの言葉を入れると、相手の心証もよくなる。

身元保証人の断り

CASE あらたまった相手に

拝復　就職が内定されたそうでおめでとうございます。第一志望の○○放送とのこと、心からお祝い申し上げます。

ところで、私に身元保証人をとのご依頼ですが、まことに勝手ながらご辞退させていただきたくご連絡申し上げました。私のような若輩者は力不足でございます。年齢、社会的地位などを考慮されて、身元保証人にふさわしい方をお選びになることをおすすめいたします。あなたのためにその方がよいと存じます。

しかしながらこれに懲りず、今後とも変わらぬご交誼のほど、よろしくお願いいいたします。

取り急ぎ、おわびかたがたご返事まで。

敬具

☆断る理由は自分側にある、ということを強調するのがポイント。「主義」「家訓」「親の遺言」「信条」「分不相応」などとすれば角が立たない。また「転勤の予定がある」「退職後で不安定な身分なので」などというのも、相手に納得してもらいやすい。

POINT 保証人の断りの手紙

①頭語／時候の挨拶
②主文・本題
a断りの言葉
b断りの理由、事情説明
c理解・許しを求める
d今後につなげる言葉
③結びの言葉／結語

よく使われる言い回し

- 私には荷が重すぎますので。
- ご信頼にそむくようで、まことに申し訳ないのですが。
- ほかのことでお役に立てることがありましたら、なんなりとお申し付けください。
- どなた様からのご依頼でも、保証人はお引き受けしないことにしております。
- 保証人といっても形式ばかりのものと承知はしておりますが、この件ばかりはお許しください。

●連帯保証人の依頼の場合

- 私はまだ社会的にも経済的にも微力であり、人様の保証人を引き受けるような器ではございません。
- 連帯保証人にはそれ相応の覚悟が必要ですので…
- 私の現状を考えますと、とても保証人としての責任は果たせないと思います。

就職、転職依頼の断り

CASE 1 就職先紹介の依頼を断る

☆断る理由は相手が納得するように具体的に書く。できる範囲の協力は惜しまないという誠意を示すことで理解してもらおう。

☆ハガキやファックスなどは厳禁、必ず封書で出す。

拝復　初秋の候、ますますご清栄のこととお喜び申し上げます。

A さて、早速ですがご依頼いただいたご子息様の就職の件につきまして、今回はお断りせざるを得ません。

主人にそれとなく人事部長に打診してもらったのですが、主人の会社ではたとえ重役の子息であっても入社試験以外に入社する方法はなく、方針は曲げられないとのことでした。お力になりたいのはやまやまですが、そのような事情でございますので、どうかご理解いただけますようお願いいたします。

B なお採用予定などの情報提供や、入社試験の心得などについてでしたら、少しはお役に立てるかと申しております。ご希望がございましたらお申し付けくださいませ。

ご子息様の今後の就職活動が実を結ぶことを祈念いたしまして、まずはご返事申し上げます。

敬具

P.46〜93

言い換え集

A せっかくご依頼を受けながら、お力になれず、まことに申し訳ないのですが、今回はお断りせざるを得ません。

A まことに不本意なのですが、心苦しいご返事をしなくてはなりません。

A 立場上、そのようなご依頼は一切お断りしております。何卒お許しください。

B ○○会社関係でしたら、昔のつてを頼って力をお貸しできるかもしれません。

B 就職試験の手続きや心得などについてでしたら、できるだけご相談にのらせていただきます。

CASE 2 同じオフィスに転職したいという友人を断る

朋子様

お申し越しの件、社長に話してみました。

本当に残念なのですが、今年は新規採用はしないとのこと、とくにデザイン部門はこの不景気で仕事の量も伸び悩んでいるので、せっかくですが、お断りしてください、とのことでした。

あなたの作品を見て、即戦力になる力のある人みたいだから、ほかの事務所でいい仕事ができるはず、うちには来てもらえないけれど、ご紹介することはできる、と申しております。もしよろしければご連絡ください。

私も一緒のオフィスで働けるといいなあと思っていたのですが、残念です。お力になれなくてごめんなさいね。でも社長の太鼓判ももらったから、きっといいところに転職できると思います。

とりあえず、ご返事まで。転職活動、がんばってね。

典子

☆友人には親しい文面でよいが、断るところはきっぱり断り、協力できる部分はきちんとその範囲を述べること。

CASE 3 夫の会社に就職させてほしいという姪を断る

昌子さん、お手紙拝見しました。すばらしい成績で大学を卒業されるのに、就職の方は思わしくないとのこと、本当に残念なことです。

さて、ご依頼の件、早速伯父さんに話してみたのですが、お役に立てそうにないとのことです。なにしろ深刻な不況で、伯父さんの会社は今年も新規採用はしないそうです。伯父さんも早期退職を勧められているような状況です。ご希望に添えなくてまことに申し訳ありません。伯父さんもたいへんすまながっておりました。

とりあえずご返事まで。身体に気をつけてがんばってください。

☆ぶっきらぼうな表現はさけ、相手のプライドを傷つけないように配慮しながら、わびる気持ちでまとめよう。

就職、転職依頼の断りでよく使われる言い回し

- 残念ですが、ご紹介の件についてはお許し願います。
- 知り合いにも尋ねてみたのですが…
- なんとかお世話したいと苦慮したのですが…
- いろいろ手を尽くしてみましたが…
- 安請け合いしてはかえってご迷惑をおかけすることになりかねないので…
- 頼りがいがなくて申し訳ありませんが、何卒ご容赦ください。
- 今後の就職活動が実を結びますようお祈りいたします。
- 今後も引き続き留意しておきますが、まずは取り急ぎ現段階でのご返事を申し上げます。

人の紹介の断り

CASE 仕事上の知り合いの紹介(講演依頼)を断る

☆「紹介できるほど親しくない」「以前は親しかったのだが、最近は疎遠で」と、紹介できるほどの間柄でないというように説明すると無難。
☆親しいことを依頼人が知っている場合は「以前紹介してトラブルがあった」「不義理をしていて頼めない」など、自分の方に原因があって頼めない、とする。

拝復　お手紙拝見いたしました。

ますますご健勝のこととお喜び申し上げます。

さて、早速ですが、ご依頼の○○株式会社の中畑氏をご紹介する件につきまして、ご返事申し上げます。

中畑氏は私どもの会社の取引先にあたり、確かに面識もございます。

しかし、私どもは先様の下請けという立場ですので、ご紹介するというのは僭越でございます。中畑氏は講演も数多くこなされていらっしゃるようなので、部外者の私が間に入るより直接お申し入れなさった方がよろしいかと存じます。

肝心な時にお役に立てず心苦しいですが、どうかあしからずご了承ください。

まずは取り急ぎご返事まで。

敬具

よく使われる言い回し

- ご紹介できるほどの親密な間柄ではありませんので、どうかご了承ください。
- 実のところは個人的な付き合いをするほど、親しい関係ではないのです。
- ○○氏でしたら、私などよりはむしろ××様にご紹介をお願いしたらいかがでしょうか。
- 以前は親しくしていただいておりましたが、現在は疎遠になっております。
- 実は現在、別件で頼み事をしており、その返事待ちという状況です。さらにその上にご紹介のお話を持ちかけるのは無理かと思います。
- 私は仲介者としては不適当ですので、他の適当な方をご依頼されるのがよいと思います。

来訪の断り

CASE

遠方の知り合いの来訪を断る

☆返事はあいまいにしないで明確に。断る理由もきちんと書く。場合によってはそれらしい理由を考えて書くことも必要になる。

朝夕はだいぶしのぎやすくなりました。

さて、来月三日に私宅をご訪問くださるとのこと、本当に久しぶりですので喜んでお待ち申し上げたいのですが、折悪しくその日は義母の法要で、主人の実家に参ることになっております。そういう事情ですので、どうかご了承ください。

もう長らくお目にかかっておりませんし、遠方からおみえになる機会もなかなかございませんから、本当に残念でなりません。いつかまたきっとお遊びにいらしてくださいね。

まずは取り急ぎ、おわびかたがたご返事まで。

P.46〜93

よく使われる言い回し

●断る理由

- あいにく先約がございまして、その日は出かけております。
- 長男が受験でなにかと落ち着かない時期でございますので…
- ちょうどその日は主人の関係の来客があります。
- その日は前々より家族で出かける計画を立てており、変更ができない次第でございます。

●次につなげる言葉

- またの機会にお目にかかれることを楽しみにしております。
- 次回またこちらにいらっしゃるご予定はありませんでしょうか。その際はぜひお運びください。

●今後もあまり来訪してほしくない時

- 同居の主人の母が体調をくずしております。しばらくはおもてなしもできないと存じます。
- 受験生を抱えて、余裕のない状態でございます。申し訳ございません。

贈答、勧誘、保険、寄付の断り

CASE 1

今後の中元・歳暮を断る

前略　昨日はお心のこもったご贈答品を賜り、まことにありがとうございました。

さて、本日お便りいたしますのは、まことに恐縮ではございますが、ご贈答品のご辞退をさせていただくためです。

ご存じのとおり、私ども夫婦は公立中学の教師でございます。職務上、ご父兄からの贈り物はいっさい受け取らないという主義でございます。

ご厚志のみありがたく頂戴し、品物につきましてはご受納くださいますようお願いいたします。今後のご贈答も拝辞させていただきたく存じます。何卒お気を悪くされませぬよう、ご理解のほどをお願い申し上げます。

まずは書面にてお願い申し上げます。

草々

☆贈ってもらったことに対する感謝の気持ちを伝えるとともに、自分の信条、立場を具体的に述べ、受け取れない理由を説明する。ただ「受け取れない」というだけでは相手の好意に対して失礼に当たる。

☆贈答品の受け取りを断る場合について、さまざまな言い換えはP・131参照。

POINT

贈答品を断る手紙

①頭語
②主文・本題
a贈答品へのお礼
bありがたいが返したいという言葉
c断りの理由
d今後とも無用を願う言葉
e今後につなげる言葉
③結びの言葉／結語

☆最初に誘いや招待を受けたことへの感謝を伝え、参加できなくて残念だということを書く。
☆またの機会を楽しみにしているというニュアンスを伝えるとさらによい。

CASE 2 サークルへの誘いを断る

橋倉様
　先日は、テニススクールに誘ってくださってありがとうございました。週一回でも思い切りラケットを振ってコートを走り回ったら爽快でしょうね。健康と美容のためにもぜひ入会したいのですが、あいにく毎週土曜日は病院のボランティアに通っています。本当に残念なのですが、今回はあきらめるしかないようです。

　せっかく誘っていただいたのに、すみません。メンバーの皆様にもよろしくお伝えください。

まずは、おわびかたがたご連絡まで。

高野ますみ

CASE 3 知人の子息へ・保険の勧誘を断る

☆おわびの言葉を入れ、相手の心証をやわらげながら、経済的な理由を持ち出せばスムーズに断れる。

　達也君、お手紙ありがとう。元気でお仕事に精を出している様子、なによりです。

　さて、お勧めの件ですが、すでに私は会社の団体生命保険と他社の個人年金型保険と二社に加入しているので、新規の加入は見合わせたいと思っております。ほかならぬあなたの頼みですから、なんとかしてあげたい気持ちはやまやまですが、毎月の掛け金だけでせいいっぱいなのです。よいご返事ができずに心苦しいのですが、ご了承ください。

取り急ぎご返事まで。

勧誘の断りでよく使われる言い回し

●勧誘全般

- 身勝手な物言いではございますが、意をおくみとりくださいませ。
- ご連絡をいただきましてから、ずいぶん考えさせていただきましたが、今の私には荷が重いようでございます。
- 理由をご理解いただいて、どうかご放念ください。
- いずれお願いしたい時にはあなたにお声をおかけします。
- この件に関しましては、今後お誘いのないようにお願い申し上げます。

●宗教の断り

- お気にかけていただきましたのに、ご期待に添えず申し訳ありません。
- あいにく私にも標となる宗教がありますので、今後、このようなお誘いはご遠慮したく存じます。

「引き受ける」依頼承諾の返事

承諾の返事は早めに、「快諾」の姿勢で

協力や援助を頼まれて承諾の返事をする時には、できるだけ早く返信をして、相手を安心させてあげます。

なかには、あまり気は進まないが承諾するという場合もあるでしょう。しかし、たとえそういう状況でも、文面には「快諾しました」という姿勢を見せるのが一般的です。また、借金の申し入れに対して、全額は無理でも部分的になら協力できる、ということもあるでしょう。その場合には、自分のできる範囲を、はっきりと示します。

くれぐれも恩着せがましい態度にならないように。気持ちよく援助しましょう。

CASE 1

借金の申し込みを一部承諾する

拝復　お手紙拝見しました。ご主人様が入院されたとのこと、さぞかしご心配でいらっしゃいましょう。しかも緊急手術を受けられたと聞き、私どももも気をもんでおります。

入院費、治療費の件ですが、少しならばご用立ていたしますので、ご安心ください。

ただ、当方も身体が不自由になった両親のためにバリアフリーに改築したばかりで、ローンの返済を抱えております。お申し越しの全額というわけにはいかないことを何卒ご了承くださいませ。

★来週にでもお見舞いにお伺いいたしますので、その際にくわしいお話をさせていただきます。

取り急ぎご返事まで。ご主人様、くれぐれもお大事に。

かしこ

★金額や返済時期など、くわしいことについては手紙でやりとりするより、会った時に話し合うと述べる。
☆このような場合には相手の辛い立場を慰め、お見舞いの言葉も忘れない。

point

承諾の手紙

①頭語（拝復）
②主文・本題
a相手の事情はわかったという言葉
b依頼の件を承諾
c承諾にあたっての条件
d事態好転を祈る言葉
③結びの言葉／結語

CASE 2

身元保証人の承諾

拝復　お便り、拝見いたしました。

敏子ちゃん、大学合格、おめでとうございます。志望校に一回で合格なんて、本当によくがんばったわね。

さて、保証人の件ですが、当地にご親戚もないということならば、私が一肌脱がなくちゃいけないわね。志奈子のお嬢さんということなら、間違いもないでしょうし、喜んでお引き受けいたします。

うちに下宿して、と言いたいところですが、ご存じのように小さいのが三人いる上に狭いマンションなのでとてもとても。ごめんなさいね。

書類などいつでもお送りください。もしいらっしゃるなら、火曜日以外はうちにいますので、いつでもどうぞ。

取り急ぎご返事まで。

かしこ

☆保証人などの依頼にはよく考えてから返事するが、そのようなそぶりは見せないような文面にする。

依頼承諾の返事でよく使われる言い回し

- ほかならぬ○○様のご依頼ですので…
- ○○様のことをご信頼して…
- ○○様ならお言葉に二言もございませんでしょう。
- 日頃からご信頼しておりますので…
- ご返却の期限を守っていただけますなら…
- 私にできる範囲でご協力させていただきます。
- 私でお力になれることでしたら、協力させていただきます。
- お引き受けするからにはきちんとさせていただきたいと思います。
- お役に立たせていただきます。
- お申し越しの半分でもかまわないのであれば、お力添えさせていただきます。
- 大したことはできませんが、できる限りのご援助はお引き受けいたします。
- 喜んで協力させていただきます。

「わびる」おわびの手紙

一刻も早くおわびの気持ちを相手に伝える

なにはさておき、一刻も早く出すことが基本です。「叱られる前に謝る」と心得ましょう。謝罪が遅れれば遅れるほど、相手の怒りも大きくなります。

また謝る時は全面的に謝ります。相手に理不尽な主張があり、多かれ少なかれ納得のできないことがあっても、とにかく平謝りすることです。

心から「申し訳ない」という思いを伝えることです。

言い訳と他の人のせいにするのは禁物

おわびをすることになった経緯については率直に述べ、理解してもらえるよう努めましょう。ただし冷静に事実を伝えるようにします。

例えば「子どもがやったことだから」などと言い訳がましくしたり、「あなただって同じ行動をとるはず」などと同意を得るような書き方は厳禁です。

ある程度、「お酒を飲み過ぎて」「仕事が忙しくてつい返事が遅れて」などと事情を説明することは必要ですが、あまりくどくどと書くのはタブーです。

手紙は単なる中継ぎの手段

おわびという行為は、本来、直接会って行うべきことです。手紙はそれまでのつなぎでしかありません。

当然自筆で、封書で出します。下手でも丁寧に書いて誠意をわかってもらうことです。

また、人にけがをさせた、物を壊したなどの場合は善後策についてもふれる必要があります。その際は「お目にかかった時に具体的に相談させてください」などの表現にとどめておき、直接会って交渉するようにしましょう。

いずれの場合も、最後に、このような過ちを繰り返さないという言葉を書き添え、今後も変わらぬ交誼を願う言葉を、必ず付け加えておきましょう。

point

おわびの手紙

①頭語（拝啓、急啓）
②主文・本題
a謝罪の言葉
b事情説明
c心から反省している旨を述べる
d償いの方法について
e同じ過ちを繰り返さないという誓い
f今後につなげる言葉
g改めておわびの言葉
③結びの言葉／結語

返事の遅れ、無沙汰のおわび

CASE
知り合いの還暦パーティーへの返事が遅れた

急啓　先日は還暦パーティーのご招待状をいただきありがとうございました。すぐにお返事すべきものをこのように遅れて、申し訳ございません。

実は、先週、次女が幼稚園のブランコから落下し、緊急入院・手術とあたふたと時間が過ぎていきました。ずいぶん肝を冷やしましたが、右腕の単純骨折で、あと一週間ほどしたら自宅療養になりそうな見通しです。ご心配かけるのも心苦しく、また見通しが立った段階でご連絡しようと思い、このように遅れてしまいました。心よりおわび申し上げます。

おかげさまで、娘は順調に回復しそうですので、来月の森田さまの還暦パーティーにはぜひ参加させていただきたく存じます。できますれば、私も人数に加えていただきたくお願い申し上げます。

取り急ぎ、おわびかたがたご返事申し上げます。

敬具

★時候の挨拶などは省略してよいが、丁寧にしたい場合は「拝啓」「急啓」などを用いる。「前略」「草々」は相手によっては失礼にあたる。
☆急いでいる気持ちを表わすために、できれば速達で出す。
☆出欠の返事が遅れた場合は、まず電話をかけて出欠を知らせ、それから返事を投函するのが、より丁寧。

よく使われる言い回し

- 本来ならもっと早くにご連絡すべきでしたのに、忙しさにかまけて遅くなってしまいました。
- ご返事を投函したとばかり勘違いしておりました。申し訳ございません。
- ご返事が遅くなりましたが、まだ間に合うでしょうか。
- お手紙をいただきながら、ご返事申し上げるのが遅くなってしまいました。
- 長い間、何のご連絡もいたしませず、たいへん失礼しました。
- いかがお過ごしかと思いつつ、長い間お手紙もいたしませんでした。ご容赦ください。
- あいかわらずのご無沙汰、お許しください。

借用品に関するおわび

CASE 1

借りたスーツケースを汚してしまった

先日は無理なお願いに快くスーツケースをお貸しいただき、ありがとうございました。おかげさまで初めての海外旅行はたいへん楽しいものになりました。

ところが、昨夜帰宅しスーツケースを点検しましたところ、鍵の金具が少し破損しており、それにナイフで切られたような傷もあります。どうやら向こうの空港のストに巻き込まれた際に手荒に扱われ、傷を付けられたものと思います。

浜本様があちこちご旅行される時にいつもお持ちになった思い出深いスーツケースですのに、このようなことになり、どうおわびしてよいものやら、まことに申し訳ありません。

ともかく、日曜日に返却に参ります。その際、どのような形で弁償させていただけばよいのか、なんなりとご指示ください。

取り急ぎおわびかたがたご報告まで。

☆どんな理由であろうと他人からの拝借物の破損、紛失などの責任は借りた方にあるので、誠意をこめておわびする。

☆弁償の有無について、必ずふれる。

POINT

借用品に関するおわび

①頭語（拝啓、急啓）

②主文・本題

a品物を貸してくれたお礼

b破損、紛失、返却遅延などの報告とおわび

c償いの方法について

d改めておわびの言葉

③結びの言葉／結語

☆おわびの手紙では、時候の挨拶は省略して本題に入るのが一般的。いきなり本題に入るのだが、頭語を使う場合は「前略」は使わない。必ず「拝啓」「急啓」などを使う。

☆結語に「草々」は使わない。必ず頭語に対応する「敬具」などを使う。

☆会ってわびるという前提があるなら、おわびの手紙はハガキで出してもよい。

CASE 2 借りた資料の返却を求められて

☆遅れてしまった理由については、相手が納得できるように説明する。
★返却予定について、明確に知らせる。

拝啓　急ぎご連絡いたします。拝借した資料の返却が遅れており、申し訳ありません。お電話をいただき申し訳ない思いでいっぱいです。

現在関わっている仕事にたいへん役立つ資料なので、毎日便利に使わせていただき、今しばらくお借りしていたいと思いながら日延べしてしまった次第です。

すぐにご返却いたします。★お電話いたしましたように、今日、宅配便にてご送付いたします。本当に申し訳ありませんでした。

敬具

CASE 3 借りたビデオカメラのケースをなくしてしまった

☆どんなに親しい間柄でも、謙虚にわびる。
☆相手との信頼関係を損ねないためにも、事後対策を具体的に述べておくことが大事。

拝啓　先日は大切なビデオカメラを快く貸してくださり、まことにありがとうございました。改めてお礼申し上げます。

ところで、本日はおわびを申し上げなければなりません。帰りの飛行機の中でケースがないことに気付いたのです。羽田に着いてすぐ、ホテル、観光地など、思い当たるところに電話してみたのですが、どうしても見つかりません。貸していただきながらこの不始末で、おわびの申し上げようもございません。

現在、同じケースを手配しており、あと一週間ほどで入手できる見込みです。入手次第お届けにあがりますので、もう少しお待ちください。当方の不注意を重ねておわび申し上げます。

敬具

借用品に関するおわびでよく使われる言い回し

- 私の不注意で破損（紛失）してしまいました（汚してしまいました）。
- つい長い間、お借りしたままになってしまいました。
- 大切な○○を傷つけてしまい、本当に申し訳ございません。
- どのようにさせていただくのがよろしいでしょうか。ご意向をお聞かせください。
- 新しい物をお返しするということでお許し願えるでしょうか。
- 弁償してすむものではないと承知しておりますが…
- 修理すれば元どおりになるということですが、その分、ご返却をご猶予いただきたく存じます。

借金返済遅延のおわび

CASE 1 あらたまった相手に

拝啓　昨年ご拝借した金百万円、長々とお借りしたままで、たいへんご迷惑をおかけしております。即刻ご返済すべく奔走しておりますがうまくゆかず、遅延の失礼を重ねております。

しかし★今月二十日にはようやくまとまった入金が見込めますので、来月一日にはお振り込みする予定です。当方のわがままなお願いに快諾いただき、さらにご返済の遅延にも催促もなさらない貴兄のご芳情に深く感謝する次第です。

本来なら参上し、おわびならびに感謝を申し上げるべきですが、とりあえず書中にておわびかたがたご報告申し上げます。

敬具

★返済の努力をしていることを述べる。また返済の期日を明記して相手を安心させるとよい。

☆大金を借りているのだから、出向いて事情を説明するのが本来の礼儀だと認識しておくこと。

POINT

借金返済遅延のおわび

①頭語（拝啓、急啓）

②主文・本題

a おわびの言葉

b 返済期限猶予のお願い

c 事情説明

d 返済の見通し

e 改めておわびの言葉

③結びの言葉／結語

☆おわびの手紙では、時候の挨拶は省略して本題に入るのが一般的。いきなり本題に入るのだが、頭語を使う場合は「前略」は使わない。必ず「拝啓」「急啓」などを使う。

☆結語に「草々」は使わない。必ず頭語に対応する「敬具」などを使う。

☆具体的な返済の見通しを必ず書いて、相手を安心させることが大切。

CASE 2

親戚に返済遅延をおわびする

叔母様、先日はご迷惑なお願いを申し上げましたにもかかわらず、早速お聞き届けくださいまして、ありがとうございました。たいへん助かりました。

さて、本来なら、このお手紙とともに拝借しましたお金をご返済するはずでしたが、実は実家からの送金が遅れ、手元に入りますのが二十日になる予定です。

必ず十五日までにお返しするとお約束しましたのに、まことに申し訳ありません。入金があり次第すぐ返済に参りますので、ご返済を一週間ほどご猶予願えませんでしょうか。勝手なことばかりで心苦しいのですが、重ねてお願い申し上げます。

☆時候の挨拶は不要。ひたすら誠意をもってわびることが大切。

よく使われる言い回し

●返済期日前

- 先日お貸しいただきました金○○円ですが、一部都合がつかず、ご返却期日にご返済できそうにありません。
- 先日ご融通いただきました件ですが、○月○日のお約束の日に、お返しできそうにありません。

●返済期日後

- ご用立ていただきましたのに、ご返済がこのように遅れ、弁解の余地もございません。
- ご返済期日を守れず、ご迷惑をおかけいたしておりいます。もうしばらくのご猶予をいただきたく存じます。
- ご連絡もせず、ご返済期日を過ぎてしまったこと、ただただ恥じ入っております。

●返済遅延の理由

- 予定しておりました入金が遅れてしまい…
- 返済にあてるつもりのボーナスが大幅にカットされ…
- 思わぬ出費が重なり、ご厚意を裏切る結果になりました。

●改めてのおわび

- ご厚情に甘えた上に、このような不誠実なことをしてしまい、申し訳ございません。
- せっかくのご厚意を無にするような次第になり、弁解のしようもありません。
- 今しばらく、ご猶予いただけないでしょうか。
- さらに自分勝手なお願いを申し上げ、おわびの言葉もございません。
- どうぞ平にご容赦ください。

不始末、失態、失言のおわび

CASE 1
つい言い過ぎたおわび

伯母様
昨日はまことに申し訳ございませんでした。転職の相談にのっていただいたのに、つい言葉が過ぎてしまいました。
昨日も申し上げたように、両親にはこのようなことを相談しにくいということがあって、お忙しい伯母様に時間を割いていただいたのに、つい甘えて感情的になってしまいました。恥ずかしいです。あんな態度は転職云々の前に、社会人として問題ですね。一夜明けて、本当に顔から火が出る思いです。
伯母様にアドバイスいただいたことをじっくり考えて、もう一度、自分の気持ちを確かめてみようと思います。★二度とあんな無礼なことはしません。
★どうか、もう一度、相談にのってください。
おわびの気持ちをこめて、取り急ぎ。

☆自分の非を素直に認めて、ひたすら謝罪の意を表現する。状況説明は簡単に。くどくどと書くと言い訳にとられることもある。

★謝るだけではなく、反省している、これからもお付き合い願いたいということも伝える。

POINT
不始末、失態、失言のおわび
①頭語／時候の挨拶
②主文・本題
a おわびの言葉
b 簡単な状況説明
c 反省の言葉
d 今後の誓い
e 今後の厚情を願う
③結びの言葉／結語

失言のおわびでよく使われる言い回し
- 私の表現がまずかったばかりにお心を傷つけてしまい、たいへん申し訳ございません。
- 親しさのあまり、つい軽はずみな言葉が口をついて出てしまいました。
- 不用意な失言でご迷惑をおかけしました。
- あのような言葉は決して本心ではなく……
- 心にもない暴言を吐いてしまいました。

CASE 2 会合での写真を撮り損なった

「日本語で話そう」ボランティア交流会第一回にご多用中ご参集くださり、ありがとうございました。

在市外国人の方が急増する中で、日本語を教えるボランティアの数も増え、情報交換がさらに重要になってきています。思い切って開いた交流会では、指導法についての勉強や今後の会のあり方など、さまざまな意見が飛び交い、たいへん有意義な会となりました。皆様のご協力、ご支援の賜物と感謝する次第です。

ところで、慣れぬ主催者側のお役目を仰せつかったことで、私もかなり緊張していたようでございます。セミナーや懇談会の写真撮影ですが、手ブレで失敗してしまいました。これからの交流のきっかけにと撮影しましたのに、おわびの申し上げようもありません。次回にはこのようなことのないよう、心して対処いたします。どうかご容赦くださいませ。

☆自分を正当化するようなわび状は書かない。素直にわびることが大切。

失態、非礼のおわびでよく使われる言い回し

- 不作法の数々、お許しください。
- 皆様にご迷惑をおかけし（ご不快な思いをさせてしまい、ご無礼をし、失礼なことをしてしまい）申し訳ありません。
- 思慮分別の浅い私をお笑いください。
- 今さらながら自分の軽率さが悔やまれます。
- 心からおわび申し上げ、ご寛恕《かんじょ》のほどお願い申し上げます。
- 先日の件、ひと言おわび申し上げたく、お手紙する次第です。
- ご指摘を受けるまでまったく気づかずにおりました。お恥ずかしい限りです。
- 伏しておわび申し上げます。
- ご事情も存じませず、たいへん失礼なことをしてしまいました。何卒お許しください。

CASE 3

身元保証した甥の不始末を家主にわびる

★拝啓　高木様ご一家にはますますご清栄のこととお喜び申し上げます。

平素は甥、太一がひとかたならぬお世話になり、まことにありがとうございます。

さて、このたびは太一の不始末により、高木様に多大のご迷惑をおかけし、まことに申し訳ございません。言い訳がましいようですが、高校の同窓生を自室に招いた嬉しさから、つい飲み過ぎてご近所様に不愉快な思いをさせてしまったようでございます。太一にはきつく叱責し、本人も大いに反省しており、二度とこのような過ちは繰り返さないと申しておりますので、何卒お許しくださいませ。

できる限り、償いはさせていただきます。どうぞおっしゃってください。本来ならばすぐさま参上しておわびするところですが、そちらにお伺いするのは月末になりそうです。その際にはご近所様にもご挨拶申し上げます。取り急ぎ書状にて失礼いたします。

★敬具

P.46〜93

☆保証人として、本人の反省や今後の対応を伝えるのがこのわび状の役割。責任者として、自分の立場でできることを具体的に相手に伝えるのがよい。

★このような場合には時候の挨拶、頭語／結語を必ず述べる。

☆ある程度くわしい事情を書いて、本人からきちんと事情を聞いているという印象を与える。

☆おわびは心から述べる。

身内の不始末のおわびでよく使われる言い回し

- 昨日は息子（娘）の○○がたいへん失礼をいたしました。
- 親としてのしつけのいたらなさを思うと、まことに恥ずかしい限りでございます。
- 今後、このようなことが二度とないように本人にもよく言い聞かせます。
- 近日中に本人ともども、おわびにお伺いいたします。
- おわびが遅くなり、申し訳ございません。子どもから何も聞かされておらず、お恥ずかしい限りです。
- 本人も心から反省しております。今回は何卒穏便にお取り計らいくださいますよう、お願い申し上げます。

CASE 4

子どもの不始末をわびる

拝啓　このたびは息子の晃一と謙二がたいへんご迷惑をおかけし、まことに申し訳ございません。

せっかくお招きいただいた真美ちゃんのお誕生会で取っ組み合いのけんかをするなんて、本当にとんでもないことをしてしまいました。お誕生会に伺うのを二人ともたいへん楽しみにしており、当日は朝から少し興奮気味だったようです。ふだんからけんかはしますが、取っ組み合いになることはあまりありません。たぶん気分が昂揚して、そのような事態になってしまったものと思います。何卒、お許しくださいませ。

壊してしまった花瓶とケーキ皿は、もちろん、弁償させていただきます。どのようにさせていただくのがいいか、後日改めておわびにお伺いいたしますので、その際にご意向をお聞かせください。

真美ちゃん、楽しいお誕生会を台なしにしてごめんなさいね。★晃一と謙二も心から反省しています。

どうかこれに懲りず、引き続き仲よくしていただけますよう、お願い申し上げます。

☆状況や理由の説明は簡単に。
☆自分の子どもをかばいたい気持ちは抑えて、きちんとおわびする。
★本人たちも反省しているという一文を必ず入れる。

無断欠席・違約の手紙でよく使われる言い回し

- 急なことで連絡の取りようもなく、さぞお腹立ちのことと伏しておわびいたします。
- 私の不手際でお約束を果たせず、深くおわびいたします。
- 同じ過ちを繰り返さないことを誓います。
- 約束を守れず申し訳ない気持ちでいっぱいです。
- 先日はお約束どおりにできず、さぞかしご不快な思いをなさったこととおわび申し上げます。
- 先日のお約束ですが、私が非力なばかりに反故になってしまいました。
- ペナルティーを甘んじて受ける所存です。

「催促する」「抗議する」催促、苦情、抗議の手紙

催促は強硬に迫るよりもお願いする姿勢で書く

一度目の催促は相手の様子を尋ねるくらいの気持ちで出しましょう。貸したお金や品物の返却を求める場合も、依頼した事柄の返答を求める場合も、いずれも一度連絡してほしい、何か状況に変化が起きたのかなど、相手が約束を守らないことを心配する姿勢で手紙を書きます。また、返済方法を考え直してもいいなど、相手の気後れをなるべく軽くする提案をするのもいいでしょう。

「とにかく返して」「どうなっているのか」では相手も連絡しにくくなってしまいます。さらに不満や怒りをぶちまけ、無責任だと非難したりなじったりすれば、相手を傷つけるばかりか逆効果になります。低姿勢でやんわりと、期待する行為を引き出すのがポイントです。

相手も返す時期を過ぎて連絡しにくくなっている場合もあります。体面を傷つけないように注意しましょう。

こちらがどのように困っているか、窮状を訴えるのもいいでしょう。

抗議、苦情はまず冷静さを心がけよう

迷惑をこうむったり、被害を受けた場合などはつい感情的になりがちですが、手紙にしたためる時は冷静にならなければうまくいきません。

抗議の手紙は相手の反省を引き出し、善処させてこそ、目的が達成されるもの。こちらが迷惑している事実を相手に納得してもらい、その上で約束の事項を提案するようにします。

また、全て相手に非があるとは限りません。冷静に状況を把握することが大切です。

とくに近隣トラブルや、今後も付き合っていきたい友人などとはしこりが残らないようにしたいものです。お互いに歩み寄ることが大切ですから、一方的に自分の要求ばかりを通そうとしたり、相手を責めたりするのはタブーです。

相手によっては、抗議する、苦情を言うというよりも、相談する、お願いする、一緒に打開策を考えるなどの気持ちで臨んだ方が、交渉がうまくいく場合もあります。

人間関係を考えて、相手をよく見て、手紙の書き方を選びましょう。

☆ポイントは、それぞれの項目を参照。

催促

CASE 1

知り合いへ・借金返済の催促

拝啓　梅雨明けが待ち遠しいこの頃、いかがお過ごしですか。

さて本日お便りいたしますのは、今年二月にご用立てした二百万円の件でございます。当初五月末には全額お返しくださるという約束でしたが、いかがなりましたでしょうか。

★ご承知のように、わが家はゴールデンウイーク明けより家の外装・屋根の修理をしておりまして、完了後に即、まとまったお金を支払わなければなりません。催促申し上げるのはまことに心苦しいのですが、少々心配になっております。

貴兄にもさまざまなご事情があるかと思いますが、私どもの窮状をお察しいただき、至急ご返済くだされば幸いです。何卒よろしくお願いいたします。

敬具

P.46〜93

☆一回目の催促は相手の現状を聞き出すつもりで書く。
★お金が入り用な自分の事情をくわしく述べることで、あまり余裕がないことを表わす。

POINT　催促の手紙

①頭語／時候の挨拶
②主文・本題
a 催促の言葉
b こちら側の事情の説明
c 相手への具体的なお願い
③結びの言葉／結語
☆必ず封書で出す。
☆はやる気持ちを抑えて、頭語や時候の挨拶も書く。

CASE 2

友人へ・カードで立て替えたお金の返金催促

拝啓　秋の色が次第に深さを増してきました。その後いかがお過ごしですか。

さて、こうしてお手紙を差し上げるのは、実は以前カードで立て替えた五万円をお返しいただけないかというお願いです。

おおざっぱな性格の私なので、ご用立てしたことをすっかり忘れておりました。今日、カード会社からの明細表が送られてきて、思い出した次第です。

仕事で飛び回っているあなたのことですから、あなたもお忘れになってしまったのでしょうか。しばらくお目にかかっていないので、近々会いませんか。その時に持ってきていただけると助かります。よろしくお願いします。

かしこ

P.46〜93

☆相手が返事をしやすいように、穏やかな文面でまとめる。貸したお金を回収しやすいように、具体的に会う約束などの提案をするのもよい方法だ。

CASE 3

二回目以降の催促の手紙

前略　取り急ぎ申し上げます。

すでに用件はご承知のことと存じますが、お電話をかけてもつながらず、困っております。このようにご連絡もなく、○月○日までにご返済いただけない場合は、不本意ながら法的な手段をとらせていただくことになります。

折り返しなんらかの誠意あるご回答をお願いいいたします。

草々

☆何回催促しても連絡もしてこない相手には、ある程度覚悟して、きつい言い方をすることも必要。

☆相手を責めたりなじったりの感情的な表現はさけ、法的な措置をほのめかすのが効果的。内容証明郵便で送付するのも一つの手だ。内容証明郵便とは、いつ、誰が誰に、どんな内容の手紙を出したかを、後日証拠とするために、複写して郵便局長に出すもの。「そんな手紙は受け取っていない」という言い逃れができなくなる。

CASE 4

貸した礼装の返却を促す

美緒様

しばらくご無沙汰しておりますが、お元気ですか。こちらは皆、相変わらずで家族一同賑やかにやっています。

さて、過日お貸しした礼装、すでにご用済みと思いますので、お戻しいただけませんか。★来月早々にいとこの結婚式があるのです。

どうかよろしくお願いします。

いやな風邪が流行っています。末筆ながらご注意ください。

まずはお願いまで。

草々

☆感情をむき出しにせず、冷静にまとめよう。ユーモアをまじえられたらなおよい。

★使う予定が迫っているので、お願いします、という姿勢で書く。

催促の手紙でよく使われる言い回し

●借金の返済催促

- 催促がましくて申し訳ありませんが期日が過ぎております。
- お約束の○月○日は過ぎております。いかがでしょうか。
- 何かご事情があって、ご連絡をいただけないのでしょうか。
- もしやご失念ではとお尋ね申し上げる次第です。
- こちらの事情をご賢察の上、何卒○月○日までにご返済ください。
- ご都合もありましょうが、当方の事情をご賢察の上、善処くださいますようお願い申し上げます。
- もし分割でのご返済をご希望でしたら、ご相談いただければと存じます。
- 全額が無理なら、そのうち○万円だけでも○日までにご送金ください。

●品物の返却の催促

- 当方でも必要になりましたので、至急お返し願えませんか。
- そろそろご用済みになられる頃ではと拝察いたしまして…
- そちらに出向く用がありますので、取りに伺いますが…
- お手数ですが至急ご返送いただけますでしょうか。
- ○月○日にどうしても入り用なので、間に合うようにお送りいただけますか。

☆書き出しから催促の言葉というのは失礼な印象になる。挨拶を入れてワンクッションおくとよい。

CASE 5 転職先の紹介を依頼した返事の催促

前略　先日はお忙しい中、親身になって相談にのってくださり、ありがとうございました。

おかげさまで私も元気づけられ、一刻も早く就職を決めたいと思っております。○○電機をご紹介くださるというお話、その後どのようになりましたか。

お忙しい小坂様をせかすようで心苦しいのですが、再就職への希望は断ちがたく、ぜひお力を借りたいので、何卒よろしくお願いいたします。

まずは再度のお願いまで。

草々

POINT 依頼事の返事の催促

①頭語／時候の挨拶
②主文・本題
a過日話を聞いてもらったお礼
b相手にお願いできたことでの心境の変化
c依頼したことはどうなっているか問う
d改めてお願いする言葉
③結びの言葉／結語
☆初めての手紙では、催促というより、問い合わせるという姿勢で。
☆相談にのってもらったことへのお礼をまず、きちんと述べる。

依頼事の返事の催促でよく使われる言い回し

- 先方にお問い合わせいただけるとのことでしたが、その後いかがなりましたでしょうか。
- ご多忙とは存じますが、何卒ご返事をいただけますよう、お願い申し上げます。
- スケジュールを調整していただけるとのことでしたが、ご予定の方はいかがですか。
- ご依頼申し上げた○○の件につきまして、その後ご意向はいかがでしょうか。
- 先日お申し出いたしました件ですが、せめて見通しだけでもお聞かせいただけないでしょうか。
- ご多忙な○○様でいらっしゃいますから、もしやご失念なさっておられるのではと、失礼ながらお便りを差し上げました。

苦情、抗議

CASE 1

マンション内でのペットのしつけについて苦情

拝啓　突然お手紙差し上げます。私はそちらの上の階502号室に住む田上と申しますが、実はお願いがございます。

お宅様で飼っていらっしゃる犬が、夜中に激しく鳴き出すのでいささか困っております。私どもの家には、受験をひかえた娘がおりますので、どうか早急になんらかの手段を講じていただけないでしょうか。夜間はベランダから室内に入れるとか、鳴き出す前に散歩に連れていくなど、善処してくださるようお願いいたします。

敬具

☆あくまでも冷静な文面を心がけよう。
☆一緒に問題解決していこうという姿勢を伝えるとよい。

POINT

苦情、抗議の手紙

①頭語
②主文・本題
a自己紹介
b迷惑の内容
c相手の状況を思いやる言葉
d解決策の提案
e善処を請う言葉
③結語
☆時候の挨拶は不要。文頭でまず自己紹介し、苦情の内容、こちらの事情を、けんか腰にではなく丁寧に述べる。

 商品に関する苦情→P.300～302

CASE 2

商店へ・客が家の前に駐車することへの再度の苦情

前略ごめんください。

私は隣に住む円山でございます。駐車のことで再度申し上げます。

実はお宅に買い物に来られる方が、再三当方の玄関先に路上駐車され、たいへん迷惑しております。張り紙などをしておりますが、一向に改善されないので、困り果てております。

二か月ほど前にもこのようなお願いのお手紙を出させていただいたのですが、なんら対策を講じることなく現在にいたっており、当然状況は改善されていません。

つきましては早急に誠意ある回答を示されるよう期待しております。

かしこ

☆近所など顔見知りへの抗議のケースは相手の性格を考え、もっとも効果的な表現をしたい。「明確に主張し、お願いする」というソフトな表現がよいが、相手に誠意がない場合は強い調子で抗議しなければならない。

CASE 3

セクハラに抗議する

一筆申し上げます。

たいへん申し上げにくいのですが、単刀直入に申します。最近の私に対する馬場さんの態度や言葉に不快感を持っております。もう我慢も限界です。職場で必要以上に私の身体に触れたり、性的な話をされるのは迷惑なのです。それとも私の態度になにか落ち度があるのでしょうか。

馬場さんはたいへん有能な同僚と尊敬もし、仕事上今後もよいパートナーとしていろいろ教えていただきたいと思っています。良識ある社会人として、私のお願いも理解していただけるものと信じております。このまま同じことを続けられるのでしたら、私も相応の処置を取らざるを得ませんので、ご承知おきください。

☆毎日顔を合わせる相手だけに表現が難しいが、言いたいことはきちんと伝える。一方的に責めるのではなく、ほどよい距離を置いて付き合えるように改善してもらうことだ。

苦情、抗議の手紙でよく使われる言い回し

- 本日は苦情を申し上げたく、ペンをとりました。
- このようなお手紙を差し上げるのは不本意ですが…
- お子様がお元気なのはなによりですが…
- いたずらにしては度が過ぎるのでないでしょうか。
- 誠意ある回答を期待しております。
- まったくの怠慢であると思います。
- 二度とこのようなことがないよう、善処いただきたくお願い申し上げます。
- 善処していただけない場合はしかるべき処置を取らざるを得ません。
- 集合住宅でのマナーをお守りいただきたいと思います。

CASE 4 下校時にインターホンを押していたずらをする生徒がいることへの苦情

拝啓　近所に住む北野と申します。実は貴校の生徒さんたちのことで手紙を書きました。

春先より、下校時に拙宅のインターホンを押しては逃げていくという生徒さんが後を絶ちません。子どもたちにしてみれば単におもしろいいたずらでしょうが、たいへん迷惑しております。インターホンの電源を切っておこうかと思うくらいです。町会の集まりでも話しましたところ、私ども以外にも何軒か同様のお宅がありました。

学校の方で、子どもたちに十分に注意してほしいと思います。すみやかな処置をお願いいいたします。

敬具

☆怒りや不信感を前面に出さず、きちんと事実を説明する。その上で学校の監督責任に訴えて、善処を求めるとよい。

CASE 5 教材の一括購入への抗議

突然のお便り、失礼いたします。横田剛史の母でございます。日頃は剛史がたいへんお世話になっております。

先日、剛史より、二学期から音楽の時間にリコーダーを使うという話を聞きました。我が家には剛史の兄が使ったリコーダーがあり、それを使わせるつもりでおります。ところが、剛史が自分は兄のものがあるので必要ないと申し上げたところ、一括して購入するので横田君も買うようにと先生に言われたと申します。

これはどのような理由によるものでしょうか。兄の使っていたものとまったく異なるリコーダーなのでしょうか。それなら仕方ありませんが、同じものなのに「クラスで買うことに決まっているから」などという理由でまた買わされるのは不本意です。あるいは、剛史の勘違いで、先生のおっしゃったことが私どもに正確に伝わっていないのでしょうか。

何卒、ご説明をお願い申し上げます。

かしこ

☆くどくどと事情を説明するのはタブー。簡潔に言いたいことと、尋ねたいことを述べる。
☆我が子の勘違いかもしれない、と自分の方に非がある可能性もにおわせておく。

学校への抗議・苦情でよく使われる言い回し

- 先生方はご存じないのかもしれませんが…
- 学校全体で、この問題に真剣に取り組んでいただきたいと思います。
- なおざりにせずに、問題の解決に向けて善処していただきたく、お願い申し上げます。
- それぞれのご家庭にもご事情がおありとは存じますが…
- 問題が深刻化しないうちに、早急に対応していただきたく…
- 我が子にも非はあるものと思いますが…
- 親として、原因を究明したい一心でございます。
- こちらにも反省すべき点が多々あるとはわかっておりますが…

どうする、こんな時？　手紙とハガキのQ&A

Q1　あらたまった相手に出す手紙では、便箋一枚では失礼？

A　今では一枚でも大丈夫です

以前は用件が終わってしまっても、一枚だけで出すのは失礼とされていましたが、最近はそんなことはなくなっています。

ただ、後付けだけが二枚目になってしまった、というのはちょっと不格好。そんな時は一行でも二行でも増やして、文章が二枚目にもわたるように工夫しましょう。

Q2　「私」は行末、「○○様」は行頭におかないとだめ？

A　そうする方が、より丁寧です

自分のことを書く「私」「私事ではありますが」などの言葉は、行の一番上にはもってこないのが一般的です。

逆に「○○様には〜」という相手を表わす言葉は行末には書きません。

最近では、このルールを守ることも少なくなってきました。あまり神経質になる必要はありませんが、「私」が行のいちばん上にきてしまう場合には、私の字だけを次の行の行末に書きましょう。また、「○○様」がいちばん下にきてしまう時には、そこで改行しましょう。

【例】
○…と存じます。このたび、一身上の都合により、
　　　　　　　　　　　　　　　　　　　　　　私、
□株式会社を退職することになりました。

【例】
○お世話になっております。
林様には、このたびのことでご迷惑をおかけしたと存じます。まことに申し訳ございません。

Q3 筆記用具も選ぶ必要がある？

A あらたまった相手には黒のインクで

手紙は基本的に、黒かブルーブラックのインクで書く、と覚えておきましょう。とくにあらたまった相手には、これ以外の色で手紙を書いてはいけません。

鉛筆は下書き用の筆記用具ですから、手紙には使いません。最近のボールペンは性能がよくなってきましたが、やはりメモ書き用の印象があります。できれば万年筆を使いたいものです。使い捨てのものなら、細字の水性サインペンくらいまでにしておきましょう。

なお、不祝儀に関連した手紙には、真っ黒のインクで書くのではなく、薄墨で書くのがマナーです。

Q4 原稿用紙やレポート用紙は便箋代わりになる？

A あらたまった相手に使うのは失礼です

原稿用紙やレポート用紙、会社の便箋などを私信の便箋として使うのは、あらたまった相手の場合は失礼にあたります。きちんとレターセットを用意しておいて使いましょう。

ただし、親しい相手に送る手紙の場合、わざと便箋以外の物を使って出す事もあります。それを楽しんでくれる相手ならＯＫでしょう。

Q5 封緘は、テープやホチキスでもいい？

A 封緘はきちんと糊付けしましょう

手紙を受け取る人にとって、封を切るのは最初の行為。テープやホチキスで閉じてあると、いくら内容が丁寧でもその気持ちが通じなくなります。

最近はワンタッチで封ができる封筒がほとんどですが、そうでない場合には、面倒くさがらずにきちんと糊付けしましょう。

封緘の文字は、あらたまった相手には「〆、封、緘」、親しい相手ならマークを書いたりシールを貼ったりしてもかまいません。

また、お祝い事の封緘は「寿」にします。

Q6 あらたまった相手にもハガキでいい場合もある?

A 書き方のルールにのっとればハガキの方がいい場合も

以前よりもハガキを利用することは多くなってきましたが、どんな時にハガキで書いてよいかは、迷うところです。ハガキの利点として、

・すぐにペンをとった、という気持ちを伝えられる
・封書では重すぎる時にさらりと気持ちを伝えられる
・押し付けがましくならない

などがあげられます。

年賀状、寒中見舞い、暑中見舞いは当然として、引っ越しや住所表示変更などの通知、旅先からの挨拶などはハガキで行います。

また、相手への災害見舞いも、第一報はハガキでOKです。(→P・188)

迷うのはお中元、お歳暮の礼状、送り状です。かつてはあらたまった相手や目上の人には封書で出すものと決まっていましたが、最近では、それほど高価な物を贈ってないのに、礼状が封書でくると重すぎる、と感じる人も多いようです。「届きました、ありがとうございました」はハガキでよいのではないでしょうか。同じように送り状もハガキでさらりと「お送りしました」と伝えましょう。

ただし、あらたまった相手に対しては、ハガキでも書き方のルールがありますので、注意しましょう(→P・26)。

Q7 「○○先生様」「○○社長様」は丁寧な言葉?

A 敬称を重ねるのは敬語として間違いです

「○○先生」「○○社長」だけでいいのか、尊敬の気持ちが足りないのでは、と考えてしまいますが、先生、様、社長などの敬称は重ねて用いません。先生や社長を付けたら「様」は不要です。

ただ会社などの役職の場合、「××会社社長　○○様」「営業部部長　△○様」というような書き方をすることがあります。役職だけでは物足りない場合は、こちらの書き方をするとよいでしょう。(→P・285)

Q8 「追伸」はあらたまった相手には使えない？

A あらたまった相手には使いません

追伸は、書き終えてから思い出したことを書く、という意味です。つまり手紙の文章を十分考えずに書き始め、書き終えたということですから、いかにもいいかげんな印象を与えてしまいます。

あらたまった相手には「追伸」は使わないようにします。親しい相手ならＯＫです。

Q9 修正液で消すのは失礼？

A あらたまった相手には失礼です

修正液は確かに便利ですが、やはりあらたまった相手に送る手紙には使えません。面倒でも書き直しましょう。

親しい相手なら使ってもかまいませんが、その場合も封筒の宛名の書き損じには使わないようにします。新しく書き直しましょう。

Q10 便箋の折り方に決まりはある？

A 基本は封筒の大きさに合わせること

便箋の折り方は、図のように和封筒と洋封筒で異なります。和封筒では三つ折か四つ折、洋封筒では二つ折か四つ折が普通です。基本は封筒にきちんとおさまる大きさに折ることです。

折って入れてみたら頭がはみ出したというのはよくあること。折り直すのは折れ目がついたままになるので不

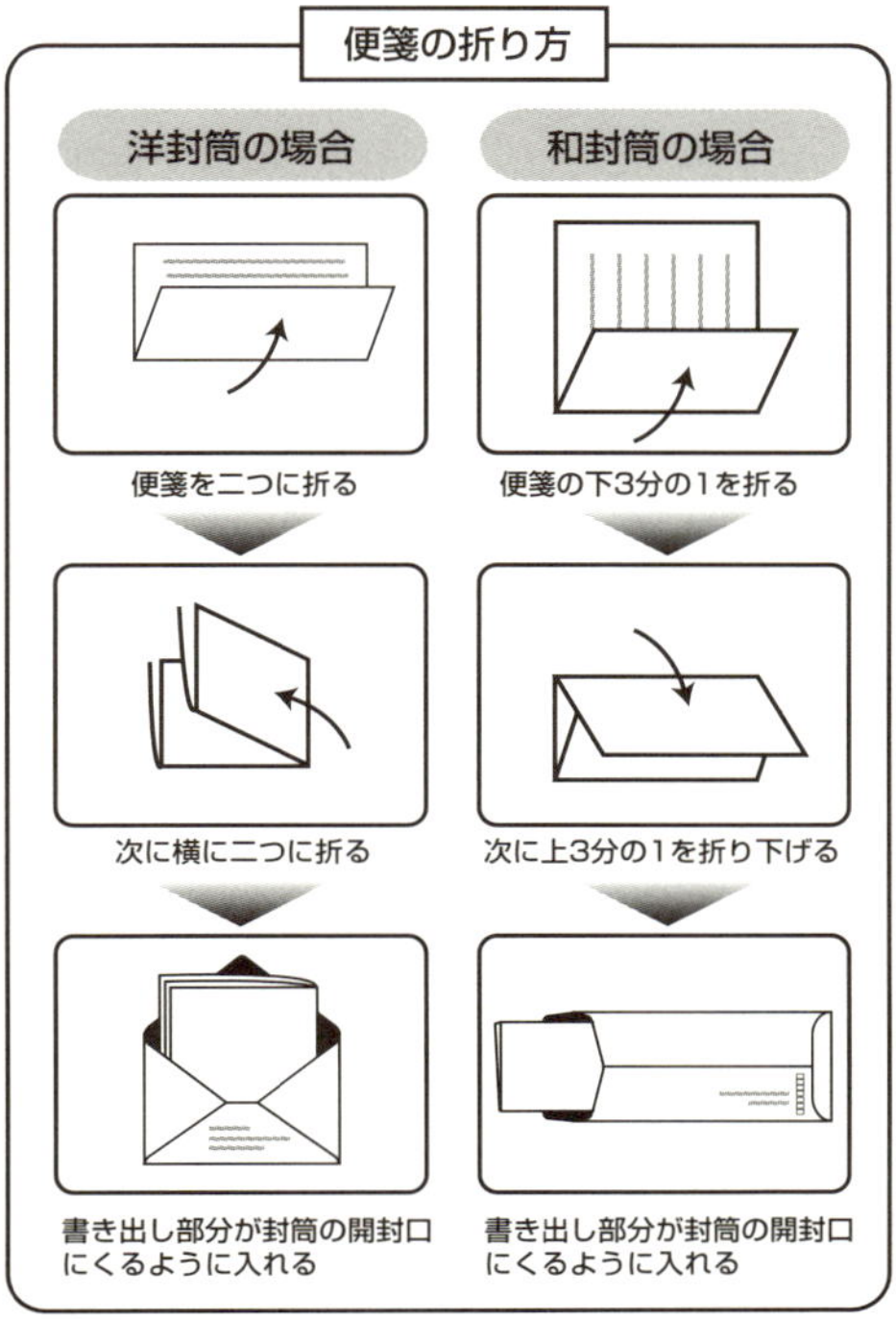

体裁です。最初に目安をつけましょう。封筒に合ったサイズの便箋を選ぶのも大事です。

Q11 返信ハガキや返信用の切手を同封するのは失礼？

A 基本的には失礼にあたります

同窓会の案内や、忘れ物の問い合わせなどを除いて、原則として、返信用のハガキや切手などを同封するのは失礼にあたります。

同封する人の気持ちとしては、相手に郵送代の負担をかけないようにと配慮しての行為なのでしょうが、それよりもまず、相手に返信を強要していることになるのです。

返信をお願いする言葉を、丁寧に書くだけにとどめましょう。

Q12 「脇付」って何ですか？　必要ですか？

A 「侍史」、「机下」などがありますが、使わなくて大丈夫です

脇付とは手紙に一層の敬意を示すために、相手の宛名に書き添える言葉です。目上の人に対する「侍史」「尊前」、両親やおじおばに「膝下」「尊前」、友人に「机下」、女性から男性に「御前」「御許に」などがありました。

現在はこのような脇付を使わなくても「様」だけで十分です。ただし年配の方の手紙で使われることもありますので、覚えておきましょう。

Q13 あらたまった相手への切手は何枚も貼ってはいけない？

A せめて二枚以内におさめましょう

結婚や葬儀の手紙に慶弔用の切手を使うことはもちろん、ふだんの手紙でも、なるべく一枚ですませるようにします。何枚も貼ってあると、ありあわせですませたような印象を与えます。宛名も書きづらく、見た目もよくありません。

親しい相手宛てなら、いろいろな切手をたくさん貼って楽しむということもありますから、かまいません。

第四章

結婚に関する手紙

◆縁談とお見合いの手紙
◆婚約と結婚の手紙

縁談とお見合いの手紙

縁談に関する手紙は便箋に書く

最近は独身を謳歌する人が多くなり、また「お見合い」という形式も堅苦しいという理由で敬遠されがちです。しかし実際には、独身の家族や親族を心配して「いい方がいらっしゃれば」と、周囲の人が知人に紹介をお願いすることも多いものです。もちろん、当事者本人が依頼する場合もあるでしょう。

また、日頃から気になる若い人に「こんな人がいますが、お付き合いしてみませんか」と、紹介したくなる場合もあります。

こういった始まりを大切にして、婚約から結婚へと進むわけですが、一方、その途中で断らなければならない場合も出てきます。

いずれにしても縁談に関する話は非常にプライベートなことなので、ハガキではなく必ず手紙にします。

縁談の依頼は本人の意向を確認してから

周囲の人が知人に縁談を依頼する時は、本人の意向を確かめてからにします。頼んでしまってから本人にその気がないというのでは、お世話をいただいた方に、後々いやな思いをさせてしまうことにもなりかねません。

依頼の際には本人にもその意思があることをはっきりと伝えます。写真や履歴書は、よほど親しい間柄でない限り、依頼を引き受けてもらってから改めて持参します。

反対にお見合いをすすめる時は、「気軽な出会い」を強調して、相手の負担にならないように心がけます。格式ばらず、手紙に先方の写真と履歴書を同封するのが一般的です。

断る時はなるべく早く、相手を立てる表現で

縁談を持ち込まれた時に断るなら「まだ結婚する気になれません」と返事をするのが無難です。

難しいのは見合いの後、紹介者に断る時です。電話では言いにくいことなので手紙の方がよいのですが、書きにくいからといって一日延ばしにせず、できるだけ日をおかずに返事をします。

もし相手が気に入らなくても「相手の方が立派すぎて」というように謙虚に、失礼にならない理由を明らかにします。そして紹介者に対するおわびを記して、今後も感情的なしこりが残らないように配慮した文面にします。

☆ポイントは、それぞれの項目を参照。

縁談の依頼

CASE 1

弟の縁談を依頼する

ひと雨ごとに秋が深まってまいりました。皆様にはお健やかにお過ごしのこととお喜び申し上げます。

ご無沙汰ばかりしておりますが、折り入って弟のことでお願いがあり、お手紙を差し上げました。三十六歳になった弟の聡史は○○大学卒業後、××株式会社に入社、技術職に就いております。ようやく最近、結婚を考えるようになりましたが、なかなかよいお相手に巡り会えず、姉として気をもんでおります。

つきましてはご交際の広い○○様ご夫妻なら、とご迷惑なお願いを差し上げる次第です。★なんと申しましても相手の方のお人柄が一番ですが、本人は結婚後もお仕事を続けたい方の方が嬉しいと申しております。

お心当たりの方をご存じでしたら、ぜひ、お引き合わせ願えませんでしょうか。もしお許しいただけましたら、改めて履歴書などをお届けしたいと存じます。

勝手なお願いで恐縮ですが、どうぞよろしくお願い申し上げます。

かしこ

P.46~93

★最初の依頼の手紙には、履歴や希望をたくさん書かず、ポイントを絞り、正式に紹介を引き受けていただいた時点でくわしく説明する方がよい。

☆先方が本人をよく知っている場合以外は、年齢、学歴、勤務先、仕事内容を簡単に記す。履歴書を同封する場合は、自分と本人の関係(息子・娘・甥・姪など)を記すだけでよい。

POINT 縁談の依頼

①頭語/時候の挨拶

②主文・本題

a 縁談の依頼

b 本人の略歴(学歴・職歴を手短に。履歴書同封の場合は不要)

c 本人の結婚の意思と条件

d 紹介の依頼

e 履歴書や写真の持参・同封について

③結びの言葉/結語

CASE 2

再婚相手の紹介を本人が依頼

拝啓　うららかな春の日差しに公園の緑が色を増してまいりました。先生にはますますお元気でご活躍のことと存じます。

　本日はたってのお願いがあり、ペンをとりました。私、夫の事故死から五年あまり経ち、新しい人生を選びたいと思うようになりました。再出発の人生がどなたか穏やかな方と一緒であればと願っております。大学生になった娘も母親の再婚を望んでくれています。

　そんな次第で、どなたかお心当たりの方をご紹介いただければと、★思い切ってお手紙を差し上げました。ぶしつけなお願いを申し上げますが、お心に留めおいていただければ幸いです。

　ご多忙のみぎり、どうぞ御身ご大切になさってくださいませ。

敬具

P.46〜93
P.46〜93

★履歴書等の同封や持参については、相手が目上の人の場合はあえて明記せず、「お心に留めていただければ」とする方が好印象を与える。

縁談の依頼でよく使われる言い回し

●「仕事が恋人」が口癖でしたが、最近は結婚した友人たちを羨ましく思うようになったと申します。
●女性(男性)ばかりの職場で、なかなか異性とお付き合いする機会がなく、今日に至っています。
●ご勤務先は女性(男性)の多い職場と伺っており、お心当たりがあればと…
●幅広くご活躍のあなた様のもとには、すてきな独身男性も多くいらっしゃるのではと…
●本人の仕事に理解を示してくれる方であれば、ほかに条件などはございません。
●勝手なことを申し上げますが、本人の仕事の都合上、英語の好きなお嬢様であれば嬉しいとのことで、あなた様ならとお伺いする次第です。
●息子は家業を継いでおりますので、一緒に仕事に就いてくれる方がいらっしゃれば、これに勝る幸せはありません。
●そんな次第で、ご多忙な方に恐縮ですが、写真と履歴書を同封いたしました。
●ご都合のよい週末をお教えいただければ、改めてお願いに参りたいと存じます。
●厚かましいお願いと存じますが、お心に留めていただければ嬉しく存じます。

●再婚の依頼（本人から）

●思い悩んだ末の離婚から三年あまり、ようやく私も自分の未来を考えられるようになりました。
●子どもたちとの三人暮らしにも慣れましたが、ときおりこのままでよいのかという思いがいたします。
●私たちのような家族でもいいとおっしゃってくださる方が、どなたかいらっしゃいませんでしょうか。
●子どもが人一倍好きですので、子どものいない人生が寂しく思えます。
●両親も義父母も私の再婚を望んでくれています。

お見合いのすすめ

CASE 知人にお見合いをすすめる

小春日和が続いていますが、皆様、お変わりなくお過ごしでいらっしゃいますか。

今日は突然ですが、和歌子さんにご紹介したい男性がいて、お手紙を差し上げました。縁談も降るほどあるのではと思いますが、履歴書と写真だけでもご覧になってくださいますか。

主人の部下で大学でも後輩にあたり、将来を嘱望されている人です。先日、こちらに遊びにいらしたのですが、人柄のよさを見込んでお節介にもご紹介をかってでました。お見合いといえば堅苦しくなりますが、一度、気軽にお食事でもいかがでしょう。

よいご返事をお待ちしております。

かしこ

P.46〜93

☆相手が身構えてしまわないように、努めて気軽な文章を心がける。
☆会った時の印象や履歴書に書かれていない長所をさりげなく書くとよい。

POINT

お見合いのすすめ

①頭語／時候の挨拶
②主文・本題
a紹介に至るまでの経緯
b相手の女性(男性)について
cお見合いを勧める言葉
③結びの言葉／結語
☆履歴書を同封しない場合は、bで人柄のほかに相手の年齢・学歴・職業を簡単に記す。

よく使われる言い回し

- 同封の写真ではすましていらっしゃるけれど、本当は笑顔のよいお嬢さん。スキーがお得意らしいです。
- 今年中に海外赴任の可能性が高く、できれば妻を伴って行きたいとのことで、どなたかいい方をご紹介いただきたいと、主人の大学の先輩からお話がありました。
- 奥様を事故で五年前に亡くされて、お一人暮らし。結婚生活は短かったとか。人物にも社会的地位にも全く不足がないとはいえ再婚になりますので、その点はどうぞお許しくださいませ。
- お差し支えがなければ、早速写真と履歴書をお送りします。
- お話を進めてよいなら、履歴書と写真をお送りくださいませ。

付き合いを断る

CASE 縁談を断る

拝啓　先日は素敵な方をご紹介いただき、ありがとうございました。

山本様には一度お目にかかっただけですが、たいへん思いやりのある方のように拝見いたしました。ただ、いずれは九州に帰ってご実家の家業を継ぎたいとのことでしたが、★私はできれば年老いた父母の側で暮らしたいと思っております。

わがままなことを申し上げて心苦しい限りですが、先方様にはどうかよろしくおとりなしくださいますようお願いいたします。

なお失礼ではございますが、お預かりした書類をご返送させていただきます。

まずはおわびとお礼まで。

敬具

★断る理由は、あくまでも自分の都合で、ということを書く。

☆ある程度交際が進んでから断る時は、「どうしても結婚に踏み切れない」と書く。

☆世話人へのお礼とおわびの言葉を最初と最後に書いて、気持ちを伝える。

POINT 付き合いを断る

①頭語／時候の挨拶

②主文・本題

a 紹介のお礼

b 断りの言葉

c 断りの理由

d 紹介者に対するおわび

e 相手への伝言の依頼

f 預かった書類について

③結びの言葉／結語

よく使われる言い回し

- 結婚後は専業主婦でいてほしいとのことでしたが、私は今の仕事を一生続けていきたいと思っております。
- できれば一緒に家業を手伝ってほしいとのこと。残念ですが、私はそのご希望に添えません。
- 私にはもったいない方で、釣り合いが取れないと存じます。
- 申し分ないご経歴を拝見しましたが、やはり結婚は末弟を一人前の社会人にした後でしか考えられません。（お見合い前に断る時）
- よいお話をいただきましたのに、申し訳なく思っております。
- せっかくのご高配ですのに、このようにお断り申し上げますことをお許しください。

縁談に応じる

POINT

縁談に応じる

①頭語／時候の挨拶
②主文・本題
a紹介のお礼
b承諾の言葉
cお見合い後なら、お見合いの場の説明、相手についての感想。お見合い前なら写真を見ての感想
d履歴書の同封について、あるいはお見合い後なら先方への伝言
③結びの言葉／結語

CASE 1 知人にお見合いを承諾する

拝復　お手紙拝見いたしました。

いつも私のことを気にかけてくださって、ありがとうございます。

突然のお話で戸惑いましたが、これもご縁と思い、お相手の方とお会いしてみようと思いました。★でも、どうぞ期待なさらないでください。どなたかとすぐに結婚したいという気持ちはまだないのです。そんな私でもよろしければ、ご紹介ください。

写真と履歴書を同封いたしますので、よろしくお願いいたします。

敬具

☆「気軽に会いたい」など希望があれば、率直に書く。
★お見合いの後、断る可能性もあるので、含みをもたせた表現で会うことを承諾する。

CASE 2 付き合いを続けることを承諾する

前略　ごめんください。
先日は私のために出会いの機会を設けていただき、ありがとうございました。
★初対面でしたのに、音楽の話がはずみました。それから、○○様の将来の夢なども伺いました。楽しくて優しい方だと思います。
○○様からこれから交際をとおっしゃっていただいたとのこと、私もお付き合いしてみたいと存じます。どうぞよろしくお伝えくださいませ。
まずはお礼かたがたご返事申し上げます。

草々

☆まず紹介してくれたお礼を丁寧に。
★相手についての感想を簡単に、会った時の状況などを交えて述べる。

婚約と結婚の手紙

個性を活かしつつ節度ある表現で報告を

婚約や結婚は人生で最も華やかなできごとです。

現代では結婚は家と家の結びつきではなく、個人と個人の結びつきと考える人が多くなりました。かつては婚約や結婚に関する手紙は定型ともいえる文面や書式を使用しましたが、最近はさまざまな結婚の形があり、依頼や報告においても「その人たちらしさ」を大切にする傾向が強くなりました。

そうはいっても、プライベートとオフィシャルが交差する人生の節目ですから、とくに年長者への依頼や報告は節度ある表現を心がけたいものです。

誰がどのように書くか一般論も知っておきたい

婚約が整ってから結婚の報告まで、手紙やハガキを書く機会は実にたくさんあります。

その中で最も書式を守る必要があるのは「媒酌の依頼」ですが、通常は新郎となる男性本人またはその親族が依頼します。これとは反対に、結婚後の「媒酌人への礼状」や「新婚旅行先からの報告」は新婦となった女性が書くことが多いようです。

このような、半ば公的な儀式に関する手紙では、当然、書状で送るのが常識です。

また、書面での依頼に対しては、書面で返事をするのがマナーにかなった方法です。

定型の招待状を用いるならひと言添えて

結婚式や披露宴の招待状は、式場等で用意されている書式や文面を利用することが多いようです。新郎側・新婦側それぞれが宛名を書くわけですが、余白にメッセージをひと言添えると心が伝わります。

格式ばらない披露宴や二次会への招待状は、一人ひとりに宛てて手紙を書くことで、自分たちのスタイルを際立たせることができるでしょう。

婚約解消や離婚の報告など、電話で告げにくい内容のものも書面で報告します。媒酌人への報告以外は、年賀状や転居のお知らせなどと併せて、必要と思われる人にさらりと書くのもよいでしょう。今後はきちんと離婚通知を出す人も増えるかもしれません。

☆ポイントは、それぞれの項目を参照。

媒酌人を依頼

CASE 1

知人に息子の挙式の媒酌人を頼む

拝啓　当地にも初めての雪が舞い始めました。ご家族の皆様にはご健勝のこととお喜び申し上げます。

P.46〜93

さて、突然ではございますが、このたび長男の隆一と職場の後輩にあたります桜井彩子さんとの婚約が整い、桜の花が咲く頃に挙式の運びとなりました。

つきましては、まことに恐縮ですが、隆一の名づけ親でもいらっしゃる秋元様御夫妻にご媒酌の労をおとりいただければ、これにまさる幸せはございません。隆一や彩子さんはもとより桜井家のご両親も、ぜひにとのことでございます。

★ご承諾いただけますなら、改めてお願いにあがる所存ですが、まずは書面をもってお伺い申し上げます。

何卒よいご返事をいただけますよう、お願いいたします。

かしこ

☆挙式日を決める前に媒酌人に依頼し、媒酌人の都合を聞いて日取りを決めるのが一般的。

★依頼状には「改めてお願いに伺います」という主旨の一文を必ず入れる。

POINT　媒酌人を依頼

①頭語／時候の挨拶

②主文・本題

a婚約の報告と挙式予定の通知

b結婚相手について簡単に紹介

c挙式予定のおおよその月を記す

d媒酌の依頼、媒酌人に選んだ理由

e改めてお目にかかるという言葉

③結びの言葉／結語

CASE 2

恩師に媒酌人を依頼する

拝啓　夏空がまぶしく感じられる頃になりました。先生には、その後、お変わりなくお過ごしのことと存じます。

今日、お手紙を差し上げますのは、ほかでもありません。二年前の同窓会をきっかけに川村伸吾君と私はお付き合いを始め、過日、婚約いたしました。結婚式は十一月頃の予定でおります。

ぜひ五十嵐先生ご夫妻にご媒酌人になっていただきたいというのが、私たちの願いです。双方の両親も大賛成で、先生にくれぐれもよろしくと申しております。

よいご返事をいただけましたら、すぐにでも二人でご挨拶に伺おうと話しております。先生、私たちのお願いをお聞きくださいませ。

末筆ながら、お身体をご自愛くださいますよう。

敬具

★川村伸吾
田上　緑

P.46～93
P.46～93

☆恩師には形式をふまえつつ、親しさが感じられる文面を心がける。
★連名でお願いする。

一般的な媒酌人の依頼でよく使われる言い回し

- 結婚式はこの秋を予定しておりますが、ご媒酌をいただく方のご都合を伺い、正式に日を決める所存です。
- 本来ならば○○様のご都合に合わせるべきところ、式場の都合で○月○日しか予約が取れないというのが現状でございます。
- 幼い頃から○○がことのほかお世話になりましたご夫妻にご媒酌をいただけますことを、皆が望んでおります。
- 両名はじめ両家とも、ぜひ上司である○○様ご夫妻にご媒酌の労をおとりいただければと存じます。
- 書状にてぶしつけなことではございますが、よいご返事をいただければ、改めてお願いにあがりたいと存じます。
- 近いうちに正式にお願いにあがる所存ですが、まずは書中にてお伺い申し上げます。
- ご多忙な方にご無理を申し上げますが、何卒お聞き届けいただけますようお願い申し上げます。ご返事を頂戴しましたら、改めてご挨拶に伺わせていただくことをお許しください。

媒酌人の依頼を承諾する、断る

CASE 1 媒酌人の依頼を承諾する

このたびはご子息、芳則様のご婚約、まことにおめでとうございます。

お小さい頃から存じておりますだけに、私ども夫婦もたいへん喜んでおります。また、媒酌人の大役のお話をいただき、光栄でございます。

★なんといっても若輩で、無事つとめられるか自信はございませんが、私どもでよろしければ、喜んでお引き受けいたします。

つきましては、★お相手のお嬢様にもお目にかかりたく、近日中にお打ち合わせさせていただきたく存じます。

まずはお祝いとご返事を申し上げます。

かしこ

★力不足だが、喜んで引き受けるという謙遜と、依頼してくれたことへの感謝の気持ちを表わす。
☆依頼を受けたら、なるべく早く返事を出すことが大切。
★結婚相手にも会いたいというひと言を入れる。

CASE 2 媒酌人の依頼を断る

拝復　ご子息、克夫様のご婚約が整われましたこと、まことにおめでたく、心よりお喜び申し上げます。また、私どもに媒酌人をというお言葉を頂戴いたし、まことにありがたく存じます。

ひとかたならぬお世話になっております工藤様のご子息様の結婚式ですので、何をおいてもお引き受けすべきところですが、**A**来春には仕事の関係で日本にはいない予定でございます。今回はご辞退させていただくことを何卒、お許しください。

どうかあしからず、ご了承くださいませ。

ご子息様の末長いご多幸をお祈りいたし、おわびかたがたご返事申し上げます。

敬具

言い換え集

A あいにく主人(妻)の体調が思わしくなく、お引き受けできかねる状況でございます。
A 同居しております父の看病で、揃っては家をあけられません。
A どうしてもはずせない所用があり…
A その頃は出張が多く、おそらくお引き受けしましてもご迷惑をかけることになると存じます。

四章　結婚

結婚式、披露宴の招待状

CASE 1

一般的な招待状（両親の連名）

CARD

謹啓　錦秋の候　皆様にはますますご清祥のこととお喜び申し上げます
さてこのたび　袴田恭一郎様ご夫妻のご媒酌により
野々村昭三　次男　卓昭
和歌山　透　長女　みずは江
両名の婚約が整い　左記のとおり挙式の運びとなりました
つきましては　今後とも幾久しくご懇情賜りたく　ご多忙中まことに恐縮
でございますが　披露かたがた心ばかりの粗宴を催したく存じます　何卒ご
臨席賜りますよう　謹んでご案内申し上げます
敬具
令和○年○月吉日

記

日時　令和○年○月○日（日曜日）　午前十一時
場所　○○ホテル○階　○○の間
（地下鉄○○線△駅下車　同封の地図をご参照ください）
（住所）　野々村昭三
（住所）　和歌山　透

★なお　お手数ながら○月○日までに同封の返信はがきにてお返事くださいますようお願い申し上げます

P.46〜93

☆儀礼的な案内状には「。（句点）」や「、（読点）」をつけないのが慣例。
★返信期日を書くところには、そのほか「当日は平服でお越しください」などの注意を書き添えてよい。

よく使われる言い回し

- ご披露をかねて小宴を催したいと存じます　ご多忙のところ甚だ恐縮ですが　何卒ご来臨の栄を賜りますよう　お願い申し上げます。
- 幾久しく御交誼を賜りたく　御多忙中誠に恐縮でございますが　ご披露かたがた粗餐を差し上げたく存じますので　ご臨席賜りますよう謹んでご案内申し上げます。
- ご多用の折まことに恐縮ではございますが　ささやかな披露をいたしたく　何卒ご列席賜りますよう　ご案内申し上げます。
- さて、このたび私どもは谷口精一ご夫妻を立会人として、○○教会で式を挙げることになりました。（本人連名）
- 皆様がたにはこれからも一層のご指導を賜りたく、ご列席のお願いかたがたご案内申し上げます。なお、式の後は同教会の庭で簡単なガーデンパーティーを行い、披露宴に代えさせていただきます。（本人連名）

CASE 2

一般的な招待状（本人の連名）

CARD

拝啓　春暖の候、皆様にはご清祥のこととお喜び申し上げます。

さて、このたび勝山成夫ご夫妻のご媒酌により、私ども両名は○月○日(○曜日)に△△教会で結婚式を挙げることになりました。挙式後、左記のとおりささやかな披露宴を催します。

つきましては、ご多用のところまことに恐縮ではございますが、何卒ご臨席を賜りますようお願い申し上げます。

敬具

令和○年○月吉日

矢野　兆一
佐倉　より子

記

日時　令和○年○月○日（○曜日）午後○時

場所　レストラン○△　○○の間（同封の地図をご参照ください）

なお、お手数ながら○月○日までに同封の返信はがきにてご都合のほどをお知らせください。

当日は平服にてお越しください。

P.46～93

☆本人たちが出す招待状は「。」や「、」を入れてもよい。
☆形式にあまりこだわらず、必要事項を簡潔に書く。

招待状に返事を出す　ひと言添える言葉

↓返信用ハガキの書き方はP・29を参照。

返信用のハガキには、出欠の返事の後にお祝いのひと言を添えます。

欠席の場合は、その理由もきちんと書きます。ただし慶事に水をさすような事情の場合は、「所用のため」など、あえてぼかして書くのがマナーです。

●出席の場合

- 祝宴にお招きいただき、光栄です。
- ご結婚のお喜びを申し上げます。
- このたびはおめでとうございます。ご招待ありがとうございます。
- お二人の門出をお喜び申し上げます。当日を楽しみにしております。

●欠席の場合

- ご結婚のお喜びを申し上げます。出席してお祝いを申し上げたいところですが、当日は変更できない所用があり、出席がかないません。お許しくださいませ。
- ご結婚おめでとうございます。実は妊娠中で、遠方に伺うのは無理なように思います。美しい花嫁姿が見られないのが残念です。
- 披露宴にご招待くださって、本当に嬉しく思っております。あいにくこの頃は所用のため海外におります。残念で仕方ないのですが、どうかお許しください。

司会、スピーチの依頼

CASE
以前の上司に祝辞を依頼する

拝啓　若葉薫る季節となりました。小島様にはお元気でお過ごしのことと存じます。

このたびは、お忙しい中、またご遠方のところ、私どもの結婚披露宴に出席していただけるとのご返事、まことにありがとうございました。

今日は、さらにお願いがあってお手紙を差し上げました。披露宴の席でぜひ、ひと言、お言葉をいただきたいのです。

小島様が○○支店長でいらした時は、二人揃って仕事のことではいろいろとご指導をいただきました。また社会人としてもよき先輩である小島様に、新生活をスタートさせるに際してお言葉をいただければ、このうえもない幸せでございます。お聞き入れいただけますでしょうか。

本来は直接お目にかかってお願い申し上げるべきところですが、遠方のため、書面にて失礼いたします。

何卒、よろしくお願い申し上げます。

敬具

P.46〜93

☆祝辞や司会の依頼は、披露宴の招待状とは別に手紙を出すのが正式。

☆友人への依頼なら、招待状の空欄に「友人代表として、ぜひスピーチをお願いいたします」とひと言添える場合も。

POINT
司会、スピーチの依頼

①頭語／時候の挨拶
②主文・本題
a披露宴列席の返事のお礼
b司会や祝辞の依頼
c依頼の簡単な理由
d事前の打ち合わせについて（司会の場合）
e返事について
③結びの言葉／結語

よく使われる言い回し

- 重ねてのお願いで恐縮ですが、○○様にはぜひ来賓のご祝辞を頂戴したく、お手紙を差し上げる次第です。
- ご多忙な方にご列席いただくだけでも申し訳なく思っておりますが、披露宴でご祝辞をいただくわけにはまいりませんでしょうか。
- 重ねてのお願いになりますが、披露宴でピアノを演奏していただけませんか。
- 私たちのまわりには、ほかに司会の大役をお願いできる人はいないのです。
- ろくろくお料理も食べられず、緊張させてしまうのですが、どうか司会を引き受けていただけないでしょうか。
- 重ねてのお願いで申し訳ないのですが、ぜひ楽しいスピーチをお願いしたいのです。

結婚の通知

CASE 1 一般的な結婚通知

CARD

拝啓　春の日差しが心地よい季節となりました。皆様にはお健やかにお過ごしのこととお喜び申し上げます。

さて、このたび私どもは、西山照彦御夫妻のご媒酌により、○月○日に結婚いたしました。なにぶん未熟な両名ですので、今後ともご指導ご助言を賜りますようお願い申し上げます。

なお、左記の住所にささやかな新居を構えました。お近くにお越しの節は、どうぞお立ち寄りください。

まずは書中にて、ご挨拶申し上げます。

敬具

令和○年○月吉日

深瀬健次郎

恵津子（旧姓　田口）

（住所・電話番号）

P.46〜93

☆結婚後、一か月以内に郵送する。

☆二人の写真を入れて短い文面にすることも多くなったが、仕事の関係者などには写真入りでない方がよい。

☆印刷する場合が多いが、メッセージをひと言書き添えるとよい。

POINT　結婚通知

①頭語／時候の挨拶

②主文・本題

a結婚の月日と媒酌人

b今後の指導のお願い

c新居の案内

③結びの言葉／結語

書き添えるひと言メッセージ

- 披露宴では温かいスピーチをありがとうございました。
- スピーチでいただいたお言葉を肝に銘じて二人で歩みます。
- 式に際してはいろいろとご配慮いただき、ありがとうございました。
- 五月の連休には、新婚旅行のお土産を持って二人でご挨拶に伺いたいと思っています。
- 伯母様のお加減はいかがですか。式では見ていただけなかったけれど、近々、写真を持ってお見舞いかたがたお伺いします。

CASE 2

媒酌人を立てなかった場合

CARD

拝啓　梅雨明けが待ち遠しい今日この頃でございますが、皆様にはますますご清栄の事とお喜び申し上げます。

さて、このたび私どもは○月○日に内輪だけで挙式とささやかな披露宴を行いました。本来ならば皆様をご招待して、ご披露申し上げなければならないところですが、お披露目の席を設けず失礼いたしました。★

これからは二人で明るい家庭を築いていきたいと思いますが、なにぶんにも二人とも未熟でございますので、今後とも皆様のご指導、お力添えをいただきたく、心よりお願い申し上げます。

なお、新生活は左記の住所に、倉瀬の両親と同居いたします。お近くにお越しの節は、お立ち寄りください。

まずは書中にて、ご挨拶申し上げます。

敬具

令和○年○月吉日

倉瀬達二

喜代美（旧姓　泉沢）

（住所・電話番号）

P.46〜93

★媒酌人を立てない結婚式の場合でも、きちんと通知して、お披露目に代える。

☆お披露目をしなかったおわびと、今後の厚情を願う言葉を必ず書き添える。

結婚後に知らせる通知でよく使われる言い回し

- さて、突然ですが、この○月○日に結婚いたしました。海外で挙式・披露宴を行いましたので、お知らせが遅くなりましたこと、お許しください。
- 無事結婚式と披露宴をすませ、沖縄に新婚旅行に行ってまいりました。今は、世田谷のマンションで専業主婦をしております。
- ○月○日に入籍をすませ、新生活の第一歩を踏み出しました。
- 新婚旅行を兼ねて、○月○日にオーストラリアで挙式しました。
- ○月○日にそれぞれの両親とともに会食をし、結婚式といたしました。入籍もすませ、ようやく落ち着いたところです。お知らせもいたしませず、たいへん失礼いたしました。
- 現在は夫の勤務先の○○市内に居を移し、新生活を始めております。どうぞお近くにお越しの際は、ぜひお立ち寄りくださいませ。

CASE 3

友人に結婚通知

CARD

朝夕めっきり寒くなりましたが、お元気でお過ごしでしょうか。

実は、このたび結婚しました。十月十五日に○○神社で挙式、内輪で披露宴をすませ、ようやく落ち着いたところです。披露宴にお招きできなくてごめんなさい。

★夫は五歳年上、今年一月スキー場で出会いました。○×商事の経理マンです。

○△市で新生活を始めました。ご実家にお里帰りの節など、ぜひいらしてください。二人でお待ちしています。

まずはご報告のみ。

かしこ

(新住所・電話番号・二人の名前)

P.46〜93

☆一般的な通知とは違って、友人・知人や先輩には親しみのこもった文面がよい。
★夫の紹介も簡単に書く。
☆結婚式や披露宴に欠席した身内などにも、新婚生活の報告をかねて書くとよい。

- 共働きですから、いつもバタバタしていますが、結婚生活は新鮮です。
- 結婚式、引っ越しと落ち着かず、ご報告が遅くなりましたこと、何卒お許しください。
- 近々新居でお披露目をかねたパーティーを開きます。改めてお知らせしますので、ぜひいらしてください。

●相手の紹介

- 夫は粕谷幸広と申しまして、○○銀行○×支店に勤務しています。二年間、同じ総務部で仕事をしておりました。
- 夫は○△商事に勤務しており、来春よりシンガポールに赴任する予定です。
- 夫は美容師で、私と同業です。いずれ二人の店を持ちたいと話しております。
- 夫とはテニスサークルで知り合いました。○○様もテニスがお得意とか、一度お手合わせください。
- 夫は市内で写真館をしています。中学校の同級生で、クラス会で再会して付き合いが始まりました。
- 夫は○△社に勤務しており、○○様の大学の後輩にあたります。

結婚祝いの礼状

CASE 一般的な礼状

拝啓　先日は私どもの結婚に際して過分なご祝辞を頂戴し、ありがとうございました。また、すばらしい食器をお贈りいただき、心から御礼申し上げます。

2LDKの我が家にはもったいないお品ですが、お客様をお迎えする時に使わせていただいております。先日も、友人たちが羨ましそうに眺めておりました。一生、大切に使わせていただきます。

この近くにお越しの節は、お声をおかけください。いただいた食器にはまだまだ不釣り合いな手料理ですが、ぜひご賞味くださいませ。

なにぶん未熟な私たちですので、今後とも、どうぞご指導、ご助言をよろしくお願い申し上げます。

敬具

☆結婚通知にお祝いの御礼をひと言添える方法もあるが、御礼を中心にして新住所から手紙や葉書を出すと、心のこもった結婚通知になる。

POINT 結婚祝いの礼状

①頭語／時候の挨拶
②主文・本題
a披露宴に出席した人には、そのお礼、欠席した人、招かなかった人には、それぞれ配慮の言葉
bお祝いのお礼
c新居へのお誘い、今後の交誼を願う
③結びの言葉／結語
☆披露宴に出席せずお祝いをもらった人には「内祝い」を送るのが慣例なので、「別便にて、内祝いの品をお送りいたしました」等、ひと言添える。

よく使われる言い回し

（↓いただいた品物別の言い回しについてはP・130を参照）

- このたびは過分なお祝いをお送りいただき、ありがとうございました。遠くまで来ていただくのも申し訳なく、披露宴へのお招きを控えさせていただきましたのに、恐縮しております。
- ご祝辞を賜り、その上こんな素敵なお祝いの品を頂戴いたしまして、本来ならお伺いして御礼を申し上げるべきところですが、お礼のお手紙にてお許しくださいませ。
- たいへん高価なお品物をいただき、恐縮しております。
- 結婚の記念の品として、いつまでも大切に使わせていただきます。
- なお、別便にて、ささやかな内祝いの品をお送りしましたので、ご笑納ください。

媒酌人への礼状

CASE 一般的な礼状

☆最近は、電話で新婚旅行の報告をし、都合のよい日時を聞いて挨拶に行くことが多いようだが、間があいてしまう時はとりあえず礼状を書いておく。
☆結婚後、媒酌人宅の訪問をすませ、一か月くらい経ってから、新婚生活の報告を書き送るのもよい。
★式や披露宴でのエピソードなどを織りまぜて感謝の気持ちを述べる。

POINT 媒酌人への礼状

①頭語／時候の挨拶
②主文・本題
a新婚旅行や新生活の報告
b媒酌人へのお礼
cお礼の訪問について
③結びの言葉／結語
☆①は旅行から帰ってきた、という言葉でもよい。

昨日夕刻、新婚旅行を終えて、無事、帰国いたしました。

このたびは、私どもの結婚に際しまして、お見合いから挙式までひとかたならぬご配慮をいただき、改めて御礼申し上げます。★わけても当日は奥様になにかとお心遣いをいただき、心配していたほど緊張せずにすみました。

本来ならば明日にもご挨拶に参るべきところですが、二人の勤務の関係上、今月末に伺わせてくださいませ。

まずはお礼と帰国のご報告のみにて。

かしこ

よく使われる言い回し

●おかげさまで挙式・披露宴も温かい雰囲気だったとご出席の方々からお褒めの言葉をいただきました。
●披露宴では身にあまるお言葉を頂戴し、私ども汗顔の至りでございました。
●これからは○○様ご夫婦を見習って、いつまでも仲よく暮らしていきたいと思っております。
●お電話で伺いましたように、×月×日午後×時頃に参上いたします。新婚旅行の写真などもご覧下さいませ。
●早速ご挨拶に伺いたいのですが、仕事の都合で少し先になってしまいそうです。その頃には、結婚式の写真もできあがりますので、お届けかたがた伺わせていただきます。
●お二人の築かれたご家庭を理想の形として、力を合わせて歩んでまいります。

新婚旅行先からのハガキ

CASE 1
新郎の両親に

お父様、お母様

結婚式のおつかれが出ていらっしゃいませんか。私たちは翌日午後一時頃、無事こちらに着きました。とても元気です。

今日は一日、市街を観光しました。弘雄さんがたくさん写真を撮っています。楽しみにしていてください。

沖縄にて　和子

CASE 2
自分の両親に

昨日、プーケットに着きました。青い海と空に染まりそうです。

私たちはとても元気で、早速泳いでいますが、お父さん、お母さんはつかれが出ている頃では？身体に気をつけてください。

お土産、期待していてね。

CASE 3
媒酌人夫妻に

挙式、披露宴ではお気遣いをいただき、おつかれになられたことと存じます。本当にありがとうございました。

さて、こちらは昨日夕方にホノルルに着きました。二人ともいたって元気でおります。

帰国後、お礼に伺います時は、新婚旅行の写真もご覧下さいませ。

CASE 4
留守中仕事をしてくれている同僚に

お見送りありがとうございました。きのう夕方、ローマに着き、早速教えてもらったお店で食事をしました。忙しい時期にこうして旅に出られたのも、川嶋さんのおかげと感謝しています。

お土産、期待していてくださいね。

☆絵ハガキに書く文面は短くてよいので、気軽に書いて出すと喜ばれる。
☆挙式当日のお礼や、相手が年上の時は挙式後のつかれなどを気遣うとよい。

婚約解消と離婚の報告

☆婚約の報告をした人には、必ず解消の報告もする。
☆理由は書かなくてもよく、また相手を非難するような言葉はさけて、シンプルな報告にとどめる。

CASE 1 婚約解消を報せる

拝啓　取り急ぎ申し上げます。

　過日、婚約をご報告いたしましたが、結婚を二か月後にひかえた今、解消することにいたしました。温かいお祝いのお言葉をいただきながら、このような次第になり心苦しく思っております。

　勝手なことですが、これからも御交誼のほどよろしくお願い申し上げます。

　まずはご報告のみにて失礼いたします。

敬具

☆婚約解消の時と同様、相手を非難する言葉は慎む。

CASE 2 離婚を報せる

　ご無沙汰しております。突然、このような手紙を差し上げるのはたいへん心苦しいことですが、このたび山口と正式に離婚いたしました。

　本来ならば、ご媒酌をいただいた角谷御夫妻にご相談申し上げるべきところですが、事後報告となってしまいましたことをお許しください。

　山口とは互いの多忙のため、いつしかその溝が大きくなり、気が付いた時にはもうその溝を埋められませんでした。

　折をみて御挨拶に伺いますが、まずは書中をもってご報告とお詫びを申し上げます。

かしこ

よく使われる言い回し

- このような結果となり、○○様御夫妻には心よりおわび申し上げます。（媒酌人へ）
- ○○様には何度かご相談差し上げたいと思いましたが、二人で話し合いの結果、このような仕儀になりました。（上司や知人など）
- これ以上、二人で生活を続けていくことはお互いのためにならないと判断してのことです。
- 余儀ない事情あってのことと、お察しくださいませ。
- 価値観の違いを埋めるべく互いに努力いたしましたが、力尽きた感がございます。

お祝い金、香典を郵送する時

結婚のお祝い金は持参する時と同じ形で

結婚の知らせを聞いたら、式の前にお祝いを先方に持参するのが、本来のしきたりでした。しかし最近では、品物で祝うよりもお祝い金を持っていくことが多くなり、それも式の当日に持参することが一般的になりました。

お祝い金を郵送するのは、披露宴に招かれているが出席できない時、招かれていないがお祝い金を贈る時、先方が披露宴を行わない時など、いろいろなケースが考えられます。いずれの場合も、自分で先方に持っていく時と同じように考えて、きちんとのし袋に入れて水引をかけ、表書きをします。

お祝い金は必ず現金書留で送ります。したがって、現金書留の封筒に入る大きさの祝儀袋を選ぶことが必要です。銀行振り込みや郵便為替で送るのはもってのほかです。

お金だけ送るのではなく、封筒にはお祝いの手紙も必ず同封します。その際、

・本来ならば持参してお祝い申し上げたいところですが、遠方ゆえ、郵送させていただく失礼をお許しください。

・失礼とは思いましたが心ばかりのお祝いを同封させていただきました。ご笑納ください。

など、郵送するおわびも述べることが大切です。

香典はやむを得ぬ場合のみ郵送してもよい

通夜にも葬儀にも参列できない時には、香典を郵送するしかありません。

お祝いの場合と同じように、きちんと不祝儀袋に表書きをして、現金書留で送ります。この場合も、現金書留の封筒に入る不祝儀袋を選びましょう。不祝儀袋の裏には住所、氏名、金額を書き込みます。

弔電と一緒に電報為替で送金することもできますが、これは親族などの近親者のみに限られます。銀行振り込みも郵便為替も使ってはいけません。

お悔やみの手紙を同封するのはもちろんです。その際、

・本来ならばご弔問に伺うべきですが、あいにく母の看病に追われ、家をあけられない状態です。些少ですが別封のご香典をご霊前にお供えくださいませ。

・遠方のためご弔問に伺えませんが、心ばかりのご香典を同封させていただきました。ご霊前にお供えいただければ幸甚です。

・不本意ながらご葬儀には参列できませんでしたが、別封のご香典をご霊前にお供えくださいますようお願い申し上げます。

などの言葉を書き添えます。

第五章

葬儀に関する手紙

◆葬儀の手紙
◆お悔やみの手紙

葬儀の手紙

「死亡通知」「会葬礼状」「喪中欠礼」はサンプルを賢く利用

死亡から葬儀までは時間がありませんから、社会的にも広く名を知られた人の場合は新聞広告で葬儀の日時を報せ、通常は電話やファックスで「死亡通知」（葬儀のお知らせ）を行います。ただし、葬儀の日時を知らせなかったり伝わらなかった人には、葬儀後にお知らせします。この場合は一般的な「死亡通知」とは異なり、個人的な手紙になります。

葬儀に参列した人には「会葬礼状」を手渡すか、後日送ります。最近はお礼品やお清め塩とともに当日手渡すことが多くなりました。いずれにしても葬儀前後はあわただしく悲しみも深いので、このハガキは葬儀社で用意された文例を応用するのが一般的です。

身近な親族が亡くなった年の翌年は、新年の挨拶を行わず、できれば受け取らないですむように「喪中欠礼」のハガキを年末に出します。諸事情により出せなかった時は、「寒中見舞い」という形で喪中欠礼を述べればよいでしょう。

葬儀を終えてからの書状はオリジナルで挨拶とお礼を書く

葬儀を終えてからの書状は、「香典返しの添え状」を除いて葬儀社や印刷所のサンプルがあるわけではありません。最近はサンプルを利用せず、オリジナルの文面を添える人も増えています。また、香典返しを行わず香典を寄付した場合などは、その旨を記して「忌明けの挨拶」を送ります。

忌明けとは喪の期間を終えるという意味で、仏教では四十九日の法要、神道では五十日祭の翌日の「清祓《きよはらい》の儀」をもって忌明けとします。キリスト教の場合は忌明けの概念がないので香典返しの必要はないのですが、日本の慣習を考慮して、一か月後の「召天《しょうてん》記念日」を過ぎたあたりで手紙を添えて「記念品」を贈る場合もあります。

このほか、宗教関係者や葬儀でお世話になった人への礼状、葬儀後、お悔やみの手紙をいただいた方への礼状など、悲しみに心を寄せてくれる人に書状を書く機会が多くなるでしょう。

身近な人の死にあたっては、当初辛くて書けないという気持ちもあるでしょう。しかし逆に、悲しみを文面にすることによって心が癒されるという側面もあります。一緒に悲しんでくれた人々に、心をこめてお礼を述べましょう。

☆ポイントは、それぞれの項目を参照。

死亡通知

CASE 1 葬儀を社会的に報せる

FAX

○○□□儀　病気療養中のところ、心不全のため八月十一日逝去いたしました。生前の御交誼に深謝し、謹んでお知らせいたします。

記

通夜　八月十三日(木)午後六時〜八時
告別式　八月十四日(金)午前十時〜十二時
場所　○○寺　○○市○○四‐七‐二

令和○○年八月十二日
東京都○○市○○町五‐二‐五

喪主　○○××
親戚代表　○○△△
葬儀委員長　△△○○

☆新聞掲載の場合は、喪主と葬儀委員長などの連名が一般的。
☆ファックスの時の記名は、喪主だけでもよい。
☆ファックスには地図をつけるとよい。

CASE 2 密葬の場合

母○○○○儀　かねて病気療養中のところ、一月二日午後三時一五分、七十七歳にて、家族に見守られながら、安らかに息を引き取りました。

生前のご交際を深く感謝するとともに、謹んでご報告申し上げます。

一月六日、近親者のみにて密葬いたしました。

令和○○年一月十二日
東京都○○区○町四‐六‐五

喪主　○○△△

☆年末年始に不幸があった場合は、密葬にすることが多い。密葬したという通知は松の内(元日から七日)が過ぎてから行う。
☆その他の理由で密葬にする場合、死因に触れたくない場合は書かなくてもよい。

POINT 死亡通知

①死亡者名の明記
②死因の明記
③死亡日の明記
④儀式の日時・場所の明記
⑤喪主・葬儀委員長などの明記
☆④⑤は記書きとする。

CASE 3

友人に母の死を報せる

千佳子様

お元気でいらっしゃいますか。

実は○月○日に、長い間病に臥せっておりました母が、とうとう逝ってしまいました。苦しむこともなく、眠るような最期であったのが、私どもの唯一の救いです。十分に看病したので悔いはない、と言いたいところですが、実際にいなくなってしまうと、あれもこれもやるべきだった、と後悔しきりです。

★千佳子さんにも何度かお見舞いのお花をいただき、本当にありがとうございました。母は花が大好きだったので、よい慰めになりました。葬儀に来ていただきたかったのですが、なにぶん、遠方ですので、遠慮させていただきました。ごめんなさい。

私は四十九日がすむまで、こちらにいるつもりです。また東京に戻ったら、ご挨拶に伺います。いろいろとお心遣い、ありがとう。母の分も御礼申し上げます。

○○

★葬儀を通知しなかった理由を書く。お見舞いの礼も忘れずに。

CASE 4

友人のご主人の死を、ほかの友人に報せる

前略　今日は悲しいお知らせをしなければなりません。○○××さんのご主人様が、先月、ご病気でお亡くなりになったのだそうです。

私もつい昨日、知らせを聞いてびっくりしてしまいました。結婚式には出席しなかったけれど、写真で見せてもらったご主人はスポーツマンタイプの、病気とは無縁の感じの方でしたから。

ご葬儀はすまされているので、来週末にでも、お悔やみに伺いませんか。なんだか他人事とは思えず、落ち込んでいます。

ご返事、お待ちしています。

あさ子

☆葬儀や告別式から時間が経ってしまってからの報せは急ぐものでもないので、きちんと丁寧に、気持ちをこめて書く。

会葬礼状

CASE 父の葬儀の会葬礼状

本日はご多忙中のところ
亡父　×××の葬儀においで下さいまして
心から感謝いたします
たくさんの方々にお別れをしていただき
故人もさぞ喜んでいることでしょう
不行き届きのことも多々ありましたこととは存じますが　お
許し下さい
略儀ながら書中をもちまして　ご挨拶申し上げます
令和○○年○月○日

岡山県○○市○町三－六
喪主　××○○
外　親戚一同

☆通常、葬儀社が何種類かの文例を用意しているので、それを用いることが多いが、喪主が女性の場合、その例文を少しやわらかく手直しするとよい。
☆儀礼的な礼状なので「。」や「、」は書かない。
☆後で手紙で送る場合は「。」や「、」を書いてよい。

よく使われる言い回し

- 亡き父　○×の葬儀告別式に際しましては、お寒い中ご参列をいただきまして…
- 故△△(戒名○○○○)の葬儀および告別式に際しましては　ご多用中にもかかわらずご会葬いただき…
- 過日は酷暑の中　遠路をいとわず　亡夫×××の葬儀にご参列いただきまして…
- あいにくの雨天で足元のお悪い中、お別れに来てくださった皆様に、亡き息子ともども深くお礼を申し上げます。
- 改めて、夫が生前に賜りましたご厚誼に深く御礼を申し上げます。
- 母も○○様と最期のお別れができましたことを嬉しく思っていることと存じます。
- さらにご芳志を賜りまして、ありがとう存じます。
- 当日はなにかと不行き届きのこともあったかと存じますが、何卒お許しください。
- 当日は取り込んでおりましてご挨拶もできませず、失礼いたしました。

忌明けの挨拶、香典返しの添え状

CASE

一般的な忌明けの挨拶

CARD

謹啓　皆様にはますますご清栄のこととお喜び申し上げます
さて先般　祖父△△△儀永眠の際には　ご懇篤なる弔詞ならびにご厚志を賜りまして　ご厚情のほど厚く御礼申し上げます　本日
〇〇〇〇〇〇(法名)
七七日忌の法要を相営みました　つきましては　供養の印に　心ばかりの品をお届け申し上げましたので　ご受納くださいますよう　お願い申し上げます
拝趨の上　ご挨拶を申し上げるべきところ　略儀ながら書中をもちまして御礼かたがたご挨拶申し上げます
謹白
令和〇年〇月〇日

P.46〜93

☆本来は儀礼的な手紙なので奉書に薄墨で書く。最近は香典返しを送るデパートなどで準備してくれる。

POINT

忌明けの挨拶

①頭語／時候の挨拶
②主文・本題
a 葬儀参列や香典のお礼
b 忌明けの報告
c 香典返しについて
d 改めてお礼
③結びの言葉／結語

よく使われる言い回し

- 昨日、清祓の儀を執り行いました。故人の記念の品をお届け申し上げました。(神式の場合)
- 皆様に故人の記念として、またお礼として、ささやかな品をお送り申し上げました。(キリスト教の場合)
- まことに勝手ながらご芳志の一部を〇〇会へ寄付いたし、皆様へのお礼に代えさせていただきました。(香典返しを行わない場合)
- 葬儀の際拝受いたしましたご芳志は、残された二人の子どもの養育費にあてさせていただくとともに、同じ痛みを持つ者として、「あしなが育英会」に寄付いたしました。これをもちまして、ご芳志へのお礼に代えさせていただきたく存じます。(香典返しを行わない場合)

喪中欠礼

CASE 一般的な喪中欠礼

A 喪中につき年始のご挨拶を控えさせていただきます

三月、父　××○○が永眠いたしました。B

家族に囲まれて八十歳の誕生日を祝い、その一週間後に天に召されました。

C 皆様がお健やかな年を迎えられますよう、お祈り申し上げます。

令和○年十二月

東京都○○区○○一－三－五

××□□
△△

☆十二月の初旬前後を目安として出す。

☆一般的に喪中欠礼を出すのは、亡くなった人が配偶者、本人や配偶者の親、子どもなどの場合。これ以外の関係でも同居の親族の時は喪に服することが多い。

☆亡くなった人の続柄と名前は明記する。

☆年末に不幸があった等の理由で、喪中欠礼のハガキが間に合わない場合は、寒中見舞いという形で一月に出す。（→P・41）

言い換え集

A 亡父　××○○（令和○年三月○日没）の喪中につき、年頭のご挨拶をご遠慮申し上げます。

A 父　××○○の喪中につき、新年のご挨拶をご辞退させていただきます。

B 天寿を全ういたしました。

B 息を引き取りました。

B 逝去いたしました。

B 他界いたしました。

B 亡くなりました。

C 皆様にはよきお年を迎えられますよう…

C 本年のご厚誼に心から感謝いたします。きたる年も変わらぬお付き合いをお願い申し上げます。

関係者への礼状

CASE 1

亡夫の葬儀委員長への礼状

過日は夫　△△△△の葬儀に、葬儀委員長をお引き受けいただきまして、まことにありがとうございました。おかげさまでとどこおりなく△△を見送ることができました。大平様のおかげと、感謝申し上げます。

生前の△△とはご懇意にしていただき、お礼の言葉もございません。★病を得てからも何度かお見舞いに来ていただき、△△も大平様のことを頼りに思っていたようでございます。闘病期間七か月で、あっという間に逝ってしまいましたが、本人は最期まで希望を捨てず、前向きにいてくれたことが私どもの今の心の支えになっています。

どうか大平様、△△の分もお元気でお仕事にご活躍なさって、ご家族とすばらしい毎日をお送りくださいませ。

また、たまには△△の墓所へも参ってくださいますと、喜ぶことと思います。

これからもいろいろとお世話になると思いますが、何卒よろしくお願い申し上げます。

取り急ぎ、御礼のみにて失礼いたします。

かしこ

☆葬儀委員長を務めてくれるような人は故人とのつながりも深いので、一緒に悲しんでもらうという姿勢でよい。

☆お礼の言葉は丁寧に述べる。

★とくに印象に残ったことを具体的に書くと、感謝の気持ちが伝わる。

葬儀後、落ち着いたら礼状を

通夜、葬儀、告別式などでは多くの人の協力を仰ぎます。葬儀委員長を務めてもらった、葬儀の受付をしてもらった、駐車場の整理をしてもらったなど数え上げればきりがありません。

とくにお世話になった人、故人とのつながりが深くていろいろ心遣いをしてくれた人には、式がすんで忌明けまでの間に、一度礼状を出すか、直接お礼に伺うのがよいでしょう。

故人が親しくしてもらっていた相手には、ある程度悲しみを共有するという姿勢で書いてもかまいません。しかし「○○の分まで幸せになってください」などの表現はなるべくさらりと書くにとどめます。

CASE 2

告別式で弔辞をもらった礼状

CARD

洋子さん
亡妹　○○の告別式ではお心のこもった弔辞をいただき、本当にありがとうございました。父も母も私も、あなたのお話を聞いてこらえ切れずに泣いてしまい、ご迷惑をおかけしてしまいましたね、ごめんなさい。
○○もあなたのような親しいお友だちに見送っていただけて、喜んでいると思います。★どうしてあの子が病気になって、こんなに早くに逝ってしまわなければならなかったのか、信仰のない私には理解できません。たぶん、乗り越えるには時間がかかるのでしょう。
洋子さんはスチュワーデスを目指していらっしゃるのですね。○○は念願の犬のトリマーにはなれなかったけれど、洋子さんは○○の分もがんばって、大空を飛べるようになってください。私たちも応援しています。

たまには○○のことを思い出してやってください。

それではお元気でね。本当にありがとうございました。

☆式の時のお礼と、つい取り乱したおわびを述べる。また、式の時にはばたばたしていてきちんと挨拶ができなかったことなどもおわびする。

★遺されて平気だというふりはしなくてよい。故人が親しかった人には、一緒に悲しんでもらう。

関係者への礼状でよく使われる言い回し

- 葬儀の際に受付をお手伝いして下さったばかりでなく、翌日にはわざわざ車で夕飯を差し入れて下さったり、あなたの友情に感謝いたします。
- お忙しい中、会社を休んで葬儀を手伝ってくださいましたこと、何とお礼を申し上げてよいかわかりません。
- 先生は母が生涯最後に師と仰いだ方ですので、娘として母に代わってお礼を申し上げたく筆をとった次第です。
- まだ○○がいなくなったことを信じられません。たまには思い出話をしにいらしてください。
- ○○様もご病人の看病の最中ですのに、いろいろとお気遣いいただき、本当に感謝しております。○○もお見送りいただき、喜んでいると思います。どうかご病人様をお大事になさってくださいませ。
- 告別式の設営や車の手配などいろいろ取り計らっていただき、本当にありがとうございました。私どもだけではあのようにとどこおりなく進められなかったと存じます。○○もさぞかしお礼申し上げていることと思います。

僧侶、牧師（神父）への礼状

CASE 1 僧侶への礼状

謹啓　母××の戒名の件では、電話にて失礼いたしました。花の好きだった母にちなんで、戒名に蘭の字を入れていただき、亡き母も喜んでいることと思います。

この一年間体調をくずしていましたので、さすがに母も花の手入れはよくできませんでしたが、それでもシンビジウムの蕾がほころび始めました。そちらは土がまだ凍って遺骨を埋めることもできないということでございますので、暖かくなったら納骨にお伺いしたいと思います。その節にはよろしくお願いいたします。

最後になりましたが、戒名をつけていただいてお礼としてわずかながら包ませていただきました。お納め下さいませ。

敬具

☆相手が僧侶や牧師であるからといって、あまり格式ばらず、むしろ真心のこもった手紙を書きたい。
☆とくに亡き人の眠るお寺や教会と離れている場合には、葬儀などのあとに礼状を出すと感謝の気持ちが伝わる。

CASE 2 葬儀をした教会の牧師への礼状

小池牧師様
父の葬儀の際には、たいへんお世話になりました。

父の好きだった賛美歌○○番の演奏が始まると、三歳の○子が「おじいちゃんの歌だね」とつぶやきました。この歌とともに召される父の幸せを、私は思いました。

今は、父亡き後のいろいろな整理に忙しい毎日ですが、来月になれば一日も早く礼拝に出て、牧師さまのそばで亡き父の声を聞きたいと願っております。教会の兄弟姉妹にどうぞよろしくお伝えください。

神様の恵みと平安が教会の皆様とともにありますように。

POINT 僧侶・牧師（神父）への礼状

①頭語（牧師・神父への手紙では不要）
②主文・本題
a葬儀や他の法要、儀式などのお礼
b遺族としての感想
c今後の予定など
d改めてお礼、今後の交誼を願う
③結びの言葉／結語
☆aは、葬儀から一年間はいろいろとお世話になるので、その時々にお礼の言葉を考えて。

お悔やみへの礼状

気遣ってくれた人、迷惑をかけた人に出したい

親しい友人や職場の仲間など、ごく身近にいる人たちにはことさら気遣いをしてもらうものです。葬儀が終わって忌明けまでの間に、気持ちが落ち着いたら礼状を出しましょう。また、職場の人たちには休んでいる間に迷惑をかけていることも謝っておきましょう。

親しい人が相手ですから、自分の率直な心情や家族の状況などを、ある程度正直に述べてもかまいません。しかし、文末では必ず、「あなたの励ましのおかげでがんばる気持ちが出てきた」「お心遣いいただいて、気持ちも楽になりました」と、お礼とともに前向きな姿勢でいることを書き添えます。

CASE 1

職場の同僚への礼状

拝啓　山之江課長ならびに経理課の皆様、このたびはいろいろとお心遣いいただき、本当にありがとうございました。

夫の事故死というようなことが我が身に降りかかるとは思ってもおらず、まだ悪夢を見ているようで、現実感がありません。夫本人も、自分がこの世にいないということに気づいていないのでは、と、ふらっと帰宅してくれないかと期待してしまう毎日です。

でも皆様の温かい励ましのおかげで、なんとか立ち直れそうです。子どももまだ小さいし、私ががんばらなければと、徐々に前向きに考えられるようになりました。

身勝手にもお休みをいただき、課内の皆様、とくに細谷さんや綱本さんにはご迷惑をおかけしていると思います。本当にすみません。来週には出社するつもりでおります。

そろそろ決算をにらんで、忙しくなる頃ですね。皆様、ご自愛ください。

敬具

P.46〜93

☆お礼と、迷惑をかけていることに対するおわびを述べる。ある程度自分の心情を述べたあとは、あまり心配をかけすぎないように、前向きな姿勢をアピールしておくこと。

POINT

お悔やみへの礼状

①頭語
②主文・本題
a お悔やみ状、香典、御供物、参列などに対してのお礼
b 遺族としての心情
c これからの生活について
d 改めてお礼、あるいは今後の後援を頼む
③結語
☆時候の挨拶は不要。

法要の案内

CASE

七七日（四十九日）の案内

拝啓　コートを羽織る季節になりました。ますますご健勝のこととお喜び申し上げます。

さて母×子死去に際しましてはご芳情を賜り、まことにありがとうございました。

きたる十一月三十日（日曜日）には七七日忌の法要を営みたく存じます。ご多用中まことに恐縮ながら、ご参会のほどお願い申し上げます。

日時　十一月三十日（日曜日）午前十一時

場所　○○寺（○○市○○町○番地）（同封の地図をご覧ください）

まずは右ご案内申し上げます。

敬具

P.46〜93

☆「万障お繰り合わせの上」「ぜひ」など、強制するような呼びかけはしない。

☆時候の挨拶は省いてもよい。

POINT　法要の案内

①頭語／時候の挨拶

②主文・本題

a葬儀の際のお礼

b誰の何回忌（何日祭）を営むという報告

c法要の日時、場所

d参会のお願い

③結びの言葉／結語

☆時候の挨拶は省いてもよい。

☆葬儀の際のお礼は省いてもよい。

☆cは記書きにするとわかりやすい。

よく使われる言い回し

- きたる○月○日に亡夫の三回忌を迎えます。
- きたる○月○日には、身内だけでささやかにではございますが、亡き父の十年祭を自宅で営みたく存じます。
- ○月○日は△△院○△△居士の○○忌にあたります。
- 亡父の三回忌に皆様とご一緒に、父を偲びたいと思います。
- 席上、故人の思い出話を皆様からお聞きしたく存じます。
- お忙しいとは存じ上げますが、ご出席いただければ幸いでございます。
- 法要の後で粗餐の用意をいたしておりますので、そのおつもりでお出かけくださいますようお願い申し上げます。

形見分けの添え状

形見分けは喪が明けてから親しい人に

故人が生前、大切にしていた物や使っていた物などを、親しい友人、親戚などに分けるのが形見分けです。

形見分けは喪が明けてから行います。なかには身に着けていたものなどをいやがる人もいます。快く受け取ってもらえる人かどうか、相手のことを見極めてから渡しましょう。

形見分けの添え状には、なぜその品を、その人に渡すのか、きちんと経緯と理由を書きます。故人と品物とのエピソードを書き添えましょう。故人への交誼を感謝する気持ちも伝えましょう。

あまり押し付けがましくなるのもいけません。「もしよかったらもらってください」くらいの文面にとどめます。

亡くなる前に本人が分けておく場合もあります。その場合は、故人の遺志だということを付け加えましょう。

CASE 1

七七日(四十九日)の案内

夫 △△の葬儀の際には、いろいろとお世話になり、まことにありがとうございました。四十九日を前に夫の遺品を整理し、夫が生前お世話になりました方々に遺品をお送りすることにいたしました。

近藤様と夫は独身時代からの音楽友だちで、メータや小澤征爾指揮のオーケストラを一緒に聴きに行ったこともおありと伺っております。

今でもレコードプレーヤーをお持ちだとのことでしたので、レコード数枚を送らせていただきました。近藤様がわが家にいらした時に、いつもお聴きになっていた、そして夫も大好きだったガーディナー指揮のバッハの受難曲です。近藤様に聴いていただければ、夫も喜ぶことと存じます。

形見分けのご挨拶かたがた、御礼を申し上げます。

かしこ

☆なぜその品物を贈るのかをきちんと述べて納得してもらうことが大切。
☆形見分けとともに、感謝の気持ちが相手に伝わる文面にする。

POINT

形見分けの添え状

①頭語／時候の挨拶
②葬儀の際のお礼
③主文・本題
a形見分けの説明(何を、なぜその人に贈るのか)
b品物にまつわる思い出話など
c故人に対する交誼のお礼
④結語

CASE 2 母の形見を知人に

千世子おば様

　母の葬儀、七七日の際には、いろいろお心遣いいただき、ありがとうございました。母が親しくしていただいたおば様にそばにいていただくだけで、私も気持ちが落ち着いて、なんとか忌明けまで無事に過ごすことができました。本当に感謝しております。

　現在、母の物を整理しております。私はたまにしか着物を着ませんので、おば様なら母の着物と帯をもらってくださるかしらと思い、お送りします。いつか母が着道楽のおば様に褒めてもらったと喜んでいた着物と帯です。★箪笥の隅にでも納めていただければ嬉しゅうございます。

　たまにはこちらにもお遊びにいらしてください。そして母の思い出話など、ご一緒にできると嬉しいです。

かしこ

★ぜひ着てください、などとは書かないようにする。

☆葬儀などの礼は、丁寧に。

CASE 3 亡父の形見を友人に

拝啓　今年は春らしい暖かな日が少なかったように思われます。その後、谷様にはお元気でお過ごしのことと存じます。

　亡父の葬儀、四十九日にはお忙しいところご参列いただき、ありがとうございました。父も生前は同人の中で谷様といちばん気が合ったようで、俳句の話になると必ず、谷様のお名前が出てきておりました。親しいお友だちに見送っていただいて、さぞかし喜んでいることでしょう。

　先日、父の遺品を整理しておりましたら、★机の引き出しに谷様には同送の書籍三冊をお贈りするよう指示するメモがありました。どうやら早い時期に父はこの病の果てに召されることを知っていたようです。どうぞ父の意をくんで、お納めくださいませ。

　これから梅雨を迎えます。何卒、お身体をおいといくださいまして、父の分までよい句をお作りください。たまには墓前にも参ってやってくださいませ。

敬具

P.46~93

P.46~93

★故人の遺志で形見の品を送る場合は、その旨を述べる。

☆しかし、あくまでも押し付けがましくならないように。

お悔やみの手紙

葬儀に参列できない時はすぐにお悔やみの手紙を

遠方である、仕事で時間がどうしても割けない、病人を抱えているなど、どうしても通夜や葬儀に参列できない場合は、訃報を聞いたらすぐにお悔やみの手紙を出します。とりあえず弔電を打つことが多いのですが、親しい相手には、できれば手紙で気持ちを伝えましょう。

お悔やみの手紙には、頭語や前文は不要です。基本は「相手の悲しみに添う」こと。葬儀に参列できないおわびも書き添えましょう。公的な文書ではないのですから、儀礼的な文章より、自分の気持ちを素直に書いた丁寧な文面にします。

ただし、忌み言葉には気をつけます。また、「不幸が重なる」を連想させる二重封筒はさけ、便箋も封筒も白無地を使います(↓P・196)。

相手の宗教にも配慮して、仏式以外では「供養・往生・冥福」といった仏教用語はさけるよう心がけます。「ご霊前」という言葉は全ての宗教に使えるので、宗教が不明の場合はこの言葉を使います。

情報を確認して間違いのないように

とくに人づてに訃報を知った場合、情報があいまいなこともあります。亡くなったのはだれか、弔電や手紙の相手との続柄はどうか、通夜、葬儀の日時、喪主はだれかなど、万が一にも間違いのないように注意します。別の人に確認するのもよいでしょう。

葬儀に参列できない場合、香典などは参列する友人知人に託すか、現金書留で送ります(↓P・254)。

四十九日、一周忌などの節目にも手紙を

遺族は身辺が落ち着くとともに寂しさが増すものです。

四十九日や一周忌などの節目に、遺族の悲しみを思い、故人を偲んでお悔やみの手紙を書きましょう。

point

お悔やみの手紙

①主文・本題
a 訃報に接しての驚き、悲しみなど
b お悔やみの言葉
c 故人の思い出
d 葬儀に参列できないおわび
e 香典や供物について
f 遺族への慰め
②結語(冥福を祈る)

お悔やみ状

CASE 1

妻を亡くしたあらたまった相手へ

A このたびは奥様のご訃報に接し、たいへん驚いております。B 私どもはお元気で溌剌とした奥様のお姿しか存じ上げませんので、まったく信じられない思いです。C ○×様のご無念はいかばかりかと拝察いたします。

伺えば二年間ほど、ご療養なさっていらしたとか。井上も私も存じ上げませず、失礼をお許しください。お子様方がすでにご立派に独立されているとは申しましても、さぞかしお心残りでいらしただろうと、心中を拝察いたしますと、いたたまれない思いがいたします。

早速参上してご霊前にご挨拶申し上げたいのでございますが、D なにぶん、ただいまバンクーバー赴任中で駆けつけることができません。取り急ぎ書中にて失礼させていただき、★帰国いたしました折にお伺いしたいと存じます。心ばかりのご香料を同封させていただきました。ご霊前にお供えくださいますようお願いいたします。

どうか○×様もご看病づかれが出ませんよう、奥様のご供養のためにもご自愛くださいませ。E

心よりご冥福をお祈り申し上げます。

☆あらたまった相手宛てには、感情的にならず、マナーにのっとって丁寧に気持ちを述べる。
★「帰国した時に伺う」というのは方便ではない。後の対応も誠意をもって。

言い換え集(突然の訃報)

A ご尊父様(ご母堂様、お父様、お母様、ご岳父様、ご岳母様、ご主人様、奥様、ご令室様、ご子息様、ご令息様、お嬢様)のご逝去のお知らせに接し、悲しみにたえません。

A ○○様が急逝されたという悲報に、呆然としております。

A ○○様のご他界(ご永眠、ご逝去)を知り、突然の悲しいお知らせに言葉を失いました。

B 長い間のご闘病で覚悟なさっていらしたこととはいえ…

B ご病気もされず健康には気をつけていらしたようにお見受けしていましたのに…

B 先日お目にかかった時にはたいへんお元気そうでしたのに…

C ご家族様のご心中(ご心情、お悲しみ、ご悲嘆、お力落とし、ご落胆、お嘆き)はいかばかりかと存じます。

D あいにく遠方にてかなわず、お許しください。

D どうしても都合がつかずお見送りができません。

D ご焼香させていただきたいのですが、家をあけることができません。

D 幼い子どもが二人もいますので、お葬式には伺うことができません。

E 安らかにお眠りになられますことを祈念いたします。

E 略儀ながら書中にてお悔やみ申し上げます。

CASE 2
母を亡くした友人へ

お母様が亡くなられたと聞いた時、母も私もしばらく言葉がありませんでした。たいへんな手術だったけれど、一か月後には退院できると△子さんから聞いたのは、つい一週間ほど前でしたね。

★私が初めてお母様にお会いしたのはおうちへ遊びに行った中三の時でした。何かの拍子に『マクベス』の話になったら、面白く解説してくださったので、とても博学な方と感心しました。ところが話の途中に突然「お鍋が焦げちゃう」と立ち上がられて。その気取らないお人柄に、お母様の大ファンになりました。そんなことがあって、母同士もいつの間にか親しくなって…。あれからもう十五年以上も経ったのですね。私たちでさえこんなに悲しいのに、△子さんのご家族のことを思うと、何と言っていいかわかりません。

母がご存じのように静養中なので、お葬式には参れませんが、二人で近々お線香をあげにお伺いいたします。心ばかりのものを同封いたしました。御霊前にお花でもお供えいただければと思います。

お母様のご冥福を心からお祈り申し上げます。

★故人と親しかった場合は、故人に世話になったことや、故人についての心に残る思い出などを伝える。

CASE 3
夫を亡くした友人へ

ご主人ご逝去なさったとのこと、心よりお悔やみ申し上げます。

あんなにがんばって辛い治療にも耐えてらっしゃったのに、悔しくて仕方がありません。希望を捨てずに前向きに取り組んでいらしたお姿に、お見舞いに伺うたびに頭が下がる思いでした。

ご存じのように臨月を迎えていてお見送りできませんが、落ち着きましたらすぐに参上いたします。

×子、気をたしかにもってね。我慢できない時は電話して。

☆親しい友人にはほかの人にはできない励ましを送りたい。多少形式を無視しても、心をこめてお悔やみを。

CASE 4

子どもを亡くした知人へ

ご長男◯◯さんが亡くなられたとお伺いして、お慰めの言葉も見つかりません。

今年の四月から社会人として羽ばたこうとしていた矢先の交通事故とは、ご家族の皆様の無念のほどはいかばかりかと胸が痛みます。

深いご家族のお悲しみに何のお役にも立てませんが、どうかご悲嘆のあまりお身体に障ることがございませんように。

ご葬儀には参列できませんが◯◯さんのご冥福を祈る気持ちを同封させていただきました。御霊前にお供えいただければ幸いでございます。

敬具

☆とくに子どもを失った両親の悲しみは想像を絶する。「わかります」などという軽はずみな表現はさける。
☆思い出話は書かず、驚きを述べるにとどめる。相手を辛くさせるだけなので。
☆葬儀に参列できないおわびもさらっと書くにとどめる。

CASE 5

子どもを亡くした友人へ

◯×ちゃんがお亡くなりになられたとのこと、言葉もありません。

今の医学をもってすれば必ず治るものと思っていました。十歳の子どもが私たちより先に旅立つなんて…。

すぐにもお参りしたいのですが、実家の母の病床に付き添っており、失礼とは思いましたが、◯◯さんに心ばかりのご香料を託しました。◯×ちゃんのご霊前にお花などお供えくださいますようお願いいたします。

何と言っても慰めにならないことはわかっています。でも△君のためにも、どうか心を強くもってください。

◯×ちゃんがもう痛い痛いもなく、安らかに眠られますように。

☆思い出話は書かない。
☆親しい仲では励ましたくなる気持ちもわかるが、安直な慰めの言葉を書くことはやめよう。見守っています、くらいの心づもりで。

CASE 6

長患いの妹を亡くした先生へ・有志を代表して

このたびは先生の妹さんが亡くなられたとのこと、心よりお悔やみ申し上げます。

先生が東京でのお仕事をお辞めになり、この地元に帰って料理教室の講師となられたのも、妹さんの看病のためと今になって初めて知りました。二十代からの九年間の闘病生活、妹さんはどんなにかお辛かったでしょうか。★ご家族のご苦労もひとかたならぬものだったと思います。いつも笑顔を絶やさない明るい先生のお人柄からは、想像もつかないことでした。

けれど最近は少しおつかれのご様子でしたので、皆で心配していたのも事実です。お母様もあまりご丈夫な方ではないとお伺いしております。どうぞご看病づかれが出ませんようご留意ください。

密葬ということでしたので、教室の生徒一同から心ばかりの御香料をお預かりして、ここに同封いたしました。御霊前にお供えいただければ幸いです。★皆と話し合って決めたことですが、お返しのことは一切お気遣いなくお納め下さい。

まずは書中にてお悔やみ申し上げます。

★長患いの病人の看病は、たいへんなもの。それまでの家族に対するねぎらいの言葉は忘れずに入れる。
☆故人が闘病生活に耐えて生きてきたことにも、触れられれば触れたい。
★相手の事情を考慮して香典返しを受け取らない気持ちである時は、その旨をはっきりと伝える。

よく使われる言い回し(長患いの後の訃報)

- ○○様にはご看病の甲斐もなくご逝去なされました由、哀惜の情にたえません。
- 奥様は二年前に交通事故に遭われてからずっと病院のベッドの上で過ごされていた由、会社ではそんなご心痛もお見せにならなかった○○さんに感服しております。
- 病に負けることなく厳しい治療にも耐えていらしたのに、本当に残念です。
- 辛い闘病でいらしたでしょうに、そんなそぶりをまったく見せず、かえってこちらの方が元気づけられる思いでした。
- 私たちがお見舞いにお伺いした時の○○さんの穏やかな笑顔が忘れられません。あなた様の手厚い看護があってこその笑顔だと思いました。
- 「娘は立派に生きた、そのことが私たち夫婦には神様からのプレゼント」とおっしゃった言葉が、私の胸に刻まれています。
- 天国で安らかにお眠りになられますように。
- ご家族の皆様がご看病疲れなさいませんよう、くれぐれもご自愛くださいませ。

四十九日、一周忌などの節目の手紙

CASE 1 亡くなった元上司の妻へ

ご無沙汰しております。★私は会社で○○様と同じ職場におりました旧姓三好×子と申します。○○様には在職中にたいへんお世話になりました。★結婚退職後は二人の子どもに恵まれ、元気に暮らしております。

○○様が亡くなられてからその後、お手紙を差し上げることもないままになりましたが、奥様やお子様はこの一年、いかがお過ごしだろうと思っておりました。ご主人様がお亡くなりになられる少し前に、私は退社しておりましたが、会社の方から連絡を受け葬儀に伺いました。あの時は飾られた遺影を拝見しても○○様が亡くなられたという実感がわかず、まるで夢を見ているような思いでした。

同僚だった安川××さんと相談して、失礼ながらお花を送らせていただきました。御霊前にお供えいただければ幸いです。

お子様方のお健やかな成長と、それを見守られる奥様の平安を心からお祈り申し上げております。

★受け取る相手が自分のことをわかる確証がない場合は、簡単に自己紹介をする。
★自分の近況も少し書くと、会うことがなくても、読み手に書き手の姿が見えてくる。

☆亡くなった人が元の上司の場合は、名前でも役職名（例えば、部長、課長など）でも、以前呼んでいたとおりでよい。
☆故人の冥福を祈るとともに、受け取る相手の回復や体調を気遣う。

よく使われる言い回し

- ○○様が亡くなられてから、もう一か月以上経ってしまったのですね。
- 忌明けの日を迎えられて、ご家族の皆様は少しは落ち着かれたでしょうか。
- ○○様亡き後のこの三年間、さぞかしお寂しい毎日であったことと拝察いたします。
- ○○様亡き後、さぞお辛い思いをされたことと存じます。あれからもう三年も経ったことを、お手紙で改めて知りました。
- ○○様が亡くなられてもう三年が経ちます。仕事でご一緒させていただいた頃のことが、昨日のように思い出されます。
- ○○様の一周忌にあたって、お好きだった蘭の花をお送りいたしました。お写真のそばにでも置いていただければ、嬉しゅうございます。
- 心ばかりではございますが、お供えを同封いたしました。
- 亡き○○様のご冥福を祈りつつ、あなたの心が時とともに癒されて、笑顔を取り戻される日を心待ちにしています。

法要に参列できないおわび

CASE 1

妻を亡くした友人へ

きたる十五日の亡き○子様三回忌のご法要にお招きいただきまして、まことにありがとうございました。A 出張中の夫は無理としても私だけでもお伺いするつもりでしたが、C 実家の母が急に入院することになり、B 失礼させていただきます。

同じ仕事を持つ主婦として、○子様とは互いの子どもの面倒を見合うなど、事あるごとに助け合ってきただけにあの時は私も本当にショックを受け、仕事が手につかないほどでした。高校二年生だった△ちゃんは、それからお母さんに代わって家事をしながら無事志望大学に入学され、×君ももう中学三年生ですよね。

夫からも「無理しすぎないように」□□様にお伝えするようにとのことでございます。○子様も天国からご一家を見守られていることと思います。改めましてご墓前にご挨拶に伺うつもりです。

心ばかりのものを同封させていただきましたので、ご仏前にお供えいただければ幸いです。

D とりあえず書中にておわび申し上げます。

☆欠席の理由は言い訳がましくならないようにさらりと書く。
☆付き合いがだんだん少なくなっていくような場合でも、連絡を取り合っていなかった間も、故人やその家族のことを忘れていなかったという気持ちを表わす。

言い換え集

A ご亡妻様(奥様、ご亡夫様、ご主人様、お父様、亡父様、お母様、亡母様)三回忌(四十九日、一周忌、七回忌)

B 電話では参列させていただくと申し上げたのですが…

B ぜひ参列させていただきたいと思っていたのですが…

C このところ体調をくずし…

C 娘が高熱を出しまして…

C 当日はどうしても外せない用向きがあり…

C 仕事上の先約があり…

C あいにく都合が悪く参列できませんが、いずれ日を改めまして二人でお伺いいたします。

D とりあえず、不参のおわびを申し上げます。

D 参列できない失礼を、何卒お許しください。

D ご出席の皆様にくれぐれもよろしくお伝えください。

D おわびかたがた、欠席のお知らせを申し上げます。

故人を偲ぶ会の案内

CASE 1

友人葬の挨拶状

CARD

○○△△さんを偲ぶ会のご案内

七月五日、私たちの友人、○○△△さんが三十四歳という若さで亡くなられました。葬儀にはたくさんの方が参列され、△△さんと最後のお別れをいたしました。

それからもう三か月が経とうとしています。

私たちはまだ、△△さんの不在に慣れることができずにいます。今にも△△さんの奏でるフルートの音色が流れてくるような気がします。

A 悲しみに区切りをつけるためにも、このたび△△さんのさよならコンサートを行うことになりました。いつもの仲間が集まって、それぞれの思い出の曲で△△さんを偲ぼうと思います。どうか皆様、ご参加ください。

B なお、△△さんのご両親、妹の××さんにもご臨席いただく予定です。

発起人　野垣　○○
和泉　□□
（電話番号）

記

時　令和○○年十一月二十三日(祝)午後三時

場所　△△市立文化センターCホール

会費　四〇〇〇円

C ※演奏の合間に、軽食を用意しています。

なお、準備の関係上、十一月三日までにご返事をお願いいたします。

演奏していただける場合は、その旨、ご記入ください。

☆故人の身内ではなく、第三者からの案内は、受け取る側と同じ立場に立って「皆で集まりましょう」という文面にする。

☆同窓会などの通知と同じような点に注意する。（→P・165）

よく使われる言い回し

A ○○さん(先生、先輩)のことを忘れないためにも…

A ○○さんの三回忌(一周忌、七回忌)を偲んで…

A 生前の○○さんの業績を讃えて…

A 生前お世話になった○○さんへの感謝の気持ちをこめて…

A ○○さんの遺した作品をもう一度見つめ直そうと…

A お酒好きの○○さんのことですから、私たちに賑やかに見送ってもらいたいだろうと…

A 楽しかった○○さんとの思い出を今一度よみがえらせようと…

B ご遺族の方にもご列席いただきます。

B 奥様(ご主人様、お父様、お母様)にもお言葉を頂戴することになっております。

B あいにくご遺族の方にはご列席いただけませんが、皆様にくれぐれもよろしくとのことです。

C 会費の一部はご遺族へのお見舞い金として使わせていただきます。

知ってましたか？　郵便局のオキテ

その一
記念切手発行の年間スケジュールは十一月頃発表

友人への手紙やハガキには、きれいな切手、旬の切手を貼って送りたいもの。

郵便局では毎年十一月頃に次の年一年間の記念切手の発行スケジュールを発表しています。郵便局にパンフレットとして置かれるだけでなく、ホームページでも見ることができます。これさえチェックしておけば、気になる切手を買い逃すこともなくなります。

https://www.post.japanpost.jp/

その二
こんな物も、手紙として送れる

実は封書やハガキ以外の形をしていても、切手を貼れば、小包扱いにしなくても送る事ができます。

例えばペットボトルに手紙を入れた物や、チョコレートの箱そのままも、しっかり封をし、宛先がきちんと読めるようになっていて所定の切手が貼ってあれば、それでOK。ただし料金に関しては、郵便局に出向いて確認した方がいいでしょう。もちろん、危険物やナマ物は送れません。

ちょっと個性的な手紙を送るのも楽しいですね。

その三
宛名スペースは4・5cm×8cmを確保

封書もハガキも、宛名を書く面には通信文や絵を書いてはいけないと思われていますが、実は最小限の宛名スペースを確保してあれば、何を書いてもOK。絵手紙が宛名面にはみ出しても問題ないのです。

その四
郵便は遅い、は過去のこと

郵便は届くまでに時間がかかるのが普通でしたが、最近はそんなことはありません。

速達郵便のほかに、新特急郵便などがあって、新特急郵便は、午前中に出せばその日の夕方には先方に到着するというものです。

まだ地域に限定があったり、投函時刻に制限があったりしますが、これらのサービスを賢く使うと便利です。

その五 こんなにある、ハガキの種類

お年玉付き年賀ハガキや、同じように「くじ」が付いている「かもめーる」は有名ですが、そのほかにもさまざまな官製ハガキがあります。

まず通常のハガキよりも安い「エコーはがき」。これは表面の下三分の一に企業などの広告が入って料金が安くなっているもの。発売日はだいたい決まっているので、チェックしてみましょう。

キャラクターや各地の観光地を紹介したイラストの「官製絵入りはがき」には、全国で販売されるものと、地域限定のものがあります。「国際絵入り官製はがき」は、浮世絵などの日本ならではの美しい絵が入ったものです。

いずれも発売日や料金などが異なるので、あらかじめ調べておくと買い逃しがありません。

その六 小包のサービスもますます充実

宅配便に押されがちな郵便局の小包。しかし、最近では「ゆうパック」のサービスがたいへん充実してきています。

郵便局に行けない時の集荷サービス、受け取りたい所へ転送してくれる不在時転送サービス、時間帯指定配達はもちろん、夜間再配達などのサービスもあります。

☆各種サービスの内容は変更になる場合があります。ご注意ください。

第六章

ビジネス文書の書き方

◆仕事に関する挨拶、通知

◆会社へ出す文書

ビジネス文書の書き方

本書で取り上げるビジネス文書とは

一般に「ビジネス文書」とは、会社の職務として、会社を代理する立場になって発信する業務文書や社交文書のことを指します。しかし、本書ではそういったビジネス文書ではなく、会社内の一個人として、上司や同僚あるいは取引先に発信する文書（年賀状や転任のお知らせなど）、または、会社内で提出する文書（休暇願や欠勤届など）や、プライベートで対会社、対業者宛てに発注する文書（見積もり依頼や苦情など）を取り上げます。

つまり、ここでは友人・知人・親戚などに出す私信・手紙ではなく、会社・業者宛てに出す公的な文書をビジネス文書として、その基本文例や基本ルールについて説明しています。

ビジネス文書のルールとマナー

ビジネス文書は、受け取った人の整理・保管のことを考え、A４の用紙を使うようにします。日本では紙の大きさとして、B系列の紙とA系列の紙がありますが、国際基準にのっとって、日本でも現在、公的文書は全てA４の紙を使用することになっています。

本書で取り上げるビジネス文書も、ハガキや所定用紙以外は、A４紙を使い、しかも一枚に収まるようにまとめて書くように心がけることが大切です。

一般にビジネス文書は横書きが基本ですが、退職届や進退伺などあらたまった文書では縦書きで書くのが慣例です。会社に提出して処理してもらう書類というより、本人の決意を記した文書という意味合いが強いからでしょうか。

横書きの場合と縦書きの場合の書式の違いは、「日付・宛先・差出人」を置く場所です。一般に、横書きではこの順番で文書の冒頭に、縦書きでは文書の末尾に「日付・差出人・宛先」の順番で置くことが多いようです。

横書きが基本ですので、数字も算用数字で正確を期します。

ビジネス文書ではまず、正確さとわかりやすさ、相手への儀礼が大切です。文書に表題（件名）を付けるのが一般的ですが、省略してもよいでしょう。

相手の社名や氏名、役職名にはくれぐれも気を配りましょう。氏名や役職に誤りがあれば、そのほかがどんなに立派に記されていてもムダになりますから、要注意です。略称や当て字は使いません。

☆ポイントは、それぞれの項目を参照。

仕事に関する挨拶、通知

年賀状（→P・36〜39）

（→P・36〜39）

★印刷した年賀状には、自筆でひと言書き添えるとよい。それだけで見違えるような年賀状になり、こちらの誠意が伝わる。
☆なによりも礼儀を重んじる。親しい相手でも、個人的なことは書かない。

CASE 1 取引先、社外へ

A 謹んで新年のご祝詞を申し上げます

旧年中はひとかたならぬご指導を賜り、深く感謝申し上げます。

本年も変わらぬご厚誼のほど、心よりお願い申し上げます。

令和○年　元旦

B 〒123-0005 ○○県○○市○○町一-三-五

（○△株式会社資材課勤務）遠藤　照枝

★昨年は○○の件でなにかとお力添えをいただき、衷心より御礼を申し上げます。

CASE 2 上司へ

A 謹んで年頭のご挨拶を申し上げます

昨年中はご指導、ご支援をいただき、まことにありがとうございました。

本年も倍旧のご芳情を賜りますれば幸甚に存じます。

令和○年　元旦

〒123-0005 ○○県○○市○○町一-三-五

遠藤　照枝

★おかげさまでようやく仕事にも慣れてきました。これもひとえに課長のご指導の賜物と厚く御礼を申し上げます。

★ひと言書き添えるのは大事だが、あまり個人的なことは書かない。
☆親しい上司でも、なれなれしくならないように。

言い換え集

A 謹んで新春のお喜びを申し上げます
A 恭賀新年
A 謹賀新年
B ［会社の住所］［会社名・部署名］［名前］
［自宅の住所（なくてもよい）］

転任、異動通知

CASE 一般的な転任通知

謹啓　春暖の候となりましたが、皆様にはいよいよご清栄のこととお喜び申し上げます。

さて、私こと

四月一日付をもちまして、○○支社営業部勤務を命ぜられ、Aこのほど無事に着任いたしました。

本社営業部在勤中は、公私にわたりB身に余るご交誼を賜りまして、Cまことにありがとうございました。

新任地におきましても、D微力ながら努力し、職務に精励する所存でございます。皆様には、今後ともより一層のご支援ご協力を賜りますよう、お願い申し上げます。（E）

（F）まずは略儀ながら書中をもちまして、お礼かたがた御挨拶申し上げます。

敬白

令和○年四月

○○株式会社○○支社営業部
尾方　恵子

〒112-0005
東京都○○区○○町三-十-七
電話03-○○○○-○○○○

P.46~93

POINT

転任・異動通知

①頭語／時候の挨拶
②主文・本題
a転任、異動の通知
bこれまでのお礼
c今後の抱負
d今後の交誼を願う
③結びの言葉／結語
④署名
☆aは行末から「さて、私こと」などとして始める。

☆新部署着任後すみやかに送付する。
☆この種のビジネス文書は、きちんと文書を出し礼を尽くしたという事実が大切なので、女性男性を問わず、定型を踏襲した文章で構わない。

言い換え集

A 過日着任いたしました。

B 格別のご高配を賜りまして

B 御懇篤なる御指導と御厚情を賜りまして

B 過分のご交誼にあずかり

C 厚く御礼を申し上げます。

C 深く感謝しております。

D 初心に帰って社業の発展に微力を尽くしたいと存じます。

E (付加) なお後任には○○○○が着任いたしました。前任者同様よろしくお願い申し上げます。

E (付加) 赴任に先立ち御挨拶に参上いたすべきところ、事務引き継ぎなど多忙をきわめましたため、ついにその意を果たせず赴任いたしました。失礼の段、幾重にもお詫び申し上げます

F (付加) 本来拝眉の上ご挨拶申し上げるべきところ、

退職通知

CASE 一般的な退職通知

拝啓　錦秋の候皆様にはますます御清栄のこととお喜び申し上げます。

さて、私ことこのたび九月二十日をもちまして、八年間お世話になりました(A)○○デパートを結婚のため(B)退社いたしました。在職中は皆様から公私にわたり温かいご配慮をいただき(C)、改めて厚く御礼を申し上げます。

今後は主婦業とともに、伴侶と一緒に小さなブティックを経営していく予定でおります。皆様とのお付き合いが新しい立場で続くことがあるかもしれないと嬉しく思っております。

今後ともよろしくご指導ご協力のほどをお願い申し上げます。(D)まずは書中をもちまして、ご挨拶とさせていただきます。

敬具

P.46〜93

☆結婚、出産、帰郷、病気治療等で退職する場合は、その理由を書いて構わないが、それ以外の場合は「一身上の都合により」「円満退社」とするのが通例。

☆役職にあった場合は、取引先に後任者を紹介する一文を書き添える。

☆私信の要素が入っている場合には、頭語は省略して「かしこ」としてもよい。

POINT 退職通知

①頭語／時候の挨拶

②主文・本題

a退職の通知

b在職中のお礼

c今後の予定

d今後の交誼を願う

③結びの言葉／結語

④署名

☆aは「さて、私こと」と始めるが、行末ではなく、行頭からでもよい。

言い換え集

A勤務していました

B出産のため

B一身上の都合により

B主人の転勤に伴う引っ越しにより

B両親の介護に専念するため

C温かいご指導ご支援をいただき

C公私にわたりお世話になり

C公私ともに種々のご芳情を賜り

D皆様にはこれからもお力添えを賜りますようお願い申し上げます。

D今後とも変わらぬご交誼を賜りますことをお願い申し上げます。

ビジネスで送るEメール

CASE 取引先との打ち合わせの確認

★件名：13日お打ち合わせのご確認

株式会社○○堂
企画広報室
加藤　明　様

このたびは○○の件でお世話になっております。
明日のお打ち合わせの時間の確認をさせていただきたいと思います。
・午後2時より、御社にて。
・当方は開発部長の武田、主任の太田、担当の私、中村の3名で伺います。
なお、その際に50分の1のジオラマもお持ちする予定でおります。
何卒、よろしくお願い申し上げます。

－・－・－・－・－・－・－・－・－・－・－・－・－・－・－
中村　美香
○×精工株式会社第三開発部
〒191-0000　東京都八王子市××町258
Tel 0426-00-0000　Fax 0426-11-1111
****@***.co.jp
－・－・－・－・－・－・－・－・－・－・－・－・－・－・－

☆Eメールでも基本的に手紙と変わるところはない。マナーにのっとって書く。
☆Eメールでの連絡は早くて面倒がないが、ある程度知った相手に限られる。取引先の上司にはEメールでの連絡はしにくい。たとえ同じくらいの立場の人でも、「以後のご連絡はEメールでよろしいですか」と最初にひと言断りを入れるとよいだろう。
☆自分の名前、部署、連絡先を最後に署名として入れる場合が多い。
☆確認事項などは箇条書きにしてわかりやすくするとよい。
★件名は具体的に簡潔に書く。

POINT ビジネスで送るEメール

①件名
②宛先
③時候の挨拶・日頃の交誼に対するお礼
④主文・本題
⑤今後の交誼を願う
⑥署名
☆①はメール本文には不要。
☆③は頻繁にメールをやりとりする相手には不要。初めて出す場合や、久しぶりに出す場合などは書いた方がよい。
☆⑤も頻繁にメールをやりとりする相手には不要。

会社へ出す文書

社内文書はフォーマットがあるのが普通

社員が会社に届け出る文書は、普通、会社ごとに所定用紙があり、そのフォーマットにしたがって記入すればよいようになっています。

しかし、「退職願」や「進退伺」のように、会社に所定用紙がないか、仮にあったとしても、それらの用紙を使うより、白紙に自筆で書いた方が好ましい場合があります。

自筆で書く場合、縦書きでも横書きでも構いません。ただ、「休暇願」「欠勤届」「退職願」「進退伺」は慣例として縦書きで提出します。

原則として、横書きでも縦書きでも、文書の件名（タイトル）を最初に記します。

簡潔明瞭を心がける

会社や仕事の関係者に出す手紙や文書では、大切なのは簡潔さと正確さです。言いたいこと、伝えたいことがストレートに伝わるようにします。長々と続く文よりも、短めのセンテンスを心がけます。また記書きや箇条書きを用いて、わかりやすい文面にします。

宛名が、個人名のない役職名のみの場合は「総務課長殿」、個人名のある場合は「総務課長　森山忠三様」と、様と殿を使い分けます。この時、「総務課　森山忠三課長殿」と名前の後に役職名をつけてはいけません。

「願」と「届」の違いは基本的にはない

「退職願」と「退職届」のように、件名が違うものがありますが、本質的な違いはありません。「願」としても、退職はできます。しかし多くは円満退社のためにも「願」の形にするのが慣例になっているようです。

一方、「休暇願」などは、業務の都合でどうしても申請した日に許可されないという事態もあります。その意味では、休暇の場合は「休暇届」とするより「願」の方がふさわしいでしょう。

会社に出す文書と考えると緊張したりして、提出を引き延ばしてしまいがちです。しかし、社内文書を出す意味は、社内の業務が円滑に動くように、情報を文書として保存したり、文書としてけじめを残しておくところにあります。時期を逃さず、きちんと対処しましょう。

☆ポイントは、それぞれの項目を参照。

身元保証書

CASE 新入社員の甥の身元を保証する

A4

身元保証書

大和総合建築株式会社
代表取締役社長　前田正吾　様

現住所　東京都板橋区〇〇町3-2-12　暁荘14号室
氏　名　藤本由紀雄　　印

このたび、貴社に採用されました上記の者について、私は身元保証人として、本人が誓約書を守り、貴社の就業規則を厳守し、誠実に勤務することを保証します。

万一本人が誓約書にそむき、貴社の規則を履行せず、故意または重大な過失により貴社に損害を与えた場合は、身元保証人として本人と連帯してその損害を賠償することを約束します。

令和〇年〇月〇日

保証人　　現住所　東京都世田谷区〇〇町3-3-1
氏　名　斎藤千鶴子　　印
職業及び本人との関係　　会社経営　　本人の伯母

POINT 身元保証書

①件名
②宛先
③本人（被採用者）署名捺印
④監督指導の誓約
⑤賠償責任の誓約
⑥日付
⑦保証人署名捺印

☆身元保証書の目的は、保証対象の本人が職務規定などの規則を遵守するように監督すること、会社に損害を与えた場合に賠償の連帯責任を負うことを、身元保証人に約束させる。
☆会社側に身元保証書の定型文書があれば、それに署名捺印して提出する。
☆保証人の捺印は実印で、印鑑証明を添付する。
☆保証人を2人以上立てる場合もある。
☆民法の規定で、保証人になれるのは、弁済できる資力を所有している人に限られる。

誓約書

CASE 入社の際の誓約書

A4

誓約書

令和○年○月○日

太陽商事株式会社
代表取締役　　海野彦三郎　様

現住所　東京都世田谷区○○町2-1-9　サンパレス305
氏　名　小倉美咲　　　印

私は、このたび貴社の社員として入社するにあたり、下記の事項を遵守し、誠実に勤務することを、ここに誓います。

記

1.履歴書その他貴社に提出した書類に記載した事項は、すべて事実と相違ありません。
2.貴社の就業規則その他の諸規則を厳守します。
3.故意または重大な過失により貴社に損害を与えた場合は、責任を持って賠償します。

以上

☆会社側に定型文書があり、それに署名捺印するのが普通。
☆氏名の次に生年月日を書く場合もある。
☆記書きに次のような項目を付け加えることもある。
・貴社社員としての品格を保持し、貴社の体面を汚すような行為はいたしません。
・会社の機密事項を他言したり、会社に不利益を与えるような行為はいたしません。
・会社の許可なく、他に雇用されることはいたしません。

POINT **誓約書**

①件名
②日付
③宛先
④署名捺印
⑤誠実勤務の誓約
⑥記書き(誓約の内容)

遅刻、早退届

CASE 検査のための遅刻届

A4

遅刻(早退)届

令和○年○月○日

総務部長殿

第一営業部　販売課

山本佳代　　印

下記の理由で遅刻いたしましたので、お届けいたします。

記

1.遅刻（早退）日時　　令和○年○月○日　午前11時30分出社

（2時間30分遅刻）

令和○年○月○日　午後4時00分退社

（2時間早退））

2.理由　　　　腎機能再検査のため

3.添付書類　　○○医院診断書

以上

POINT 遅刻･早退届

①件名
②日付
③宛先
④署名捺印
⑤遅刻届、早退届
⑥記書き
・遅刻、早退の日時
・理由
・証明書の添付について

☆通常は会社の所定の用紙に記入して、できるだけ早く提出する。
☆遅刻・早退の理由は簡潔に述べる。例えば、
・○○疾患（異常）のため通院加療
・○○疾患（異常）の疑いのあるため検査
・体調不良で医師の診断を受けるため
・家族の病気治療のため
・中央線事故のため。遅延証明書を添付します。
・家事都合のため
・出勤時に体調不良となり、休息後出社のため
・銀行立ち寄り後、出社のため
・お得意様葬儀出席のため

休暇願、欠勤届

CASE
母の看病で休暇願

令和〇年〇月〇日

休暇願

総務部長　殿

総務部　岡　真理　印

A母の入院看護のため、令和〇年〇月〇日より同年〇月〇日まで休暇をいただきたく、お願い申し上げます。

記

休暇希望期間　自　令和〇年〇月〇日
　　　　　　　至　令和〇年〇月〇日（〇日間）
理由　実母の入院手術で看病にあたるため
備考（連絡先）　緊急の場合は実家にご連絡下さい。
〇×県△市△町2-42　電話〇〇〇-〇〇〇-〇〇〇〇

☆会社所定用紙がなく、自筆で書く場合は縦書きがのぞましい。
☆休暇は、会社側の承認を要するので、「届」ではなく「願」とするのが普通。年休についても、事業の都合で、会社側は申請のあった期間を変更できる。
☆欠勤扱いになるのは、年休を消化しつくした場合か、事前に年休願を提出できなかった場合などだが、会社によっては事後の年休願を認めるところもある。就業規則を確認する。
☆年休の理由は簡潔でよい。
☆休職については、就業規則で、期間の上限などの規定があるはず。確認してから提出する。
☆病気やけがで入院加療する場合には、医師の診断書も添付する。

POINT

休暇願、欠勤届

①件名
②日付
③宛先
④署名捺印
⑤休暇願、欠勤届
⑥記書き
・休暇、欠勤の希望日時
・理由

言い換え集

A友人の結婚式出席のため
A子どもの父母参観日のため
A取引先葬儀参列のため
A体調不良のため
A子どもの入院のため
A出産のため
A入院加療のため

退職願

CASE 1
一般的な退職願【書き方1】

退職願

令和○年○月○日

○○自動車株式会社
代表取締役社長　龍村　四五郎　様

○○支店営業課
斎藤浩子　印

私こと

このたび一身上の都合により、令和○年○月○日をもって退職させていただきたく、お願い申し上げます。

☆会社所定用紙がなく、自筆で書く場合は縦書きがのぞましい。
☆円満退社のためには、退職願を出す前に、早めに上司に相談して、了解を得ておく。
☆退職理由は、理由のいかんによらず「一身上の都合により」とするのが一般的。
☆退職予定年月日は諸手続きで必要なため、必ず明記する。

CASE 2
一般的な退職願【書き方2】

退職願

令和○年○月○日

○○製薬株式会社
代表取締役社長　古山　彦造　様

本社製品管理課
村田　れい子　印

私こと村田れい子は、下記の理由により退職させていただきたく、ここに謹んでお願い申し上げます。

記

一、退職理由　両親介護の必要から、実家××県×○市に引っ越すため
一、退職希望年月日　令和○年×月○日

POINT
退職願

①件名
②日付
③宛先
④署名捺印
⑤退職願、理由、希望の日時（記書きでも可）
☆①は「届」でも「願」でも「辞表」でも可。会社の慣例にのっとる。
☆⑤は「私こと」とし、行末から書き始める。

結婚届

CASE 一般的な結婚届

A4

結婚届

令和○年○月○日

総務部長　殿

業務部管理課　高林美千代　　　印

私はこのたび結婚いたしましたので、下記の通りお届けします。

記

1.婚姻年月日　令和○年○月○日

2.配偶者　氏　　名　　土田○○

生年月日　　平成○年○月○日生まれ

職　　業　　○○観光株式会社企画営業部勤務

東京都中央区○○町2-1-3

3.結婚後の住所・電話

〒200-0000　神奈川県○○市○○町3-8-4　△マンション512号

0422-55-○○○○

4.結婚後の新姓　土田

5.添付書類　　住民票1通

戸籍謄本1通

以上

POINT 結婚届

①件名
②日付
③宛先
④署名捺印
⑤結婚の報告
⑥記書き
・婚姻年月日
・配偶者の氏名、生年月日、職業
・結婚後の住所、電話
・改姓について
・添付書類について

☆一般に会社の所定用紙に記入して提出する。
☆扶養手当の支給など、あるいは改姓の場合は諸手続きに関係するので、役所へ婚姻届を提出した後、すみやかに会社へも結婚届を提出する。
☆最近は結婚届用紙ではなく、「身上異動届」（住所変更、離婚、出生、死亡、扶養家族増減など）に記入させる会社もある。

始末書

CASE 1 お客にけがをさせてしまった始末書

A4

始末書

私は令和○年○月○日午後三時頃、店内の商品棚にティーセットを補充中に、たまたま近くを通りかかったお客様の○○○○様に、在庫保管用の木箱をぶつけてしまいました。

○○様のおけがは右ひじの打撲で、全治10日間と診断されました。

この失態は私の全面的な不注意によるものであり、○○様にご迷惑をおかけしたばかりか、会社の信用を失墜させる行為であり、その責任を深く痛感しております。

ここに、○○様と会社に対し、心からおわびするとともに、今後二度とこのような過ちをくり返さないことをお誓いします。

なお、この件につきまして、就業規則の規定に従い、いかなる処分をお受けすることになっても、異議はございません。

令和○年○月○日

西新宿支店営業担当　長谷川聡美　　印

株式会社△△キッチン

代表取締役社長　　小林洋之助様

☆「事故状況の説明」「不注意の反省」「迷惑をかけたおわび」「再発防止を誓う」の四つが始末書の柱。トラブルを起こしたことを深く反省して、心からおわびする。

☆事情説明は言い訳がましくならないように、簡潔に。

☆自己の全面的責任とするのが通例。

☆場合によっては、賠償責任を果たすことまで言及した方がよい。

POINT

始末書

①件名

②事情説明

③原因の説明と自己責任の明確化

④おわびの言葉と再発防止の誓約

⑤就業規則の罰則規定に従うことの表明

⑥日付／署名捺印／宛先

CASE 2 度重なる遅刻の始末書

A4

始末書

私は今月になって、すでに三回も遅刻をしています。これは私の生活管理の不備が原因であり、全面的に私に非があります。

今後、生活管理と健康管理を心がけ、会社にご迷惑をおかけしないことを誓います。

なお、この件につきまして、いかなる処分も甘んじてお受けいたします。

令和○年○月○日

経理部経理課　川村　保子　　印

総務課長　殿

☆いずれの場合も、いかなる理由によるものであれ、自分に非があることを認め、率直にわびる。そして、今後二度と同じ過ちをくり返さないことを誓う。

CASE 3 無断欠勤の始末書

A4

始末書

私が令和○年○月○日に無断欠勤し、業務に多大なご迷惑をおかけしたことを深く反省し、おわび申し上げます。

欠勤当日の朝、次男が交通事故に遭ったとの連絡を受け、病院に駆けつけました。けがは大したことはなかったのですが、そのまま入院となり、他に付き添う者もなく、終日私が病院につめていた次第です。

急な事故で気が動転していたとはいえ、会社に何の連絡もせず、無断欠勤したことは心から申し訳なく思います。今後このような不始末のないように十分に注意いたします。

令和○年○月○日

総務課　伊藤　○子　　印

総務課長　殿

進退伺

CASE

部下の不祥事の責任をとる進退伺

進退伺

当支社契約外交員△△△が、顧客からお預かりした現金を着服するという事件が起きました。本人は故意を否定しましたが、仮に故意でなかったにしろ、金銭を扱う当社において、あってはならない重大な過失であり、○月○日付をもって△△△を懲戒解雇処分に処しました。

このような事件を引き起こしたのは、小職の管理不行き届きが原因であり、会社に損害を与えたのみならず会社の信用を失墜させたことを深くおわびします。ここに小職の責任を明らかにするため辞表を同封しましたので、よろしくご決裁くださいますことをお願いいします。

関東営業部○○支社第三営業区主任
長尾　朋子　印

令和○年○月○日

○○生命保険
代表取締役社長
金子　伸彦　様

☆「進退伺」を提出するほどの事件については、経緯そのものは別に明らかにされているはずだから事件の経緯については全くふれず、「今般の○○の不祥事は、すべて小職の監督不行き届きによるものであります」などとしてもよい。

POINT

進退伺

①件名
②経緯説明
③謝罪表明
④辞表添付の明記
⑤日付／署名捺印／宛先

☆出処進退をお伺いするという趣旨だから、辞表（退職願）を添えるのが通常である。
☆進退伺を出す時期は、事件発覚直後よりは、責任者として事後処理を終えた段階が通常である。

原稿、講演の依頼

ビジネスやそれ以外でも、集まりや何かの会を代表して、半ば公式の文書を出すことがあるでしょう。ここでは、原稿や講演を依頼する際の手紙の書き方を説明します。

CASE 1 講演の依頼

拝啓　爽秋の候、先生におかれましてはますますご清栄のこととお喜び申し上げます。

初めてお手紙を差し上げますご無礼をお許しください。私は○○市の子育てサークル「レミの会」（現在会員数は十四名。通算の会員数は百名を超えます）の代表を務める者です。「レミの会」は今年で十周年を迎え、記念の公開講演会を開催することにいたしました。その記念講演を先生にお願いできないものかと、失礼もかえりみず突然のお手紙を差し上げた次第です。

私たちは、子育てをする中で、いろいろな疑問や不安に陥った時、お互いに経験や意見を交流してまいりましたが、その際、先生の御著作に助けられることがいくたびもあり、記念講演の講師として全員一致で先生にお願いすることが決まりました。

詳細は左記のように予定しております。

ご多忙は重々承知しておりますし、一方的なご依頼で恐縮しておりますが、何卒私たちの希望をかなえていただきますよう、お願い申し上げます。

敬具

○月○日

「レミの会」代表　真田静子

P.46～93

記

名称　「レミの会10歳！　節目の講演会」
日時　令和×年○月○日（日）
　　午後二時から三時半を講演時間に予定しています。
場所　○○市民ホール（会場定員二百名）
　　東京都○○市○○町2－12－1
テーマ　「多メディア時代の教育を考える」
講演料　薄謝で恐縮ですが○万円の予定です。
なお、ご不明の点は、私、真田までお問い合わせ下さい。

真田静子
電話○○－○○○○－○○○○
東京都○○市○○町5－8－2－521

☆講演の依頼は、時間・場所・演題に融通がきく場合は、相手と相談しながら詳細を決めるのが穏当である。

☆あらたまった依頼は、必ず縦書きで。

POINT 原稿、講演の依頼

①件名（省略可）
②頭語／時候の挨拶
③自己紹介（初めて手紙を出す時）
④主文・本題
　a依頼の内容
　bなぜその相手に依頼するのかの理由
　cお願いの言葉
⑤結びの言葉／結語
⑥記書き
　a講演なら、講演会の目的、日時、場所、拘束時間、聴衆の説明、講演の内容、謝礼など
　b原稿なら、掲載誌の説明、原稿の分量、原稿の体裁、締切、原稿の内容、受け渡し方法、発行予定月日、謝礼など

☆紹介者がいる場合は、その旨も書き添える。

CASE 2 推薦してもらった相手に原稿を依頼する

拝啓　晩夏の候、ますますご活躍のこととお喜び申し上げます。

初めてお便りを差し上げます。私は○○区立図書館で読書推進運動をしております「もじの会」の代表、桑原章代と申します。

「もじの会」ではこの秋の読書週間に『ひと月三冊、読書のたのしみ』というパンフレットを発行することになりました。中学生以上を対象に、もっと本を読んでもらおう、図書館に足を運んでもらおうという主旨で発行いたします。特集として「ジュブナイル小説のすすめ」というテーマを考えているのですが、巻頭のエッセイを誰にお願いするか、児童文学者の上石弘治先生にご相談申し上げたところ、橋之崎先生をご推薦いただきました。

私どもも、橋之崎先生はこの分野をご専門とされており、最近では広く書評も手がけていらっしゃるので、玉稿をご依頼できないものかと切望していたところです。

詳細は下記のとおりです。

ご多忙中のところ、たいへん厚かましいお願いとは承知しておりますが、何卒ご高配を賜りますよう、お願い申し上げます。

敬具

○月○日

○○区立図書館「もじの会」代表
桑原章代
区立図書館○○○○-○○○○
内線○○○

記

一、テーマ　ジュブナイルは、こんなに面白い
二、原稿枚数　四百字詰め原稿用紙15枚程度
三、原稿締切　×月○日
四、原稿料　些少で申し訳ないのですが、四百字詰め原稿用紙一枚につき四千円を考えております。

P.46〜93

☆依頼の前には相手のことをきちんと知っておく。業績などに敬意をはらう姿勢が大切。
☆だれかに紹介してもらった、推薦してもらった、だけでは依頼はできない。自分たちも心からお願いしたい、という気持ちを表わす。
☆要点は簡潔に。手紙が着いた頃に電話して、説明するとよい。

CASE 3 原稿の依頼

A4

PTA役員各位

令和○年○月○日
○○市立○○小学校PTA
広報部長　二階堂章子

原稿ご執筆のお願い

拝啓　満開の桜の下、今年も可愛い新入生たちが○○小学校に入学してまいりましたが、皆様におかれましてはいよいよご清祥のこととお喜び申し上げます。

さて、本校PTA広報誌『群青』では、○月○日発行の第○号で、今年度新役員の方々をご紹介することとなりました。

つきましてはご多忙中のところ誠に恐縮ですが、下記の要領で原稿をご執筆いただきますようお願い申し上げます。　敬具

記

①字数　14字×20行
同封の原稿用紙またはワープロ原稿でお願いします。
②締切　○月○日到着
同封の返信用封筒をご利用下さい。
③内容　簡単な自己紹介とPTAに対する期待、役員としての抱負など

ご不明の点などがございましたら、二階堂（tel○○-○○○○-○○○○）までお問い合わせ下さい。

☆いわば仲間うちでの原稿依頼は、詳細を知らせるという意味合いが強い。簡潔にまとめる。

注文書

CASE　通販カタログの商品を注文

A4

前略　さて、先般お送りいただきました令和○年度版総合カタログに基づき、下記のとおりご注文申し上げます。よろしくお願い申し上げます。
不一

令和○年○月○日

○○県○○市○○町1-4-2-205
五十嵐晴香
tel　022-×××-××××

○○輸入商会株式会社
業務部販売課
ご担当者様

記

1.品名	商品番号　583-666リビングテーブル・椅子セット
2.単価及び数量	単価○万円　1セット　合計○万円
3.納期希望日	令和○年○月○日
4.運送方法	貴社御一任。配送日時がわかりましたら、事前にご連絡ください。
5.支払条件	一括振込　Aクレジットカード 会員番号○○○-○○○○-○○○○ 有効期限　○年○月

買い物に関する手紙

Eメールやファックスで、会社や商店宛てに商品の注文や問い合わせをする機会が増えています。書き方は基本的には手紙文と同じ。ここでは買い物に関する手紙の書き方を説明します。

POINT

注文書

①頭語
②主文・本題
a注文申し込み
b折り返し連絡の要請
③結語
④記書き－注文内容の詳細
・商品名
・数量と合計価格
・希望納期
・運送方法
・支払条件
☆①前略で構わない。

☆注文方法は、電話、ファックス、インターネットと多彩になっている。ハガキで申し込みの場合は、必要事項の書き方が指示されているから、それに沿って記す。
☆間違いのないように、必要事項はきちんと正確に書く。配送日時や運送費の負担など、疑問点や保留事項があれば、この文書を見次第、連絡をもらえるように明記しておく。
☆後でトラブルにならないように、電話で申し込むよりも文書で残す方法を取った方がよい。

見積もりの依頼

CASE 1 引っ越し費用の見積もりを依頼

A4 FAX

前略
　下記の引っ越し費用の見積もりをご依頼します。申し訳ありませんが、一両日の内にファックスでご回答下さい。
　一度、お見積もりに来ていただけると嬉しいです。　　草々

○○市○○町3-4-2　メゾン緑町3号
大柳　裕子
tel＆fax　0556-○○-××××

記

1.引越予定日　○月○日(日)
2.引越場所　○○県○○市○○町3-4-2 メゾン緑町3号室から
　東京都○○市○○町5-11-7 セントラルマンション207号室へ
3.現在の広さ　2ＬＤＫ（6畳、4.5畳、10畳大のＬＤＫ）
4.家族構成員　夫婦、小学生の男児2人
5.その他　荷物のパッキング等はこちらで全て行います。
　当日の人手はあります。

☆見積もりの依頼や請求は、電話やファックス、インターネットでなされることも多い。ほとんどは実際に見てもらうことになるが、その前に大体の状況を説明しておく。
☆正しい見積もりのためには、現状を正確に述べることと、何を希望しているかを明確に書くことが大切。

CASE 2 リフォームの見積もりを依頼

A4 FAX

拝啓　御社ますますご隆盛のことと存じます。

　我が家では、現在キッチンのリフォームを考えています。

　キッチン面積は約7平方メートルで、工期希望は、○月下旬です。

　具体的なリフォームプランがどの程度の予算で可能なのか等について、なるべく早いうちにキッチンを見ていただき、お見積もりを出していただくようお願いします。

　ご多用中恐縮ですが、よろしくお願いします。　　敬具

POINT

見積もりの依頼

①頭語／時候の挨拶
②主文・本題
a 概略の説明
b 資料の請求、折り返し連絡の要請
③結語
④記書き－見積もってほしいものの詳細

送金着否の確認

CASE 一般的な送金着否の確認

A4

FAX

商品代金着否のご確認

拝啓　貴社ますますご清栄のことと存じます。

さて、○月○日に納入していただいた○○パソコン一式の代金15万円を、期限前の○月○日に△△銀行本町支店より送金しました。

しかし、一か月を過ぎた現在に至るまで、貴社より領収書が送られてきません。銀行の自動振込機で振り込みましたので、私の方のミスで別の口座に入金したのではないか、あるいは送金途中で事故があったのではないかと不安です。

つきましては、お手数ですが、貴社におかれましてもご調査の上、ご回答くださるようお願い申し上げます。なおこの手紙と貴社のご連絡が入れ違いになりました場合には、おわび申し上げます。

以上よろしくお願いします。

敬具

令和○年○月○日

○○県○○市○○町1-4-24

野中照代

電話○○○-○○○-○○○○

○○株式会社営業部　御中

☆領収書を送ってこないのは相手の怠慢であるが、最初の手紙では責めるような口調にならないように。

☆連絡が入れ違いになる場合のことを考えて、ひと言断りを入れておく。

POINT 送金着否の確認

①件名

②頭語／時候の挨拶

③主文・本題

a 何の代金を、いつ、どんな方法で送金したかを明記

b 返答の要請

c 入れ違い送付の場合の謝辞

④結語

☆②は前略だけでもよい。

商品未着の問い合わせ、苦情

CASE 1
商品未着の問い合わせ

A4　FAX

前略
○月○日、貴店五階家具売り場で応接セット（商品名○○）を購入し、配送をお願いした者です。配送の約束日は○月○日ですが、本日に至るまで、到着していません。この間、貴店家具売り場と配送部に、二度ほどお電話でお尋ねしましたが、要領を得ません。
何かの手違いが生じているのではと思いますが、至急お調べの上、ご連絡くださいますようお願い申し上げます。なお、本状と入れ違いに御送付いただいております時は、悪しからずご了承ください。

以上、取り急ぎご照会申し上げます。

草々

令和○年○月○日

○○県○○市○○町4-2-2
三枝満里子
電話○○○-○○○-○○○○

△デパート○○店長殿

☆文書で照会・抗議する前に、電話で確認するのが普通だろうから、その経緯も記しておいた方がよい。
☆至急の回答を要望しているのだから、差出人の電話番号も記しておく。

POINT
商品未着の問い合わせ

①件名（省略可）
②頭語
③主文・本題
a何の商品を、いつ注文し、いつまでに配送してもらうことにしたかを明記
b解決と回答の要請
c入れ違い送付の場合の謝辞
④結語
☆②は前略でよい。

CASE 2 強い口調で問い合わせる場合

A4 FAX

前略

○月○日、貴社商品○○を注文し、配送をお願いした者です。配送の約束日は○月○日でしたが、本日に至るまで、納品されておりません。貴社にお電話でお尋ねしましたが、要領を得たご返事をいただけませんでした。

この商品は、○月○日の娘の結婚披露宴の引き出物にあてるため購入したものであり、ご送付いただいた後も、いろいろと用意のための日数が必要です。

遅くとも○月○日までにご送付いただきますようお願い申し上げます。なお、この日までにご送付いただけない場合は、解約とさせていただき、支払い済みの代金を返却していただくとともに、違約金も申し受けたいと思っております。

至急お調べの上、ご回答くださるようお願い申し上げます。

なお、本状と入れ違いに御送付いただいております場合は、失礼の段お許しください。

まずは取り急ぎご連絡まで。　　　　草々

☆２回目以降の問い合わせ、電話でやりとりしてもらちがあかない場合、時間的に余裕のない場合などは、強い口調で、苦情のニュアンスで書く。
☆ただし、あくまでも冷静に、こちらの要求を明記して、わからせるように書く。
☆場合によっては、郵便局で内容証明郵便で送ることも有効。(→P・222)

不良品、破損の苦情

CASE 1 不良品と思われるパソコンについての苦情

A4 FAX

前略　二週間ほど前に貴社の新聞広告でパソコンセット（商品名○○）を購入し、数日後に商品が届きました。ところが、マニュアル書どおりにセットアップしたはずなのに、スイッチを入れると画面はつくのですが、その後、動きません。

貴社のサービスセンターにお電話をしても、いつもお話中でつながりません。パソコンにくわしい友人に相談したところ、不良品ではないかということでした。手元の不良品をご返送して、代わりの製品を送っていただけるのでしょうか。あるいは、修理に来ていただけるのでしょうか。

たいへん困惑しております。A早急に誠意あるご回答をいただきたく存じます。

草々

CASE 2 賞味期限切れの食品への苦情

A4 FAX

前略　本日は不本意な申し入れをしなければなりません。

○月○日、お中元として貴店のゼリーセット（商品名○○）をいただきました。ところが、いただいた時点で、賞味期限がすでに一日過ぎている商品でした。たかが一日とはいえ、贈り主の○○様のご厚意が無になるようで、残念な思いでおります。

参考のために、商品をご返送しますので、A早急にご調査の上、責任あるご回答をいただきたく存じます。

草々

☆感情的にならず、不良の事実を指摘し、こちらの要求をきちんと書く。

POINT 商品に対する苦情

①件名（省略可）
②頭語
③主文・本題
a 事情説明－何の商品を、いつ頃受け取り、どういう不良があったのかを明記
b 解決の要請－代替品送付、解約、調査、再発防止などを明記
c 回答の要請
④結語（省略可）

言い換え集

A 至急に代替品を発送してくださいますようお願いします。

A 今後このような事態が再発しないよう、各担当者への指導を徹底されたく、お願い申し上げます。

A 誠意あるご処置をしていただけない場合は、解約もやむなしと考えておりますので、ご承知おきください。

第七章

すぐ使える英文Eメール、英文ファックス

◆個人輸入の申し込み、問い合わせ
◆ホテルの予約、問い合わせ、キャンセル、予約確認
◆商品未着の問い合わせ

英文のEメール、ファックスを送る
ホテルの予約、商品の購入など

メールは件名も本文も簡単明瞭が鉄則

昨今は、公私ともにEメールのやりとりが一般的になってきました。手紙よりも手軽で簡単、すぐに相手の元に届くという利点が魅力です。

とくにインターネットの普及に伴い、個人旅行や個人輸入などの重要なツールとなっています。ただ海外とのやりとりでは、慣れないためにトラブルが発生することも少なくないようです。

そこでこの章では、メールやファックスを使ったホテルの予約や商品の注文など、海外とのやりとりの基本的なルールを押さえます。よく使う文例を、拡大してコピーすれば、そのままファックスで送れるようにしてありますから、活用してください。文章はそのままメールとしても使えます。

メールのポイントは次の三点です。

①件名（subject）は短く

先方は多くのメールを受け取りますから、件名を見て内容を判断します。「問い合わせ」「確認」「依頼」など、簡単明瞭に内容を表現するのがベスト。

②読みやすくする工夫をしよう

画面で読む場合、行間がつまっていると読み辛いものです。パラグラフごとに一行スペースを空けると読みやすくなります。箇条書きに要点をまとめるなどの工夫も大切です。

③署名は最後に書く

最後に必ず自分の名前を書きます。住所・電話・ファックス番号も入れておきましょう。

ファックスには宛先を明記、個人宅なら夜の間は送らない

ファックスは相手が不在の時にでも文書を送れるので、たいへん重宝します。とくに海外とのやりとりでは時差を考えなくていいので便利です。ただし、ホテルや会社宛てならいつ送っても大丈夫ですが、個人宅に送る場合は、先方が夜の間はさけるようにします。

基本マナーは次の三点です。

①送信枚数を明記して送る

送信枚数とともに文書には番号を打って、抜けのないように送信します。

②相手の氏名を明記

ファックスは共有で使われることもあるので、宛先を明記します。

③わかりやすい文書を作成する

細かい文字は拡大コピーして送る、薄い文字は濃くコピーして送るなどの配慮を。文字量の多い時は、手書きよりもパソコンやワープロで作成した方が読みやすくなります。

個人輸入の申し込み、問い合わせ（Eメールで）

Can I buy directly from you? —— 件名

Dear Sir or Madam,
I have visited your website and found that you sell my favorite whiskey.
Would it be possible for you to send some whiskey directly to me ?
If so, please inform me the minimum order required and the available methods of payment.
I look forward to receiving your reply.

Kumiko OSHIMA —— 差出人の名前
2-6-11-305, Midori-cho, —— 番地、地区名
Iwaki-city, Fukushima, 974-0000 —— 市(区)町村名、県名、郵便番号
JAPAN —— 国名
Tel&Fax +81-246-11-1111 —— 電話番号、ファックス番号。頭に＋を書く。日本の国番号は81。そのあとに、自分の電話番号を市外局番の最初の0を取って書く。

［日本語訳］

拝啓、そちらのホームページを見て、私好みのウイスキーを販売しているのを見つけました。そちらから直接、私宛てにウイスキーを送ってもらうことはできますか。もしできるなら、最小の注文量と支払い方法を教えてください。お返事をお待ちしています。

☆不特定の相手にはDear Sir or Madam(Dear Sir/Madam,でも可)という言い方をする。相手が決まっている場合はMr. Smith 、 Mrs. Brown のように書く。

こんな表現も

・私の負担で　**at my expense**
・後払いで振り込む　**to make a deferred payment by bank transfer**
・カードで払う　**to pay by credit card**
・注文書　**the order form**
・色違いはないのですか　**Do you have any different colors?**
・そちらから直接ワインを購入したいのです
I'd like to purchase some wine directly from you.
・最小の注文量と日本までの送料を知りたいのです
I'd like to know the minimum order and the shipping charges to Japan.
・そちらの最新のカタログを以下の住所に送ってください
Please send your latest catalog to the following address.

ホテルの申し込み

FAX

Hotel San Jose —— ホテル名
Hamburgo 266
Zona Rosa
Mexico 5. D. F —— ホテルの住所

Reservation desk
Dear Sir or Madam:
I'd like to reserve a twin room with an ocean view for 3 nights from Friday, July 20th to Sunday, July 22nd .
Thank you.

Sincerely yours,
名前

［日本語訳］

予約デスク御中。拝啓、私は7月20日金曜から3泊、海が見えるツインを一部屋予約したいのですが、よろしくお願いします。

☆P・306～309の例文中の、色が薄い文字の部分は、自分の場合をあてはめて書き込んでください。

こんな表現も

・2月18日からの2泊　two nights beginning from February 18th
・値段が150ドル程度　the 150-dollar price range
・お風呂付きのシングルルーム　a single room with private bath
・そちらで私どもが新婚旅行で泊まれる素敵なホテルを推薦していただけませんか？　Could you recommend a nice hotel in your area that we could stay in while on our honeymoon?
・10日にロサンゼルス国際空港に近いところでシングル一部屋を予約していただけませんか？　Would you please reserve a single room for the 10th somewhere near the Los Angeles International Airport?

ホテルのキャンセル

FAX

Hotel Regal Royal ―― ホテル名
98 West 25th Street
New York, N. Y.1005 ―― ホテルの住所
U.S.A.

Reservation desk
Dear Sir or Madam:
Please accept my apologies, but circumstances require that I cancel my reservation for
August 20th and 21st.

Sincere apologies,
名前

［日本語訳］

予約デスク御中。拝啓、たいへん申し訳ないのですが、8月20日から2泊の貴ホテルの宿泊予定をキャンセルしたいのです。

こんな表現も

・予定がつまっている　a tight schedule
・先約　a previous appointment
・やむを得ない事情　an unforeseen circumstance
・せっかくご案内までいただいたのに、まことにすみません
I am truly sorry for having put you all the trouble of sending me information that I will be unable to use.
・10月に予定していた旅行が残念ながら中止になりました　The trip that had been planned for October has, unfortunately been canceled, due to unforeseen circumstances.
・状況が改善されましたら、ぜひよろしくお願いします
If conditions improve, I hope you will allow me to impose upon you again.

ホテルの予約確認

FAX

e-mail

Hotel Regal Royal — ホテル名
98 West 25th Street
New York, N. Y.1005
U.S.A. — ホテルの住所

Reservation desk:
I recently reserved a twin room for three nights at your hotel from August 1st.
I'd appreciate it if you could confirm this at either of the following:
E-mail: Ｅメールアドレス
Tel&Fax: ＋電話とファックス番号
Thank you.

名前

［日本語訳］

予約デスク御中　私は8月1日から3泊、貴ホテルのツインルームを予約しました。次のいずれかで予約の確認をしていただければ幸いです。ありがとうございます。

☆予約の確認はＥメールか電話、ファックスで連絡をとるのが手っ取り早い。
☆電話、ファックスの前には必ず十の記号を入れる。日本の国番号は81。そのあとに、自分の電話番号を市外局番の最初の0を取って書く。

こんな表現も

・スイートルームの1泊の値段を教えてください
Will you please inform us of the rate for a suite ?
・ホテルのパンフレットがありましたら、送っていただけますか
Will you be so kind as to enclose a pamphlet of the hotel, if one is available?
・1泊150ドル程度のシングルルームがよいのですが、空いている部屋があるかどうか、ご確認の上、お知らせください
A single room in the 150-dollar price range would be preferred. Would you be so kind as to confirm my reservation?
・インターネットで予約すると割引になるのですか？
May I take advantage of the internet discount in making my reservation?
・そちらは中心街に歩いていけるくらいの場所ですか？
Is your hotel located within walking distance of downtown?

個人輸入商品未着の問い合わせ

FAX

Dear Sir,

On February 20th, 2003 I sent you a check for $160 with a purchase order for rain shoes advertised in ○○○ magazine. Today, 4 weeks later, I have received neither the merchandise nor an acknowledgement of my order.

Please check your records and let me know what is delaying the delivery.

If you are unable to fill this order immediately, please consider my order canceled, and return the payment.

I would appreciate your prompt attention to this matter.

Sincerely yours

名前

［日本語訳］

拝啓、○○○誌の広告を見て、レインシューズの代金として160ドルの小切手を注文用紙とともに2月20日付けで送りました。しかし4週間たちましたが、商品も受領通知も受け取っておりません。貴社の記録をご調査の上、遅れている理由をお知らせください。もし商品をすぐにお送りいただけないのであれば、この注文はキャンセルさせていただき、代金を払い戻してくださるようにお願いいたします。

こんな表現も

・都合がつきしだいなるべく早く　at your earliest convenience

・支払いを返金　refund my payment

・私が受け取った商品は注文したものと色（サイズ）がちがいます

The goods I received are completely different in color/size from what I ordered.

・出荷されたかどうか調べてください

Please check whether my order has been shipped or not.

・できるだけ早く返事をいただけますようお願いします

I would appreciate your getting back to me as soon as possible regarding this matter.

・もし一つでも品切れなら、送る前に連絡してください

Please notify me prior to shipment if any of the merchandise is out of stock.

筆無精にならないための五か条

第一条　「書きそびれる」べからず

どんな手紙にも「旬」があることはおわかりいただけたでしょう。なによりも出すべき時、返事すべき時を逃さないことが大切。書きそびれるとますますイヤになってしまい、悪循環に陥ります。

第二条　話したいことをたくさん持とう

お礼状や通知の手紙を出すだけでは、なかなか手紙を書く機会が増えません。ぜひ親しい人に季節の手紙を出しましょう。

季節の手紙は相手の安否を尋ねる挨拶のほかには用件はありません。そこでものをいうのが、「書いて楽しいこと、読んで楽しいことをどれだけたくさん持っているか」です。日常生活の中でいろいろなことにアンテナを伸ばして、話題を豊富にしておきましょう。

第三条　レターセットは常備しよう

書こうと思った時に便箋やハガキが手元にないのでは、お話になりません。書こうという気持ちもそがれてしまいます。

日頃から買い物に出かけた時や旅先などで、すてきなレターセットがあったら買っておきましょう。最近は一筆箋やカードなど、いろいろなものがあって、バラエティに富んでいます。ＴＰＯに合わせて選ぶことが大事ですから、幾種類か揃えておくといいですね。

自分特製のレターセットを作ってもらうのもすてきです。

第四条　書きやすいペンを探しておこう

レターセットと同じように、自分の書きやすいペンを探して、準備しておきましょう。どれでも一緒という人は構いませんが、ペンが書きやすいかどうか、自分にとって使いやすいかどうかは結構気になるものです。

また、おしゃれなレターボックスやアドレス帳、ペーパーウエイト、封蝋などを身の回りに置いて、雰囲気作りを楽しむのも、筆まめへの近道です。

第五条　言葉を鍛えておこう

手紙を書くようになると、自分の書く文章や言葉がだんだん気になってきます。

用件を簡潔に正確に伝えるにはどうしたらよいか、気持ちをうまく表わすにはどうしたらよいか、あからさまに感情を出さないためにはどうしたらよいか…。

常日頃からたくさんの文章に接して、言葉に対する感受性や文章力を高めておきましょう。うまく書けると楽しくなるものです。

丁寧なハガキの基本構成 ……………………26
親しい人へのハガキの基本構成 ……………27
縦書きハガキの宛名の書き方 ………………27
横書きハガキの基本構成 ……………………28
絵ハガキの基本構成 …………………………28
返信ハガキの書き方 …………………………29
初節句祝いへの礼状 ……………………………122
ビジネス文書 …………………………17,280
書き方の基本 ……………………………280
仕事の関係者への年賀状 ……………………281
転任、異動の通知 …………………………282
退職通知…………………………………283
ビジネスで送るEメール ……………………284
日付に添える季節の言葉 ………………………57
引っ越し祝い→新築、引っ越し祝い
人の紹介の依頼 ……………………………175
人の紹介を依頼する手紙のpoint ……………175
仕事で会いたい人への紹介を依頼 ……………175
医師を紹介してもらう …………………………176
バレー教室の紹介を頼む ………………………176
言い換え／言い回し……………………………175
人の紹介の断り ………………………………204
知り合いを紹介するのを断る …………………204
言い換え／言い回し……………………………204
便箋の折り方 …………………………………231
封緘の書き方 ……………………23,25,229
封筒の書き方 ……………………………………22
和封筒の書き方 …………………………………22
会社宛の封筒の書き方 …………………………23
洋封筒の書き方 …………………………………24
エアメール封筒の書き方 ………………………24
不始末、失態、失言のおわび …………………216
不始末、失態、失言のおわびのpoint ……216
伯母へ、言いすぎたおわび ……………………216
会合で写真撮影を失敗したおわび ……………217
身元保証した甥の不始末のおわび ……………218
子どもの不始末をわびる ………………………219
無断欠席、違約のおわびの言葉 ………………219
言い換え／言い回し ……………216,217,218
不祝儀の時の洋封筒の書き方 …………………25
返事の遅れをわびる ……………………………211
知り合いの還暦パーティーへの返事が
遅れた ……………………………………211
言い換え／言い回し ……………………………211
返信ハガキの書き方 ……………………………29
返信ハガキのひと言メッセージ例 ………29,245
保証人依頼の断り ……………………………201
保証人依頼の断りのpoint ……………………201
あらたまった相手に身元保証人依頼を
断る ………………………………………201
連帯保証人依頼の断りの言葉 …………………201
言い換え／言い回し ……………………………201
保証人の依頼 …………………………………174
身元保証人を頼む ………………………………174
言い換え／言い回し ……………………………174

マ行

末文 ……………………13,14,15,16,17,26,27,28
身元保証人を引き受けてもらった礼状 ………136
みやげものの礼状………………………………129
喪中欠礼 ……………………………40,41,261

ヤ行

余寒見舞い ……………………………………40,41
横書きの手紙の基本構成 …………………………16

ラ行

来訪の断り ……………………………………205
遠方の知り合いの来訪を断る …………………205
言い換え／言い回し ……………………………205

ワ行

脇付 ……………………………………………232
忘れ物の問い合わせ ……………………………183
コートを忘れたかどうかの問い合わせ ………183
言い換え／言い回し ……………………………183

着荷の問い合わせ……183
贈った航空券が届いたかどうかの確認……183
言い換え・言い回し……183
長寿祝いへの礼状……120,122
長寿のお祝い……109
恩師の古希を祝う……109
言い換え／言い回し……109
忌み言葉……197
追伸……231
通知、報告の手紙……154
書き方の基本……154
通知、報告の手紙のpoint……154
転居、住所変更の通知→転居の通知
転勤、転職、退職、開業通知→
転勤、転職、退職、開業通知
月の別名……53
丁寧語……143,144,145
手紙での人の呼び方……160
手紙文の基本構成……12
丁寧な手紙の基本構成……12
親しい人への手紙の基本構成……14
横書きの手紙の基本構成……16
一筆箋の書き方……17
転居の通知……155
転居の通知のpoint……155
あらたまった相手に……155
年賀状で報せる……156
住居表示が変わる……156
言い換え／言い回し……156
転勤、転職、退職、開業通知……157
転勤・転職・退職通知のpoint……157
プライベートな退職通知……157
プライベートな転勤通知……158
一般的な転職通知……158
一般的な独立開業通知……159
言い換え／言い回し……157,159
問い合わせの手紙……182
書き方の基本……182
問い合わせの手紙のpoint……182
忘れ物、着荷の問い合わせ→
忘れ物の問い合わせ、着荷の問い合わせ
人物についての問い合わせ→
人物についての問い合わせ
消息、日時、場所などの問い合わせ→
消息、日時、場所などの問い合わせ
頭語……12,13,14,17,26,28,94
頭語と結語の組み合わせ……94
当選祝い→叙勲、受賞、受章、当選祝い

ナ行

二十四節気……69
入院、療養見舞い……189
あらたまった相手への入院見舞い……189
夫の上司の妻が入院……190
知人の息子が交通事故で入院……190
重病で入院中の友人へ……191
自宅療養中の恩師へ……191
両親が入院している知人へ看病見舞い……192
言い換え／言い回し……189,192
忌み言葉……197
入園、入学、卒業、合格、就職祝い……100
書き方の基本……100
入園、入学、卒業、就職祝いのpoint……100
あらたまった相手に……100
会社の上司へ……101
甥の卒業祝い（本人へ）……101
恩師の子息の就職祝い……102
後輩へ就職祝い……102
言い換え／言い回し……103
年賀状の書き方……36
年賀状のpoint……36
あらたまった相手に……37
一般的な年賀状……37
親しい人に……38
言い換え／言い回し……38
年賀状Q＆A……42
年賀状の無礼をわびる……40,41,42

ハ行

ハガキの書き方……26

叙勲、受賞、受章、当選祝い……………………114
初当選の知人へ…………………………………114
言い換え／言い回し……………………………114
暑中見舞い・残暑見舞い………………………43
書き方の基本……………………………………43
暑中・残暑見舞いpoint…………………………43
一般的な暑中見舞い……………………………43
親戚宛て…………………………………………44
友人宛て…………………………………………44
言い換え／言い回し……………………………43
進学祝いへの礼状………………………………120
新築内祝い添え状………………………………124
新築、引っ越し祝い……………………………112
あらたまった相手に……………………………112
新居に招いてくれた恩師へ……………………113
引っ越す友人に…………………………………113
言い換え／言い回し……………………………112
忌み言葉…………………………………………196
人物についての問い合わせ……………………184
人物についての問い合わせの手紙の
point ……………………………………………184
娘の交際相手について問い合わせる…………184
塾の先生について問い合わせる………………185
言い換え／言い回し……………………………185
前文……………………12,13,14,16,17,26,27,28
餞別、記念品の添え状…………………………152
栄転の上司に土地の名産を贈る………………152
先生に受賞の記念品を贈る……………………152
主人の父に父の日のプレゼントを贈る………153
言い換え／言い回し……………………………153
葬儀の手紙………………………………………256
書き方の基本……………………………………256
死亡通知…………………………………………257
会葬礼状…………………………………………259
忌明けの挨拶、香典返しの添え状……………260
喪中欠礼…………………………261→喪中欠礼
関係者への礼状…………………………………262
僧侶、牧師（神父）への礼状…………………264
お悔やみへの礼状………………………………265
法要の案内………………………………………266
形見分けの添え状………………………………267
相談事に答える…………………………………179
書き方の基本……………………………………179
相談事に答える手紙のpoint……………………179
転職したいという友人に………………………180
結婚を破談にしたいという後輩に……………180
一人暮らしをしたがる姪に……………………181
言い換え／言い回し……………………………181
贈答、勧誘などの断り…………………………206
贈答品を断る手紙のpoint………………………206
今後の中元、歳暮を断る………………………206
サークルへの誘いを断る………………………207
知人の子息へ保険の勧誘を断る………………207
言い換え／言い回し……………………………207
贈答品を断る言い換え／言い回し……………131
贈答品の礼状……………………………………129
銀婚式旅行のみやげの礼状……………………129
姪から初給料のプレゼントの礼状……………129
言い換え／言い回し……………………………130
卒業祝い→入園、入学、卒業、合格、就職祝い
尊敬語・尊敬表現…………143,144,145,160,161

タ行

退院、快気祝い…………………………………116
書き方の基本……………………………………116
退院、快気祝いのpoint…………………………116
退院した上司に…………………………………116
上司の奥様へ、上司のけがの全快を祝う……117
会社の同僚の病気全快を祝う…………………117
言い換え／言い回し……………………………117
退職通知……………………………………157,283
頼み事を引き受けてもらった礼状……………136
書き方の基本……………………………………136
頼み事の礼状のpoint……………………………137
身元保証人を引き受けてもらった礼状………136
借金を承知してもらった礼状…………………137
品物を返す時の礼状……………………………138
PTA役員を引き受けてもらった礼状…………138
パソコンの使い方を教えてもらった礼状……139
言い換え／言い回し……………………137,139
旅先で世話になった礼状………………………135

借りた資料の返却を催促された……………213
借りたビデオカメラのケースをなくした…213
言い換え／言い回し………………………213
借金、借用の依頼……………………………171
書き方の基本…………………………………171
借金依頼の手紙のpoint ……………………171
あらたまった相手に借金を依頼……………171
先輩に改めて借金を申し込む………………172
返済期日の猶予を依頼………………………173
知り合いにキャンプ用品を借りる…………173
言い換え／言い回し…………………172,173
借金、借用の申し込みの断り………………199
借金の断りの手紙のpoint …………………199
あらたまった相手に借金を断る……………199
借金の再度の依頼を断る……………………200
スキー一式を貸せない断り…………………200
言い換え／言い回し…………………………199
借金返済遅延のおわび………………………214
借金返済遅延のおわびのpoint ……………214
あらたまった相手に…………………………214
親戚に返済遅延をわびる……………………215
言い換え／言い回し…………………………215
借金申し込みを承諾してもらった礼状………137
住居表示変更の通知…………………………156
就職祝い→入園、入学、卒業、合格、就職祝い
就職祝いへの礼状……………………………121
就職先紹介の礼状……………………………132
就職先、転職先紹介の依頼…………………169
就職先の紹介依頼のpoint …………………169
長男の就職先を紹介してもらう……………169
自分の転職先を紹介してもらう……………170
言い換え／言い回し…………………………170
就職、転職依頼の断り………………………202
就職先紹介の依頼を断る……………………202
同じオフィスに就職したい友人を断る……203
夫の会社に就職したい姪を断る……………203
言い換え／言い回し…………………202,203
修正液…………………………………………231
受賞祝い→叙勲、受賞、受章、当選祝い
受賞祝いへの礼状……………………………122
出産祝い ………………………………………97
出産祝いの書き方の基本 ……………………97
出産祝いのpoint………………………………97
あらたまった相手に …………………………97
夫の上司の妻へ ………………………………98
会社の同僚へ …………………………………98
仲人のお嬢さんが出産 ………………………99
友人へ …………………………………………99
言い換え／言い回し …………………………98
忌み言葉………………………………………196
出産内祝い添え状……………………123,125
主文 ………………12,13,14,15,16,17,21,26,27,28
紹介、依頼の手紙……………………………168
書き方の基本…………………………………168
頼み事の手紙のpoint ………………………168
就職先、転職先紹介の依頼→
就職先、転職先紹介の依頼
借金、借用依頼の手紙→借金、借用の依頼
保証人の依頼→保証人の依頼
人の紹介、依頼状→人の紹介の依頼
協力の依頼→協力の依頼
昇進、栄転祝い………………………………110
書き方の基本…………………………………110
昇進、栄転祝いのpoint ……………………110
取引先の役職者の昇進を祝う………………110
会社の先輩の栄転を祝う……………………111
友人の栄転を祝う……………………………111
言い換え／言い回し…………………………111
消息、日時、場所などの問い合わせ…………186
転居先不明の同級生の住所を問い合
わせる…………………………………………186
紹介された相手にスケジュールを問い
合わせる………………………………………186
紹介してもらった人の連絡先を再度
問い合わせる…………………………………187
言い換え／言い回し…………………………187
招待や案内の手紙……………………………162
書き方の基本…………………………………162
祝い事への招待→祝い事への招待
新年会、クラス会への案内→案内の手紙
イベント、サークルなどへの誘い→誘いの手紙
承諾の手紙→依頼承諾の手紙

マンション内でのペットのしつけに苦情 ……225
商店への駐車についての苦情 ……226
セクハラに関する苦情 ……226
インターホンにいたずらする生徒がいるという苦情 ……227
教材の一括購入についての抗議 ……227
言い換え／言い回し ……226,227
クリスマスカード ……45
書き方の基本 ……45
クリスマスカードのpoint ……45
友人宛て ……45
夫の両親に ……45
敬語の基本 ……143
敬称 ……160,230
結語 ……13,14,15,17,26,28,94
結婚祝い ……104
書き方の基本 ……104
結婚祝いのpoint ……104
夫の上司の息子の結婚祝い ……104
夫の上司へ、披露宴出席の返事 ……105
友人へ、欠席の返事 ……106
披露宴を行わない友人へお祝い ……106
結婚通知で結婚を知って祝う ……107
再婚を祝う ……107
言い換え／言い回し ……105,108
忌み言葉 ……196
原稿や講演の依頼 ……295
謙譲語・謙譲表現 ……143,144,145,160,161
合格祝い→入園、入学、卒業、就職祝い
抗議の手紙→苦情、抗議の手紙
香典を郵送する ……254
断りの手紙 ……198
書き方の基本 ……198
断りの手紙のpoint ……198
借金、借用申し込みの断り→借金、借用申し込みの断り
身元保証人の断り→保証人依頼の断り
就職、転職依頼の断り→就職、転職依頼の断り
人の紹介の断り→人の紹介の断り
来訪の断り→来訪の断り
贈答、勧誘、保険、寄付の断り→贈答、勧誘などの断り
婚約と結婚の手紙 ……240
書き方の基本 ……240
媒酌人を依頼 ……241
媒酌人の依頼を承諾する、断る ……243
結婚式、披露宴の招待状 ……244
司会、スピーチの依頼 ……246
結婚の通知 ……247
結婚祝いの礼状 ……250
媒酌人への礼状 ……251
新婚旅行先からのハガキ ……252
婚約解消と離婚の報告 ……253

サ行

災害見舞い→火事、災害見舞い
催促、苦情、抗議の手紙 ……220
書き方の基本 ……220
催促の手紙→催促の手紙
苦情、抗議の手紙→苦情、抗議の手紙
催促の手紙 ……221
催促の手紙のpoint ……221
知り合いへ、借金返済の催促 ……221
友人へ、カードで立て替えたお金の返金催促 …222
二回目以降の借金返済催促 ……222
貸した礼装の返却の催促 ……223
就職先紹介依頼の返事の催促 ……224
依頼事の返事の催促の手紙のpoint ……224
言い換え／言い回し ……223,224
誘いの手紙 ……166
誘いの手紙のpoint ……166
夏祭りイベントへの誘い ……166
ダンスクラブへの誘い ……167
言い換え／言い回し ……167
残暑見舞い→暑中見舞い
失言のおわび→不始末、失態、失言のおわび
失態のおわび→不始末、失態、失言のおわび
借用品に関するおわび ……212
借用品に関するおわびのpoint ……212
借りたスーツケースを汚した ……212

おわびの手紙のpoint ……210
返事の遅れ、無沙汰のおわび→
返事の遅れをわびる
借用品に関するおわび→借用品に関するおわび
借金返済遅延のおわび→借金返済遅延のおわび
不始末、失態、失言のおわび→
不始末、失態、失言のおわび

カ行

快気祝い→退院、快気祝い
快気内祝い→お見舞いの礼状
開業、開店祝い……115
知人の独立を祝う……115
言い換え／言い回し……115
忌み言葉……196
開業通知……159
会社へ出す文書……285
書き方の基本……285
身元保証書……286
誓約書……287
遅刻、早退届……288
休暇願、欠勤届……289
退職願……290
結婚届……291
始末書……292
進退伺……294
開店内祝い添え状……125
買い物に関する手紙……297
注文書……297
見積もりの依頼……298
送金着否の確認……299
商品未着の問い合わせ、苦情……300
不良品、破損の苦情……302
賀詞 ……36,37,38,39
火事、災害見舞い……193
地震災害に遭ったあらたまった相手へ……193
実家が津波に遭った同僚へ……193
もらい火で火事に遭ったあらたまった
相手へ……194
盗難に遭った夫の上司へ……194
台風の被害に遭った友人へ……195
言い換え／言い回し……195
忌み言葉……197
火事見舞い→火事、災害見舞い……193
寒中見舞い ……40
一般的な寒中見舞い ……40
年賀状の無礼をわびる寒中見舞い ……41
季節の挨拶文 ……34
書き方の基本 ……34
季節の手紙のpoint……34
恩師へ春の便り ……35
季節の書き出しと結びの文例 ……46
一月 ……46
二月 ……50
三月 ……54
四月 ……58
五月 ……62
六月 ……66
七月 ……70
八月 ……74
九月 ……78
十月 ……82
十一月 ……86
十二月 ……90
月の別名 ……53
「厳寒の候」は一月に ……53
日付に添える季節の言葉 ……57
「お喜び」か「お慶び」か ……61
「みぎり」とは？ ……65
二十四節気とは？ ……69
八月は秋なのに夏の表現が多い ……77
ニュースなどのチェックが必要 ……81
切手の貼り方 ……22,23,24,27,232
記念品の送り状→餞別、記念品の送り状
協力の依頼……177
アンケートに協力を依頼……177
出産祝いを割り勘にする依頼……177
子どもの発表会の衣装制作を依頼……178
言い換え／言い回し……178
苦情、抗議の手紙……225
苦情、抗議の手紙のpoint ……225

お悔やみ状…………………………………………270
四十九日、一周忌などの手紙…………………274
法要に参列できないおわび……………………275
故人を偲ぶ会の案内……………………………276
贈り物に添える手紙……………………………146
書き方の基本……………………………………146
贈り物に添える手紙の基本……………………146
お中元、お歳暮の添え状→
お中元、お歳暮の添え状
お礼、おみやげの添え状→
お礼、おみやげの添え状
餞別、記念品の送り状→
餞別、記念品の送り状
お歳暮の添え状→お中元、お歳暮の添え状
お歳暮の礼状→お中元、お歳暮の礼状
お世話になった礼状……………………………132
書き方の基本……………………………………133
世話になった礼状のpoint ……………………133
就職の紹介で世話になった礼状………………132
就職の紹介で世話になったが不成立…………133
食事に招いてもらった礼状……………………134
催し物に協力してもらった礼状………………134
旅先で世話になった親戚へ礼状………………135
子どもが世話になった礼状の言葉……………135
不首尾に終わった時の礼と報告の言葉………135
言い換え／言い回し ……………………132,135
お中元、お歳暮の添え状………………………147
書き方の基本……………………………………147
お中元、お歳暮の添え状のpoint ……………147
あらたまった相手に……………………………147
仲人に贈る添え状………………………………148
友人に贈る添え状………………………………148
夫の両親に贈る添え状…………………………149
言い換え／言い回し……………………………149
お中元、お歳暮の礼状…………………………126
書き方の基本……………………………………126
お中元、お歳暮の礼状のpoint ………………127
目上の人へ………………………………………126
親しい間柄の人へ………………………………127
夫の部下へ………………………………………127
主人がお世話になっている人へ………………128
親戚へ……………………………………………128
知り合いへ………………………………………128
言い換え／言い回し ……………………126,130
お見合いの手紙→縁談とお見合いの手紙
お見舞いの手紙…………………………………188
書き方の基本……………………………………188
お見舞いの手紙のpoint ………………………188
入院見舞い、病気見舞い、事故見舞い→
入院、療養見舞い
火事、災害見舞い→火事、災害見舞い
お見舞いの礼状…………………………………140
書き方の基本……………………………………140
お見舞いの礼状のpoint ………………………140
病気見舞いの礼状(快気内祝い）………………140
台風水害見舞いの礼状…………………………141
主人の両親へ地震見舞いの礼状………………141
友人へ病気見舞いの礼状………………………142
言い換え／言い回し……………………………142
お礼、おみやげの添え状………………………150
入院先紹介のお礼の添え状……………………150
旅先からあらたまった相手への贈り物の
添え状……………………………………………150
友人に到来物をおすそわけ……………………151
言い換え／言い回し……………………………151
お礼の手紙………………………………………118
書き方の基本……………………………………118
お礼の手紙のpoint ……………………………118
お祝いへのお礼→お祝いへの礼状
内祝い、内祝いの添え状→
内祝い、内祝いの添え状
お中元、お歳暮へのお礼→
お中元、お歳暮の礼状
いろいろな贈答品へのお礼→贈答品の礼状
品物別言い換え／言い回し……………………130
お世話になったお礼→お世話になった礼状
頼み事を引き受けてもらったお礼→
頼み事を引き受けてもらった礼状
快気内祝い、お見舞いへのお礼→
お見舞いの礼状
おわびの手紙……………………………………210
書き方の基本……………………………………210

索　引

ア行

挨拶の基本構成 ……18
　相手の健康、安否を尋ねる ……18
　自分の健康、安否を伝える ……18
　日頃の交誼に感謝する ……19
　無沙汰をわびる ……19
　おわびの挨拶 ……20
　今後の交誼を願う ……20
　乱筆、乱文をわびる ……21
　用件をまとめる言葉 ……21
　主文に入る時の言葉 ……21
後付け ……13,15,16,17
案内の手紙……165
　同窓会の案内……165
　言い換え／言い回し……165
一筆箋の書き方 ……17
忌み言葉……196
依頼承諾の手紙……208
　書き方の基本……208
　承諾の手紙のpoint ……208
　借金の申し込みを一部承諾する……208
　身元保証人を承諾する……209
　言い換え／言い回し……209
依頼の手紙→紹介、依頼の手紙
祝い事への招待……163
　祝い事への招待のpoint ……163
　母の米寿を祝う会への招待状……163
　新築祝いへの招待状……164
　言い換え／言い回し……164
内祝い、内祝いの添え状……123
　書き方の基本……123
　内祝いの添え状のpoint ……123
　出産内祝いの添え状……123
　新築内祝いの添え状……124
　開店内祝いの添え状……125
　出産祝いをしてくれた同僚への添え状……125
　言い換え／言い回し ……123,124,125
栄転祝い→昇進、栄転祝い
栄転祝いの礼状……119
英文メール、ファックス ……304
　個人輸入の申し込み：問い合わせ……305
　ホテルの申し込み……306
　ホテルのキャンセル……307
　ホテルの予約確認……308
　個人輸入商品未着の問い合わせ……309
縁談とお見合いの手紙……234
　書き方の基本……234
　縁談の依頼……235
　お見合いのすすめ……237
　付き合いを断る……238
　縁談に応じる……239
お祝い金を郵送する……254
お祝いの手紙 ……96
　書き方の基本 ……96
　お祝いの手紙point ……96
　出産祝い→出産祝い
　入園、入学、卒業、就職祝い→
　　　　入園、入学、卒業、就職祝い
　結婚祝い→結婚祝い
　長寿のお祝い→長寿のお祝い
　昇進、栄転祝い→昇進、栄転祝い
　新築、引っ越し祝い→新築、引っ越し祝い
　叙勲、受賞、受章、当選祝い→
　　　　叙勲、受賞、受章、当選祝い
　開業、開店祝い→開業、開店祝い
　退院、快気祝い→退院、快気祝い
お祝いへの礼状……119
　主人の栄転を祝ってくれた主人の
　　元上司へ……119
　息子の進学を祝ってくれた仲人へ……120
　母の長寿を祝ってくれた友人へ……120
　就職を祝ってくれた伯父へ……121
　娘の初節句を祝ってくれた夫の両親へ……122
　受賞のお祝いの礼状の言葉……122
　長寿祝いへの礼状の言葉……122
　言い換え／言い回し ……119,121
お悔やみの手紙……269
　書き方の基本……269
　お悔やみの手紙のpoint ……269

中川 越（なかがわ えつ）
文筆家。1954年東京都生まれ。雑誌・書籍編集者を経て、執筆活動に入る。主な著書に『実用手紙文百科』『目上の人への手紙文』『手紙往復文例百科』『そのままうつせる仕事で使うすべての文書事典』（以上、本社刊）、『センスのよい手紙』『気くばり上手のお礼の手紙』（以上、同文書院）、『手紙・はがき書き方事典』（講談社）、書簡評論として『文豪たちの書簡に学ぶまごころを伝える手紙』（雄鶏社）などがある。

編集：(株)フロンテア／山口雄二、別所　文
本文レイアウト：シンプル／橋本秀則
撮影：浜田一男
手紙制作：鈴木ゆみ子
協力：北村八恵子、森　恵子、William G.K.Robb、銀座・伊東屋

手紙・はがきの書き方がすべて載ってる大事典

監　修／中川 越
発行者／永岡純一
発行所／株式会社永岡書店
〒176-8518 東京都練馬区豊玉上1-7-14
電話：03-3992-5155(代表)　03-3992-7191(編集)
印　刷／誠宏印刷
製　本／ヤマナカ製本

落丁本・乱丁本はお取り替えいたします。㉚

ISBN978-4-522-42121-5 C2077